2

LA PRÉPARATION PROFESSIONNELLE À L'ENSEIGNEMENT SECONDAIRE

PAR

CH.-V. LANGLOIS
PROFESSEUR ADJOINT À L'UNIVERSITÉ DE PARIS

PARIS
IMPRIMERIE NATIONALE

MDCCCCII

LA
PRÉPARATION PROFESSIONNELLE
À L'ENSEIGNEMENT SECONDAIRE

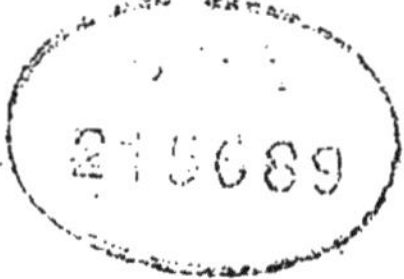

LA
PRÉPARATION PROFESSIONNELLE
À L'ENSEIGNEMENT SECONDAIRE

PAR

CH.-V. LANGLOIS

PROFESSEUR ADJOINT À L'UNIVERSITÉ DE PARIS

PARIS

IMPRIMERIE NATIONALE

MDCCCCII

LA
PRÉPARATION PROFESSIONNELLE
À L'ENSEIGNEMENT SECONDAIRE.

I
LA QUESTION PRÉALABLE.

Depuis trois cents ans, on a beaucoup écrit, délibéré et légiféré sur le problème de la préparation pédagogique des maîtres de l'enseignement secondaire[1]. Cependant, il a toujours été et il est encore considéré comme dépourvu d'importance par un certain nombre de personnes. Des hommes dont les fonctions semblent préjuger la compétence en ces matières, et même des penseurs distingués, l'ont écarté et l'écartent par la question préalable. Il est impossible de ne pas tenir compte, ici, de leur état d'esprit et des raisons qui l'expliquent.

Et d'abord, il faut savoir comment le problème se pose. Nul ne conteste, je crois, les propositions suivantes : 1° quels que soient les programmes, la valeur de l'enseignement secondaire

[1] La bibliographie du sujet est représentée par plusieurs centaines d'ouvrages et d'opuscules. On en aura une idée assez complète en juxtaposant les indications bibliographiques qui se trouvent : 1° dans W. Fries, *Die Vorbildung der Lehrer für das Lehramt* (au t. II, 1, du *Handbuch der Erziehungs und Unterrichtslehre für höhere Schulen* [p. p. A. Baumeister], Munich, 1895 ; 2° dans l'*Encyklopädisches Handbuch der Pädagogik*, de W. Rein (notamment aux articles «Gymnasialseminar» et «Pädagogisches Universitäts-Seminar», 1896 et 1898) ; 3° en appendice à l'opuscule de J. J. Findlay, *On the Study of Education* («A brief bibliography of books and pamphlets relating to the training of teachers», au t. II [Londres, 1898] des *Special Reports on educational subjects*, p. 373) ; 4° dans le Catalogue de la bibliothèque spéciale de Columbia College, N. Y. : *Books on Education* (New York, 1902), p. 297-306 ; 4° dans les opuscules indiqués par W. Rein, *Pädagogik in systematischer Darstellung*, I (Langensalza, 1902), p. 674, note 64 ; 5° dans le présent volume.

dépend de celle du personnel enseignant; 2° il faut qu'un professeur sache ce qu'il est chargé d'enseigner. Au delà commencent les divergences. Vers le milieu du siècle dernier, on disait volontiers que les conditions nécessaires, pour passer maître, étaient, avec le savoir, une certaine «aptitude naturelle» et la «bonne volonté». Or tout le monde admet bien que «l'aptitude naturelle» est nécessaire, mais les uns pensent qu'elle est à la fois nécessaire et suffisante, tandis que les autres ont confiance dans la méthode pour aider et corriger la nature. Quant à la «bonne volonté» (on disait aussi «l'esprit chrétien»), elle doit s'entendre des préoccupations morales qui conviennent à l'éducateur. Or, si tout le monde admet, en principe, qu'il appartient aux maîtres de l'enseignement secondaire de collaborer à l'éducation de leurs élèves, l'accord cesse dès qu'on précise : les maîtres n'ont qu'une manière de collaborer en vérité à l'éducation, c'est d'imprégner leur enseignement d'une philosophie ; «former des éducateurs», comme on dit, c'est recommander un idéal, par conséquent une philosophie; mais quelle est la philosophie dont il est permis d'espérer qu'elle obtiendra l'approbation de tous? Mieux vaut, peut-être, s'abstenir. — En résumé, les uns affirment, les autres nient l'utilité de la préparation pédagogique des futurs maîtres de l'enseignement secondaire suivant qu'ils croient ou ne croient pas à la valeur de la pédagogie sous ses deux formes : science et philosophie de l'éducation.

Chacun connaît, pour les avoir entendues ressasser *ad nauseam*, les objections courantes contre la pédagogie. On sait moins, mais il faut savoir qu'elles ont cours dans tous les pays comme chez nous : en Allemagne[1], en Autriche[2], en Angleterre[3], etc.

[1] W. Fries, *o. c.*, p. 108.

[2] «As to the value of training in Pedagogy, opinions are divided [en Autriche]. The prevailing opinion is that candidates who have thoroughly mastered their special subjects are likely to be good teachers, and that their usefulness is not likely to be much enhanced by the cultivation of pedagogics» (Th. Gomperz, dans *Royal Commission on Secondary Education*, t. V, *Memoranda and Answers to Questions* [Londres, 1895], p. 594).

[3] «Training of secondary masters has been treated as a crotchet of wrong-headed and revolutionary theorists...» (Graham Balfour, *The educational systems of Great Britain and Ireland* [Oxford, 1898], p. XXIII). Cf. la déposition de M. E. E. Bowen devant la Royal Commission on Secondary Education de 1895 (t. III, *Minutes of Evidence*, p. 393); et A. C. Benson (d'Eton), *The Schoolmaster* (Londres, 1902), p. 19 : «As far as mere methods are concer-

Partout on tient les mêmes propos, et il n'est pas, sur ce sujet, de lieu commun qui n'ait été développé, par des autorités scolaires, dans toutes les langues du monde.

Le lieu commun *Magister non fit sed nascitur* — la théorie de la « grâce de Dieu » ou de la « sélection naturelle », qui fait de l'aptitude pédagogique un don gratuit, instinctif et incommunicable, — a fourni matière à des amplifications sans nombre. Cette théorie n'est plus soutenue, pour l'enseignement primaire, que par quelques intransigeants [1], mais elle l'est encore très souvent, pour l'enseignement secondaire, concurremment avec deux autres qui en atténuent un peu la crudité. D'une part, on fait valoir que l'application aux hautes études scientifiques, préparatoires à la carrière de professeur dans l'enseignement secondaire, porte en elle-même une indéfinissable vertu, toute-puissante pour former l'esprit : « Quand on aime bien une science, on l'enseigne par cela seul qu'on l'aime profondément » ; ou bien : « Sans doute, celui qui va débuter dans l'enseignement primaire a besoin de préceptes et de règles, mais le maître secondaire, instruit à l'Université, peut, grâce aux connaissances supérieures qu'il possède, deviner spontanément bien des choses qu'on a dû montrer et démontrer au simple maître d'école [2] ». D'autre part, on invoque la maxime : *Fit fabricando faber* : un jeune homme intelligent, bien élevé, cultivé, apprendra toujours à faire sa classe en la faisant ; soyez cultivé [3], et le reste vous sera donné par surcroît. M. Cournot disait déjà : « Laissons des professeurs se former comme en effet il s'en forme... [4] ». M. Fustel de Coulanges a dit positivement : « Il est inutile d'apprendre à enseigner », et assimilé l'aptitude pédagogique à des fonctions réflexes :

ned, I am sure I could tell a young man in half an hour the simple dodges which have proved in my own case useful and effective ».

[1] W. Fries, *o. c.*, p. 109, en note.

[2] Voir O. Willmann, *Les études préparatoires à l'enseignement en Allemagne et en Autriche*, dans la *Revue internationale de l'Enseignement*, 1881, t. I, p. 361. Cf. Fr. Guex, *L'éducation professionnelle des candidats à l'enseignement secondaire* (Lausanne, 1892), p. 8.

[3] Quelques-uns disent simplement : « Soyez un *gentleman*... ». Déposition précitée de E. E. Bowen : « A master in a public school is chiefly a moral and social force... I can't see how you can hope to give training in this... A bad man teaching history well is a far worse thing than a good man teaching it badly. »

[4] M. Cournot, *Des institutions d'instruction publique en France* (Paris, 1864), p. 202.

«La pédagogie est une digestion ; mon médecin sait que je digère, je me contente de digérer... [1]».

Autre série de lieux communs, qui se condensent en dilemme. — Ou la «préparation» des maîtres sera théorique, ou elle sera pratique. Si elle est théorique, craignez qu'elle se réduise à l'exposé de généralités plus ou moins pompeusement noyées dans des brouillards philosophiques et qu'autant en emporte le vent; et craignez encore davantage qu'elle exerce une action efficace, car il n'est pas d'animal plus dangereux que le pédagogue engoué d'un système pédagogique, qui l'applique mécaniquement, si ce n'est le pédagogue à inventions, qui multiplie les expériences *in animis nobilibus*. Si la «préparation» a un caractère pratique et consiste surtout dans l'initiation aux recettes traditionnelles du métier, la routine, sous prétexte d'expérience, menace de triompher; l'initiative, l'originalité, l'élasticité, la variété, la liberté sont supprimées : n'attendez d'un tel dressage que l'uniformité dans la médiocrité universelle.

Dans tous les pays comme en France, l'indifférence, la méfiance ou le mépris à l'endroit de la pédagogie sont principalement répandus parmi les maîtres de l'enseignement secondaire qui n'ont pas subi de discipline pédagogique [2], parmi les étudiants et les maîtres de l'enseignement supérieur. — En ce qui concerne les premiers, il est assez naturel qu'ils demeurent partisans du régime qui les a formés; M. Francis Storr a très bien parlé du *headmaster*, conscient de son mérite, qui ne peut guère trouver à reprendre dans un système qui l'a produit (*who can see little amiss in a system that has produced* HIM) [3] : «Je suis le professeur que vous savez; cependant, j'ai toujours vécu dans la plus paisible ignorance de la pédagogie ; je me demande, par conséquent, à quoi sert la pédagogie.» Peu de gens sont disposés à reconnaître qu'il leur manque, ou même qu'il leur a manqué quelque chose [4]. — Les étudiants qui viennent de quitter les bancs de

(1) Souvent cité, notamment par F. Collard, *Trois Universités allemandes* (Louvain, 1879-1882), p. 319.

(2) Déposition de M. J. Gautier, inspecteur d'Académie, devant la Commission parlementaire française de 1899 : «Il y a dans le personnel de notre enseignement secondaire une sorte de dédain, presque de mépris, à l'égard de la pédagogie...».

(3) Dans *National Education* (p. p. Laurie Magnus, Londres, 1901), p. 64.

(4) Il y en a peu, mais il y en a. Les partisans les plus actifs et les plus éclairés du principe de la préparation pédagogique sont, dans tous les pays,

l'école secondaire ont, en général, l'impression d'y avoir eu deux sortes de professeurs : les bons et les mauvais, ceux qui avaient du tact psychologique et de l'élévation morale, ceux qui étaient, naturellement, sots ou trop peu consciencieux; les uns n'avaient pas eu besoin d'éducation «pédagogique» pour devenir ce qu'ils étaient, et les autres, il est difficile de concevoir l'éducation, quelle qu'elle fût, qui les aurait transformés. Le fait que d'excellents maîtres n'ont jamais subi d'apprentissage pédagogique a toujours été considéré comme un des principaux arguments contre cet apprentissage [1]. — Quant aux maîtres de l'enseignement supérieur, ils ont des raisons particulières, et très fortes, pour se désintéresser du mouvement pédagogique, sinon pour le combattre. D'abord, les maîtres de l'enseignement supérieur qui connaissent, pour la plupart, les joies et l'orgueil de l'investigation et de la découverte scientifiques s'y absorbent volontiers : très peu de grands érudits, par exemple, ont médité sur la manière d'enseigner l'histoire aux enfants; les hommes de science, dont l'activité est toute tendue vers l'inconnu, sont portés à considérer de haut la vulgarisation et les vulgarisateurs, et d'autant plus que leurs mérites propres, l'originalité créatrice et la pénétration critique, sont presque incompatibles avec les qualités d'un autre ordre qui conviennent à l'enseignement élémentaire. Il leur est très difficile d'échapper à l'arrière-pensée que les pédagogues sont des gens qui n'ont pas pu être des savants. Et puis la pédagogie dérange les professeurs d'Université dans leur possession d'état, en réclamant une part du temps et de l'attention des étudiants, et même dans leur tranquillité partout où, comme en Allemagne, l'enseignement supérieur jouit d'une pleine liberté spéculative, tandis que les enseignements primaire et secondaire, en contact direct avec la vie, sont soumis à une stricte surveillance. Les savants d'Université redoutent l'envahissement du Supérieur par le Secondaire, le Primaire et le Professionnel, les effets d'une concurrence sournoise entre la

des professeurs en exercice ou émérites de l'enseignement secondaire, qui n'ont bénéficié eux-mêmes d'aucune préparation. Voir, par exemple, R. H. Quick, dans les *Proceedings of the international Conference on Education,* t. IV (Londres, 1884), p. 74; C. Chabot, dans *L'Enseignement secondaire,* 1902, p. 104; E. Payot (Suisse), dans Fr. Guex, *o. c.,* p. 15.

[1] Voir, par exemple, R. Richter, *Zur pädagogischen Vorbildung für das höhere Lehramt,* dans les *Jahrbücher für Philologie and Pädagogik,* 1896, p. 224.

Pédagogie et la Science. De là, le dernier des lieux communs qui circulent au sujet de la préparation pédagogique. On dit : «C'est faire tort au caractère idéal des travaux universitaires que de vouloir initier les jeunes gens, pendant leur séjour à l'Université, à la pratique d'un métier ; d'ailleurs, le goût de la Science est une condition du succès plus importante pour le futur maître de l'enseignement secondaire que l'assimilation de quelques préceptes didactiques.» On ajoute : «Il est possible, dans les examens et les concours, d'instituer des épreuves pour apprécier correctement la valeur *scientifique* des candidats ; toutes les épreuves *pédagogiques* sont, au contraire, fictives : il n'y a pas de diplôme pédagogique qui garantisse vraiment l'aptitude pédagogique.» Et enfin : «Pour être admis à enseigner dans les établissements secondaires, il faut avoir fait pendant longtemps des études scientifiques et passé des examens redoutables. L'accès de cette modeste et pénible carrière est déjà défendu par des exigences que vous n'augmenterez pas impunément. Imposez aux futurs maîtres de l'enseignement secondaire, après ou concurremment avec leurs études et leurs examens «scientifiques», des études et des examens «pédagogiques» ; le seul résultat certain sera que les jeunes gens bien doués se tourneront vers d'autres professions : ainsi les mesures prises en vue d'un progrès hypothétique se solderont, comme il arrive, par un dommage réel».

Il a paru nécessaire de rappeler ces objections, parce qu'elles ont été présentées de toute antiquité, parce qu'elles le sont tous les jours comme si elles n'avaient jamais été découvertes ni réfutées, et parce qu'elles constituent à peu près tout l'arsenal du parti hostile à la «préparation pédagogique». Mais il est bien entendu que l'avis contraire n'a pas été défendu depuis moins longtemps et ne l'est pas avec moins d'énergie. L'argumentation en faveur de la thèse est aussi banale que celle en faveur de l'antithèse.

Ce n'est pas ici le lieu de plaider, une fois de plus, en faveur de la thèse si nettement formulée, dès 1864, par le Ministère prussien de l'Instruction publique, en ces termes : «Une certaine culture scientifique est loin d'épuiser la préparation spéciale qui convient à la carrière de professeur dans l'enseignement secondaire.» Qu'il suffise de distinguer les principales tendances de ceux qui plaident pour elle. — Les esprits positifs refusent de croire, *a priori*, qu'un apprentissage rationnel soit inutile, ou même qu'on s'en puisse passer impunément, dans n'importe quel métier. Pourquoi le métier de professeur dans l'enseignement secondaire serait-il le seul qu'il fût inutile d'apprendre? Cette conception date d'un temps où, la division du travail étant encore rudimentaire, l'enseignement n'était pas une profession définie [1]. Le bon sens proteste, d'ailleurs, contre les maximes précitées : «Quand on aime bien une science, on l'enseigne par cela seul qu'on l'aime profondément»; «le goût de la Science est une condition de succès plus importante pour le futur maître de l'enseignement secondaire que l'assimilation de quelques préceptes didactiques», etc. Car l'expérience journalière contredit ces affirmations, dont aucune ombre de preuve n'a jamais été fournie. Il y a, au contraire, beaucoup d'hommes très érudits et passionnés pour la science, qui sont, de notoriété publique, incapables d'enseigner. Prétendre que la culture scientifique d'un jeune homme qui a subi les épreuves du *Staatsexamen* en Allemagne ou de l'Agrégation en France l'a mûri de telle sorte qu'il est capable d'instruire les autres, sans avoir jamais appris à exposer ce qu'il sait, c'est s'exagérer les effets, non seulement de *cette* culture, mais encore de la culture scientifique en général : la science, à quelque degré qu'on la possède, ne confère pas, directement, l'aptitude pédagogique. Il n'est pas vrai, non plus, que l'on apprenne «à faire» (à bien faire, cela s'entend) «sa classe en la faisant» : plus d'un, faute d'avertissements et d'exercices préalables, a commencé par des maladresses qui, plus tard, a continué d'en commettre par habitude [2]. — D'autres personnes se placent à un point de vue différent, qui fut, historiquement,

[1] On sait que, dans les pays anglo-saxons, l'enseignement n'est pas encore une profession définie. État de choses archaïque, qui jadis existait partout. Voir, sur ce point, J. J. Findlay, *o. c.*, p. 338 : «*Teaching is not a separate profession.* A University man, who has received a liberal education is regarded as *ipso facto* qualified to enter upon various careers in life and, among these, teaching has always been included. The first essential qualification for the higher grades of the Civil Service, for Law, for Politics, for Literature, for the Church *and for Teaching* is that the candidate shall be a scholar and a gentleman. Once give him this equipment, and he is competent to take his place in any of these walks of life...»

[2] Déposition de J. Gautier, précitée : «On nous a jetés tout d'un coup dans le torrent de l'enseignement, en nous laissant nous débrouiller. Ceux qui avaient eu de bons exemples s'en sont tirés comme ils ont pu, d'autres médiocrement, d'autres pas du tout. Le tout au grand détriment de nos élèves et de nous-mêmes.»

celui des premiers promoteurs de la «préparation des maîtres». Depuis le XVIe siècle, tous les réformateurs qui ont eu l'ambition d'agir sur la société par l'éducation ont reconnu la nécessité d'agir d'abord sur les maîtres. Les grands pédagogues de la Renaissance, Jésuites et Luthériens, se préoccupaient par-dessus tout, dans leurs séminaires préparatoires, d'enseigner systématiquement «la cure d'âmes» (*Seelsorge*), c'est-à-dire d'inculquer aux jeunes hommes qui allaient être appelés à façonner les futures générations orthodoxes le tact psychologique, le grand art de soigner et de diriger les esprits et les consciences. Encore aujourd'hui, dans les Universités d'Allemagne, les cours de pédagogie sont faits parfois par des théologiens et fréquentés principalement par les étudiants en théologie. Or il y a des hommes qui pensent que, de nos jours, l'éducation morale ne doit pas être réservée, comme autrefois, aux clergés, ni la jeunesse «moralement abandonnée». Ceux-là voudraient que les professeurs laïques des écoles non confessionnelles eussent aussi le sentiment d'avoir une «mission» et charge d'âmes. Ils demandent, par conséquent, que les aspirants à l'enseignement secondaire soient invités à réfléchir sur les fins de leur métier et à prendre conscience de son exceptionnelle dignité, de leurs droits, de leurs devoirs. Ils demandent, en outre, que ceux qui seront demain des professeurs, c'est-à-dire des médecins d'intelligences enfantines, soient au courant de la psycho-physiologie de l'enfance. Et comme la préparation pure et simple aux grades «scientifiques» laisse les candidats dans la plus complète ignorance de ces choses; comme ces choses ne sont pas «de bon sens» ni de celles qui s'inventent, même à la longue, ils demandent qu'on les dise comme il faut, clairement et sans fausse honte [1].

Ces idées, et d'autres du même genre, associées ou non [2],

[1] Déposition de E. Lavisse : «Ce n'est pas l'habitude, en France, de faire appel aux sentiments élevés. Toute prédication morale semble déplacée dans une bouche laïque. On dirait que l'Église seule a le droit de parler aux consciences. Pourtant, chaque fois que, dans des conversations avec les étudiants, on s'adresse à l'homme, au citoyen; que, familièrement et sincèrement, on parle du devoir, on se sent écouté, compris, remercié...». Cf. F. J. R. Hendy, *The training of secondary teachers and educational ideals*, au t. II des *Special Reports on educational subjects*, p. 378-388.

[2] Voir surtout l'Enquête anglaise de 1895 (à l'art. «Training of teachers» de l'Index alphabétique) et l'Enquête française de 1899 (dont Mlle M. Dugard

ont fini par s'imposer, en dehors des milieux spéciaux, à la majorité du public qui s'intéresse aux problèmes de l'éducation. A tort ou à raison, c'est maintenant une conviction très répandue que l'on ne procurera pas une réforme profonde de l'enseignement secondaire tant que l'on n'aura pas fait en sorte que le personnel enseignant soit « préparé » à sa tâche. La force du mouvement en ce sens est telle qu'on la voit aujourd'hui entraîner, synchroniquement, dans presque tous les pays, les Parlements et les Administrations scolaires, et que les opposants se croient obligés désormais à quelques concessions. La formule hautaine et tranchante de M. Fustel de Coulanges : « Il est inutile d'apprendre à enseigner » est aujourd'hui qualifiée de paradoxe par ses partisans les plus timides. Ces défenseurs nés de la vieille tradition de hasard et de laisser-aller, les *headmasters* des grandes *Public Schools* d'Angleterre, commencent eux-mêmes à déclarer, du bout des lèvres, que le *training* a du bon, ou, tout au moins, qu'un peu de pédagogie (comme le candidat anglican aux ordres sacrés le disait des « bonnes œuvres ») ne peut pas faire de mal : « It can do a man no harm ». Les adversaires les plus décidés de la pédagogie refusent rarement de reconnaître, quand on les presse, et surtout lorsqu'ils se croient à la veille de voir officiellement passer outre à leurs répugnances, qu'il y a « quelque chose à faire », ou, tout au moins, que le moment est venu de faire semblant de faire quelque chose pour donner satisfaction aux « préjugés » à la mode.

En France, nous en sommes là. L'enquête parlementaire de 1899 sur l'enseignement secondaire a révélé les sentiments contradictoires du corps enseignant sur la question de la préparation pédagogique. Le Gouvernement et le Parlement ont affirmé leur volonté commune d'agir dans le sens de ceux qui sont pour une pédagogie raisonnée[1]. « Il y a quelque chose à faire », et on a promis que, à bref délai, « quelque chose » serait fait. — Mais quoi ? — Avant que les promesses soient tenues, il importe que

a groupé des extraits dans l'appendice de son Mémoire *De la formation des maîtres de l'enseignement secondaire à l'étranger et en France* [Paris, 1902]; cf. le rapport spécial de M. Guéneau, député, sur la « Préparation des professeurs », au t. VI de l'*Enquête*).

[1] Voir les « Propositions pour la réforme de l'Enseignement secondaire », soumises à la Chambre des députés par le Ministre de l'Instruction publique et approuvées par elle dans la séance du 6 mars 1902.

l'on sache ce qui s'est passé et ce qui se passe chez nous et à l'étranger, et ce que les étrangers disent de ce qui se passe chez eux. Bien des fautes ont été commises qui ne sont pas à recommencer, maintenant que presque tous les régimes auxquels il serait possible de s'arrêter ont été expérimentés quelque part. L'expérience acquise permet, semble-t-il, d'analyser aujourd'hui, mieux que jamais, les éléments du problème et de le résoudre à bon escient.

II

QUESTIONS À RÉSOUDRE. — PLAN.

Lorsqu'on admet, en principe, qu'« une certaine culture scientifique est loin d'épuiser la préparation spéciale qui convient à la carrière de professeur dans l'enseignement secondaire », quantité de questions et d'alternatives se posent et se présentent aussitôt.

La préparation pedagogique sera-t-elle théorique ? pratique ? théorique et pratique à la fois ? Quel en sera le programme ?

Où doit-elle avoir lieu ? Est-ce dans des établissements d'enseignement secondaire, sous la surveillance et par les soins des chefs et des professeurs de ces établissements ? Est-ce, au contraire, à l'enseignement supérieur qu'il appartient de le conduire, soit dans les Universités, soit dans des Écoles spéciales, instituées à cet effet ? Il va de soi que, dans le second cas, on peut concevoir, près des Universités ou des Écoles spéciales, voire dans leur dépendance (à l'état d'annexes), des établissements secondaires qui servent de champs d'application et d'expériences.

Quand doit-elle avoir lieu ? Est-ce au cours des études scientifiques, ou après l'achèvement de ces études ? Autrement dit, convient-il que les étudiants reçoivent l'instruction pédagogique en même temps qu'ils apprennent ce qu'ils auront à enseigner et qu'ils s'initient aux recherches originales, ou plus tard ?

Enfin, et dans tous les cas, combien de temps la préparation pédagogique doit-elle durer ? Et comment faut-il demander à ceux qui l'ont reçue de prouver si et jusqu'à quel point ils en ont profité ?

Il serait d'une mauvaise méthode d'examiner séparément les solutions qui ont été données, dans les divers pays, à chacune de ces questions. Car il y a des décisions qui en déterminent d'autres. C'est ainsi que si l'on comprend la « préparation pédagogique » comme un simple apprentissage des procédés d'enseignement, on est presque nécessairement amené à la placer après la fin des études scientifiques et dans des établissements secondaires; si l'on attache du prix à la philosophie de l'éducation, on est amené à vouloir que l'enseignement supérieur soit associé à l'œuvre pédagogique ou la dirige tout entière. De plus, certaines combinaisons ne s'expliquent qu'historiquement ou par des circonstances locales : quoique le problème de la préparation pédagogique soit, partout, le même en soi, il change d'aspect suivant que l'enseignement secondaire est considéré depuis longtemps comme un service public (France, Allemagne, etc.), ou abandonné en grande partie à l'initiative privée (Angleterre, États-Unis), suivant les habitudes et les institutions dont on est obligé de tenir compte. Bref, pour comprendre les détails, il est nécessaire de considérer les systèmes dans leur ensemble. Nous essaierons donc de décrire les principales traditions qui se sont développées en France, en Prusse, dans les pays anglo-saxons, en Italie. Quelques-unes ont été imitées hors de leur pays d'origine; nous prendrons soin de rapprocher les imitations des modèles.

III

LA TRADITION FRANÇAISE.

« ÉCOLE NORMALE SUPÉRIEURE. »

La première en date et la plus célèbre des grandes écoles spéciales, destinées à former des maîtres pour l'enseignement secondaire, est l'« École normale supérieure » de Paris.

Lorsque l'on commença, en France, à se préoccuper de donner une éducation professionnelle aux futurs maîtres de la jeunesse, on ne trouva rien de mieux que de les réunir dans une école où ils apprendraient ce qu'ils auraient à enseigner en même temps qu'à enseigner. C'était la tradition des noviciats de l'Oratoire et de la Compagnie de Jésus. Elle avait été reprise, dès la fin de l'ancien régime, au Collège Louis-le-Grand (1763). La Convention l'adopta en principe (1794). Enfin le décret impérial du 17 mars 1808 établit à Paris « un pensionnat normal, destiné à recevoir des jeunes gens qui y seront formés à l'art d'enseigner les lettres et les sciences ». L'École normale du Premier Empire était une annexe des Facultés (dont les normaliens étaient astreints à suivre l'enseignement) ; mais elle avait déjà des « répétiteurs » ou « maîtres de conférences ». Il était dit que les élèves s'appliqueraient d'abord « à acquérir l'instruction », puis, pendant les derniers mois de leur scolarité « à étudier l'art de *transmettre* leurs connaissances à autrui ».

Les vicissitudes de l'École normale de Paris, depuis les origines jusqu'à nos jours, sont bien connues [1]. Chacun sait qu'elle a subi une transformation profonde.

A la vérité la théorie napoléonienne, primitive, d'une « École normale » spécialisée dans l'œuvre de la préparation professionnelle des maîtres de l'enseignement secondaire n'a jamais été abandonnée. La plupart des règlements successifs qui ont régi

[1] Voir le volume intitulé : *Le centenaire de l'École normale* (Paris, 1895). Cf. L. Liard, *L'Enseignement supérieur en France depuis 1789*, II (Paris, 1888).

l'École supposent même ce que le décret de 1808 avait expressément proclamé : qu'elle est un institut pédagogique. Le règlement de 1830 prescrit que « les élèves de 3e année s'exerceront entre eux à faire la classe »; celui de 1838, que les élèves de 3e année seront admis à assister et à participer, dans les collèges royaux de Paris, sous la direction des professeurs, « aux classes correspondant à l'objet de leurs études et à l'agrégation à laquelle ils se destinent », pendant six ou huit semaines [1]; le ministre de Salvandy était persuadé que l'histoire de la pédagogie « méritait à l'École un enseignement spécial », et il y fit créer une conférence de pédagogie qui, du reste, fut bientôt supprimée par voie d'amendement au budget. Enfin, pendant la réaction qui marqua les premières années du Second Empire, le ministre Fortoul rappela brutalement l'École émancipée à l'humilité de ses origines : « L'École, dit le règlement de 1852, fournira désormais de modestes professeurs, et non pas des rhéteurs, plus habiles à creuser des problèmes insolubles et périlleux qu'à transmettre des connaissances pratiques; il faut que les maîtres appelés à enseigner au nom de l'État apprennent par un pénible noviciat à s'oublier pour leurs élèves et à ne placer leur gloire que dans le progrès des enfants qui leur sont confiés. » Fortoul décida que les anciens élèves de l'École feraient un stage de deux ans dans l'enseignement secondaire avant d'être admis à briguer l'« agrégation des lycées » [2].

Mais l'École normale s'est refusée de bonne heure à se contenter du rôle « modeste » que l'Empire autoritaire lui avait attribué. Elle grandit promptement. D'une part, elle bénéficia de ce que, pendant la première moitié du XIXe siècle, l'enseignement en Sorbonne s'adressait moins à des étudiants qu'à un public mondain : elle obtint l'autonomie; dès 1815, ses élèves cessèrent d'être obligés à fréquenter les Facultés (si ce n'est pour passer leurs examens); elle eut des cours parallèles à ceux des Facultés; elle tendit à devenir ce que les Facultés auraient dû être, et n'étaient pas. D'autre part, elle se recruta tout de suite dans l'élite de la jeunesse, de sorte que le titre de normalien fut un brevet de distinction intellectuelle et que beaucoup de normaliens, s'évadant

[1] Ce pseudo-stage a été réduit, plus tard, à quinze jours environ. Cf. plus bas, p. 104, note 2.

[2] Disposition abolie en 1857.

de l'enseignement secondaire, firent fortune dans l'enseignement supérieur, dans la science ou dans la littérature. Alors l'École ne fut plus considérée seulement comme une institution chargée d'assurer le recrutement du corps professoral des lycées, mais aussi comme une pépinière de savants, un conservatoire de l'esprit français et un milieu philosophique. Des ministres libéraux ont accepté cette thèse dès le temps de Louis-Philippe : « Deux carrières vous attendent, disait M. Guizot aux élèves de 1836; vous irez enseigner dans nos établissements d'instruction publique ce que vous apprenez aujourd'hui, et c'est aussi à vous qu'est, en quelque sorte, confiée par l'État la culture désintéressée de toutes les branches de l'activité intellectuelle». Dans son projet d'ordonnance rédigé en 1845 par M. de Salvandy, on lit : « L'École normale supérieure, qui forme des professeurs pour les collèges royaux *et pour les facultés* ». De même, dans un document officiel de 1878 : « L'École a pour objet de former des professeurs pour les deux ordres d'enseignement, secondaire *et supérieur*... » [1].

Dans ces conditions, il était inévitable que la pédagogie de l'enseignement secondaire fût sacrifiée dans la maison. Comment les élèves — jeunes gens très éveillés, parfaitement conscients d'être et d'être considérés comme une aristocratie, et nullement décidés, pour la plupart, à passer leur vie dans les lycées — auraient-ils rendu justice aux études pédagogiques? Personne ne s'attachait à leur en démontrer la valeur. Les gouvernements réactionnaires semblaient prendre à tâche de les rendre odieuses et ridicules en les présentant comme un frein à la liberté de penser et un moyen de mortification. Le « pénible noviciat » de Fortoul fit horreur. On se dit : les élèves de l'École ont mieux à faire qu'à apprendre leur métier, comme des instituteurs, un métier qu'ils n'exerceront pas tous et qui, d'ailleurs, ne s'apprend pas. On se plut à croire, et, par conséquent, on affirma qu'une

[1] Il est intéressant de constater que M. Fortoul lui-même attribuait à l'École cette double fonction : il y institua en 1854 « une division spéciale d'élèves choisis, d'après les résultats des examens, parmi ceux qui auraient terminé le cours triennal ». Pendant une quatrième et une cinquième année d'école, ces élèves se seraient préparés, « soit dans l'intérieur de l'École, soit dans les grands établissements de l'État », à l'enseignement supérieur. — Cf. R. Poincaré, devant la Commission d'enquête parlementaire (1899) : « L'objet de l'École normale n'est pas exclusivement l'enseignement; elle a aussi des prétentions scientifiques parfaitement justifiées... »

forte éducation générale de l'esprit, libre et « désintéressée », en même temps qu'elle convient à merveille à de futurs savants et à de futurs écrivains, est aussi ce qu'il y de plus propre au monde à former des professeurs. Alors naquit la théorie domestique de l'École, que M. Bersot passe pour avoir exposée plus brillamment que personne, en ces termes : « Les jeunes gens qui nous donnent [à l'École] trois de leurs plus belles années entendent en faire quelque chose : s'initier aux hautes méthodes mathématiques, à la précision des expériences; joindre au goût littéraire, qui est un heureux instinct, la connaissance exacte des sociétés où les littératures se sont produites; se familiariser avec les procédés de la philologie savante; vivre dans l'étude des grands monuments de la philosophie; voir du pays, s'approcher des systèmes sans en avoir peur; monter un peu sur l'hippogriffe, certains qu'ils sont d'en descendre pour faire leur classe (?); s'appliquer à la géographie difficile, à celle qui reconstitue les lieux par les textes; se former à la critique historique et à l'intelligence de l'histoire. Voilà les exercices par lesquels ils tâchent de profiter, et on peut dire que l'École est un grand laboratoire. Éducation de luxe, éducation absurde, si nos jeunes gens, une fois professeurs, ont l'intention de reverser à leurs élèves tout ce qu'ils ont appris; éducation sensée, s'il est vrai que l'on ne sait pas assez si l'on ne sait que ce que l'on enseigne et qu'après avoir bien travaillé pour ses élèves il n'est pas interdit de travailler pour soi. » M. P. Dupuy, historien de l'École normale supérieure, a ajouté : « Travailler pour soi, voilà l'essentiel à l'École », affirmation que plusieurs étrangers ont recueillie avec étonnement pour l'épingler à côté des aphorismes déjà cités de M. Fustel de Coulanges, directeur de l'École [1]. Tel a été certainement l'état d'esprit de plusieurs générations de normaliens.

Ainsi, pendant cinquante ans, l'École normale fut la véritable, la seule Université de Paris, et on fit victorieusement valoir, pour en exclure la pédagogie, tous les arguments qui servent encore

[1] Herbert Ward, *Training of teachers of secondary schools in France*, dans *Royal Commission on secondary education*, t. V, *Memoranda*, p. 104. « It is hardly concealed in public documents that admission to it [E. N. S.] is, as it were, an endowment of research, and panegyrists speak with enthusiasm of the possibility of working there for the pure love of study, untainted by any baser motive ». Cf. F. Collard, *o. c.*, p. 317 et suiv.; et J. Csengeri, dans la *Revue internationale de l'Enseignement*, 1901, II, p. 136.

aujourd'hui à bannir cette discipline de la plupart des Universités d'Allemagne.

Les étrangers qui viennent étudier en France l'organisation de notre enseignement supérieur ne comprennent pas très bien ce que c'est que l'École normale de Paris, lorsqu'ils constatent que ce n'est pas un institut pédagogique et que quelques-uns des traits les plus acérés contre la pédagogie ont été lancés naguère de cette illustre maison. Cependant, rien de plus naturel que cette bizarrerie. L'École normale de Paris, défendue par un concours d'entrée et soumise au régime de l'internat, a le nom et la forme d'une école préparatoire à l'enseignement. En réalité, elle a été, pendant cinquante ans, un établissement d'enseignement supérieur où, comme dans tous les établissements d'enseignement supérieur, les hautes études, sinon la science, ont eu le pas sur le reste. Tout s'explique si l'on sait que l'École de la rue d'Ulm, en gardant son titre et ses statuts d'École normale, est depuis longtemps une petite Université fermée.

L'École normale supérieure [1] a gardé jusqu'à nos jours la physionomie d'Université qu'elle avait prise entre les années 1830 et 1840. Mais, il y a vingt-cinq ans environ, des phénomènes nouveaux ont commencé à se produire qui n'ont pu manquer d'avoir sur elle, à la longue, des répercussions sensibles. D'abord, l'enseignement secondaire ayant été développé dans le pays, l'École, où ne sont admis chaque année qu'une quarantaine de jeunes gens, et dont les anciens élèves n'entrent pas tous dans la carrière de l'enseignement secondaire, a cessé d'être en mesure de pourvoir au recrutement du personnel enseignant. Il a été nécessaire d'organiser hors de l'École des cours analogues à ceux de l'École, pour préparer les candidats à la licence et à l'agrégation, c'est-à-dire aux examens qui ouvrent l'accès de l'enseignement. Ces cours furent institués dans les Facultés des lettres et des sciences qui, jusque-là, n'avaient pas d'étudiants réguliers; ils y ramenèrent la vie. La renaissance des Facultés eut, à son tour,

[1] L'épithète d'École normale *supérieure* vient d'une mesure accidentelle qui n'a pas laissé d'autres traces. Elle date de la décision prise par M. de Salvandy de créer, en province, un certain nombre d'«Écoles normales» pour former les professeurs des petits établissements secondaires (les collèges); l'École normale de Paris, «supérieure» par rapport à ces nouvelles «Écoles», devait continuer à fournir les maîtres des établissements de premier ordre (ce que nous appelons les lycées). Ce projet de M. de Salvandy avorta; il n'a jamais reçu le moindre commencement d'exécution.

pour conséquence la résurrection, en France, des grandes Université ouvertes qui en avaient disparu depuis des siècles. Il existe aujourd'hui de véritables Universités en France comme en Allemagne [1].

Il était inévitable que, à partir du jour où il y aurait des Universités en France, et, en particulier, une Université à Paris, la question fût posée, d'abord à voix basse, timidement, avec hésitation et respect : « A quoi sert l'École normale ? »; puis, tout haut, de la manière la plus nette : « Comment aménager l'École normale pour qu'elle ne fasse pas double emploi avec l'Université ? » — Aujourd'hui presque tout le monde avoue et tout le monde s'avoue que, dans un milieu modifié, l'École ne peut pas rester indéfiniment ce qu'elle a été au temps de sa plus grande prospérité, alors qu'elle était en possession d'un monopole de fait [2].

Comment transformer l'École normale pour qu'elle ne fasse pas double emploi avec l'Université ? — Présentement l'École ne se différencie guère de l'Université voisine que par les traits suivants : 1° on n'y entre qu'au concours, et, le titre de normalien étant toujours très estimé, ce concours est difficile : les candidats admis appartiennent à l'élite de leur génération scolaire [3]; 2° l'École est un internat [4]. Et, certes, on a bien le droit de

[1] Voir l'historique (jusqu'en 1889) du mouvement qui a abouti en 1895 à la résurrection des Universités en France dans l'ouvrage cité de M. Liard et, jusqu'en 1901, dans nos *Questions d'histoire et d'enseignement*, ch. IV.

[2] Dépositions devant la Commission parlementaire de 1899. M. Espinas : « L'École normale ne peut plus jouer, dans l'économie de notre haut enseignement, le rôle exclusif et prépondérant qui lui appartenait autrefois... Ses professeurs font double emploi avec ceux de l'Université. » — M. Lavisse : « Actuellement l'École normale fait double emploi avec les Facultés des lettres des Universités; il faudra bien qu'elle trouve le moyen de se différencier d'une façon ou d'une autre... ». — Etc.

[3] Les étrangers voient très bien, d'ordinaire, que c'est le recrutement de l'École qui fait, désormais, toute son originalité; mais ils en concluent quelquefois, à tort, que l'École diffère de l'Université en ce qu'elle a le privilège de former l'élite du corps enseignant, tandis que l'Université se réserve de préparer un personnel de second choix. (*Revue int. de l'Enseignement*, 1901, II, p. 136.) On a été jusqu'à écrire : « The students of the E. N. are regarded very much as the fellows of an english University; they are an elite circle enjoying the benefits of an endowment for research » (*The professional training of secondary teachers. Status in France*, dans *Education*, juin 1902, p. 654).

[4] Les étrangers sont portés à s'exagérer la rigueur de cet internat : « It must be remembered that even to day a monastic severity prevails... » (Lucy M. Salmon, *Training teachers in France*, dans *Educational Review*, nov. 1900, p. 395).

penser que la vie en commun, prolongée pendant trois ans, entre des jeunes gens distingués, au milieu des livres et à l'abri des soucis matériels, offre, en soi, de tels avantages que cela suffit à donner une raison d'être à l'École[1]. Toutefois, tel n'est pas l'avis de tous ceux qui ont passé par là. Les avantages d'une sévère sélection à l'entrée sont balancés par des inconvénients certains : la préoccupation du concours pèse sur les classes supérieures des lycées, et on voit des infortunés qui «redoublent» trois ou quatre fois ces classes (rhétorique ou mathématiques spéciales) avant de franchir l'obstacle; ceux qui ne le franchissent jamais en restent, parfois, fourbus, et cette excessive prolongation des exercices scolaires n'est hygiénique pour personne; enfin, l'âpreté de la compétition est faite pour inspirer à ceux qui réussissent l'illusion passagère, mais cependant dangereuse, qu'ils sont au bout, alors qu'ils sont, en vérité, au commencement de leurs peines. Quant à la vie en commun, chacun son goût[2]; il ne faut pas croire, d'ailleurs, qu'il soit impossible aux étudiants d'Université de former aussi, entre eux, des sociétés de collaborateurs et d'amis. — On s'est donc évertué à chercher des raisons d'être supplémentaires à l'École, et à suggérer des mesures qui en créeraient de

[1] Exemple de ce que l'on peut dire (et de ce que l'on a dit très souvent) à ce sujet : «Croyez-vous qu'il ne résulte rien de cette longue cohabitation de jeunes gens qui se sentent si divers et se savent tous intelligents, qui se mesurent les uns les autres et se jugent eux-mêmes?... L'intérêt de la vie en commun dans la maison est doublé par le mélange des scientifiques et des littéraires, familiarisés avec les fortes analyses de la pensée, les nuances délicates de l'expression, les problèmes de la métaphysique ou de la morale. Que d'émerveillements! Que de longues causeries, d'ardentes discussions, mêlées de plaisanteries, de rêves, de bouffonneries, interrompues par une conférence, reprises de plus belle au réfectoire, au dortoir, en récréation, dans les allées et venues à la Sorbonne et au Collège de France, dans les longues promenades du dimanche ou du jeudi, se prolongeant parfois durant les heures d'étude, en dépit des rares surveillants, approfondissant ou agitant tous les sujets, les plus élevés et les plus fous! Où retrouver ailleurs ces années-là, et ce milieu, et cet âge, ces prodigieux éveils aux choses inconnues, ces espoirs et ces enthousiasmes que rien n'a désenchantés» (*Revue internationale de l'Enseignement*, 1902, I, p. 307).

[2] Exemple de ce que l'on peut dire à ce sujet : «Comment on a pu se déterminer à caserner des jeunes gens, déjà mûris par l'étude...; comment on a pu espérer, avec cette dépendance prolongée pendant les premières années de la virilité, voir se développer seulement une partie de ce qui forme le caractère et prépare le futur professeur,... c'est ce qui est absolument inexplicable» (F. Thiersch, *Ueber den gegenwärtigen Zustand des öffentlichen Unterrichtes in... Frankreich*. Stuttgart, 1838, II, p. 222).

nouvelles. On en a trouvé plus d'une. Mais nous n'avons à considérer, ici, que les raisons et les mesures qui intéressent le problème de l'éducation pédagogique. Ce sont, du reste, les principales.

L'engouement pour la pédagogie (c'est-à-dire la conviction, désormais très répandue, qu'il faut enseigner leur métier aux maîtres de la jeunesse) a suscité les premières critiques au sujet du régime de l'École. L'École a été accusée de mépriser la pédagogie, chose dont plusieurs de ses chefs s'étaient fait, nous l'avons vu, un mérite. Singulière «École normale», a-t-on dit, dont un des plus illustres directeurs avait arboré la devise : «Il est inutile d'apprendre à enseigner». — On pense bien que ces critiques ne sont pas restées sans réponse : il y a même été répondu, en ces derniers temps, de trois manières différentes. — Plusieurs ont plaidé coupable, mais soutenu qu'il importait peu, parce que la véritable originalité de l'École est ailleurs : «Elle ne répond qu'en partie, dit M. H. Marion dans son livre sur l'*Éducation dans l'Université* (p. 72), et insuffisamment, tout le monde en convient, aux besoins spéciaux [pédagogiques] que nous avons en vue; mais elle rend d'autres services de tous genres, aux lettres, aux sciences, au goût, à l'esprit français, donc à la culture générale : services, je ne dis pas plus précieux, quoiqu'ils soient plus brillants, mais services de premier ordre dont le pays ne doit pas se priver sans nécessité absolue pour des avantages problématiques»[1]. — D'autres ont plaidé non-coupable : c'est une erreur, selon eux, de croire que la pédagogie est sacrifiée à l'École; en réalité, on y en fait autant, et d'aussi bonne, qu'en n'importe quel lieu du monde : «Sur les trois années d'École, une est consacrée à la pédagogie. La part est-elle trop faible?... La troisième année est, à proprement parler, l'année pédagogique : elle est, pour une bonne partie, occupée par les *leçons* que font les élèves devant leurs camarades et leurs maîtres... J'avoue que j'ai de la peine à imaginer un autre enseignement pédagogique...»[2]. — D'autres enfin, reconnais-

[1] Cf. M. Cournot, *l. c.* : «De quelque manière qu'on organise un simulacre d'apprentissage, il n'aura jamais qu'une faible importance dans une grande école normale secondaire, dont le mode d'influence est tout autre...».

[2] J. Tannery, *L'enseignement pédagogique à l'École normale*, dans la *Revue internationale de l'Enseignement*, 1902, I, p. 310. [Article écrit au point de vue de la section des sciences.] Telle est aussi la conviction de Lucy M. Salmon : «The crowning glory of the French system of training teachers is its E. N. S. at Paris... No training can be better...» (*l. c.*).

sant que «l'École n'est pas immuable», déclarent : «On fait déjà de la pédagogie à l'École, mais, sans doute, pas assez; et il y aurait peut-être lieu, il y a lieu certainement d'en faire un peu, ou beaucoup, davantage»[1].

La première de ces trois réponses est très pertinente en ce qu'elle attribue à l'École normale un rôle propre, par conséquent une raison d'être, laquelle serait de rendre à «l'esprit français» et à la «culture générale» des services particuliers; quelle qu'en soit la valeur, cette conception est, du moins, aussi précise que possible. — La seconde, au contraire, laisse subsister tout entière la difficulté relative au double emploi entre l'École et l'Université. Supposons-la fondée : en quoi l'École se différencie-t-elle, par là, de l'Université voisine? Si, à l'École, on prépare les agrégations en faisant des «leçons devant ses camarades et ses maîtres», il n'en est pas autrement à l'Université; quelle que soit la valeur, au point de vue pédagogique, de cette «préparation», on la pratique partout de la même manière. — Quant à la troisième réponse, c'est l'expression discrète d'un vœu assurément sincère, mais que plusieurs professeurs d'Université, préoccupés d'améliorer la culture pédagogique des étudiants, présentent, de leur côté, dans le même esprit. Pour qu'elle fût décisive, il faudrait lui donner un tour plus énergique, et proposer la solution radicale qui serait : «Les études pédagogiques seront désormais *le* trait caractéristique et feront l'originalité de l'École; l'École normale justifiera à la fois son existence et son nom en devenant *le séminaire pédagogique de l'Université de Paris.*»

Les choses en sont venues, semble-t-il, au point où cette solution, au premier abord si hardie, est possible. En effet, le double emploi entre l'École normale supérieure et l'Université de Paris est évident. Dans l'une et l'autre, la préparation à l'enseignement secondaire est réduite à la préparation aux examens d'agrégation, lesquels ne comportent pas d'épreuves pédagogiques[2]. Mais des études et des épreuves pédagogiques vont être incessamment imposées aux candidats à l'enseignement. L'occasion

[1] Ce point de vue a été développé notamment par M. E. Bourgeois au «Congrès international de l'Enseignement moyen», tenu à Bruxelles en septembre 1901. Voir le *Compte rendu officiel* (Tournai, s. d., p. 59). Cf. le «Compte rendu de six conférences de deuxième année réservées à des questions pédagogiques» [autographié, 1902], par M. G. Lyon.

[2] Cf. ci-dessous, p. 104.

n'est-elle pas favorable pour faire de ces études la spécialité de l'École, qui n'en a pas? L'auteur des «Propositions ministérielles de réformes» qui ont été approuvées par la Chambre des députés en mars 1902 l'a pensé; il a écrit : «L'École normale supérieure sera organisée et dirigée de manière à. . , être. . . un véritable institut pédagogique.» Beaucoup d'autres le croient aussi, absolument ou sous réserve de certains tempéraments. Sans se dissimuler ce qu'il y a de difficile[1], et aussi de déplaisant, à porter la main, même pour les consolider, sur des institutions vénérables et vénérées, ils ont élaboré un plan, ou plutôt étudié les plans qui sont possibles si l'on part du principe posé dans les «Propositions». Leurs considérations seront indiquées plus loin, après que les faits dont la connaissance est utile pour les juger auront été exposés[2].

Au temps où l'École normale était la seule Université de Paris, elle inspira à tous les étrangers qui n'avaient pas, dans leur pays, d'organisation semblable, une légitime admiration. Matthew Arnold, le célèbre pédagogue anglais, écrivait, en 1868, au retour d'un voyage en France : «The best feature of these schools [les établissements français d'enseignement secondaire] seems to be their thoroughly trained and tested staff of professors», et il faisait honneur à l'École normale du *training*, si remarquable à son avis, de notre personnel enseignant. D'autres ne s'en sont pas tenus à des appréciations flatteuses : l'École de la rue d'Ulm a été systématiquement imitée dans cinq pays européens; on en a fait des copies en Espagne, en Belgique, en Roumanie, en Russie, en Hongrie. Il est assez intéressant de voir ce qu'elles sont devenues.

I. Il n'y a rien à dire de l'*Escuela Normal*, créée à Madrid en 1847, et morte quelques années plus tard, si ce n'est que dans la foule des projets qui ont été mis récemment sur le tapis en Espagne pour la réforme de l'enseignement secondaire, il en est un, resté sans écho, qui tendrait à la rétablir[3].

II. Ce qui s'est passé en Belgique est, au contraire, fort instructif.

[1] Comme l'a très bien dit M. E. Bourgeois, *l. c.* : «L'École normale supérieure est une force à laquelle on hésitera à toucher, quelles que puissent être les critiques qu'elle paraisse mériter.»

[2] Ci-dessous, § VII.

[3] Appendice, *Espagne*, p. 155.

Les Écoles normales de Liège et de Gand, filiales de Paris, créées après 1830, ont fonctionné sans encombre jusque vers 1880. A cette date une polémique s'éleva entre M. P. Thomas, professeur à l'Université de Gand, qui les attaqua, et leurs défenseurs, des anciens élèves, «animés par des sentiments de piété et de reconnaissance»[1]. M. Thomas fit observer que les Écoles normales avaient tué, en Belgique, l'enseignement des Universités, en s'y substituant; que les avantages matériels offerts aux normaliens (logement, etc.) avaient depuis longtemps pour résultat d'attirer dans les Écoles une partie de la meilleure clientèle des Universités; que, au point de vue scientifique, l'enseignement des Écoles était assez ordinaire[2], et, au point de vue pédagogique, nul[3]; enfin que l'internat était une institution surannée[4]. Ces idées firent du chemin. Elles trouvèrent immédiatement des partisans au Parlement de Belgique, et il n'est pas inutile de citer quelques-unes des paroles qui furent prononcées alors (1881) par les députés Vanderkindere, Janson et Hanssens. «La création des Écoles normales, dit M. Vanderkindere, a eu pour effet direct d'affaiblir chez nous les Universités;... or c'est l'atmosphère des Universités qui convient précisément pour la formation des professeurs... La solution serait, selon moi, de fondre l'École normale avec les Universités... J'ajoute que malgré les sommes

[1] P. Thomas, *École normale et Facultés*, dans la *Revue de l'Instruction publique de Belgique*, XXIV, p. 88. Les citations qui suivent sont empruntées à l'historique de la controverse, par F. Collard (*o. c.*, p. 320).

[2] «Les travaux de l'École normale, ces dissertations sur différents sujets d'histoire, de philologie, de critique littéraire, sont des pièces d'apparat, des *chefs-d'œuvre*, comme ceux des apprentis qui aspirent à passer maîtres, plutôt que des acquisitions réelles et durables pour la science» (P. Thomas). «Les travaux produits par la majorité des élèves visent au brillant de la forme, à la généralisation hâtive, non à la science proprement dite.» (Wagner.)

[3] «On sort de ces établissements mieux préparé à faire un cours d'Université qu'un cours d'athénée, et on se trouve tout à fait dépaysé si on est chargé par le Gouvernement d'enseigner dans une classe inférieure.» (P. Fredericq, partisan des Écoles normales.)

[4] M. Fredericq ayant vanté, en ces termes, les bienfaits de l'internat : «La vie en commun, les conversations et les discussions quotidiennes, la fréquentation d'une bibliothèque spéciale créent parmi les normaliens une sorte d'atmosphère dont tous s'imprégnent, une tradition de travail qui des anciens se transmet aux nouveaux», etc., M. Thomas lui répondit en citant M. Boutmy : «Un des plus grands inconvénients des écoles fermées est que les élèves ne communiquent qu'avec leurs pareils...; le plus grand avantage des écoles ouvertes est de rapprocher et de mêler l'une à l'autre toutes les formes de la curiosité scientifique...», etc. Cf. ci-dessus, p. 19, notes 1 et 2.

considérables que coûte l'École normale de Liège, le nombre des professeurs qui en sortent est excessivement restreint.» «Les jeunes gens qui se destinent à l'enseignement, dit M. Janson, il faut les mettre dans le feu de la vie universitaire; le régime des pensionnats, pour des jeunes gens de cet âge, est tout à fait intolérable.» M. Hanssens conclut qu' «il ne verrait aucun inconvénient à la suppression des Écoles normales de Liège et de Gand, dont une longue expérience n'a nullement réussi à démontrer les mérites...» — La lutte dura dix ans, très vive de part et d'autre. Enfin les deux Écoles furent purement et simplement supprimées par la loi du 10 avril 1890 qui remodela l'enseignement dans les Universités. On crut obtenir à moins de frais de meilleurs professeurs d'athénée en exigeant des candidats, avec le grade de docteur (qui, en Belgique, est la sanction des études faites à l'Université), la preuve d'aptitudes pédagogiques; et cette preuve, on crut se la procurer en ajoutant au programme du doctorat des interrogations sur l'histoire de la pédagogie et de la méthodologie, une leçon publique sur un sujet désigné d'avance et choisi dans le programme des athénées, etc. «Nous estimons, dit en ce temps-là un Ministre de l'Instruction publique, que la loi du 10 avril sur la collation des grades et le programme des examens universitaires rend désormais superflu l'enseignement normal qui jadis fut organisé chez nous, à l'imitation de la France, pour la formation des professeurs de l'enseignement moyen...»

«Supprimer les Écoles normales serait le plus grand désastre que l'on puisse infliger à notre pays, car les Universités ne formeront jamais, seules, un bon professeur de l'enseignement moyen», avait dit M. Thil-Lorrain dès le début de la controverse qui aboutit, en 1890, à la suppression desdites Écoles [1]. On ne voit pas que cette prédiction sinistre ait été réalisée. Cependant, on s'accorde généralement à reconnaître que la réforme de 1890 fut assez «mal préparée», précipitée, incomplète [2], et, depuis, il a paru nécessaire d'y revenir pour la corriger. Mais elle n'en a pas moins scellé le sort des anciens établissements normaux du type parisien. Quelques personnes leur payent encore, de temps en temps, des tributs de regrets stériles, mais

[1] F. Collard, *o. c.*, p. 325.

[2] J. Melon, *Les langues vivantes en Belgique*, dans la *Revue de l'enseignement des langues vivantes*, 1899, p. 119.

il n'a pas été sérieusement question de les rétablir [1], et c'est en Allemagne, maintenant, que les administrateurs belges vont chercher des inspirations [2].

III. La loi roumaine de 1864 créa deux Écoles normales, à Bucarest et à Iassi, «pour former des professeurs de lycées et de facultés», chacune avec deux sections (scientifique et littéraire). Les élèves étaient internes et les études duraient trois ans. On procédait pendant la première année à «une revision approfondie des matières du lycée»; pendant la seconde, les élèves «perfectionnaient» leurs connaissances; la troisième année, les élèves «étaient considérés comme de futurs professeurs» : il y avait une sorte de préparation à l'enseignement. C'était une imitation directe et réfléchie de l'institution française. — Les Écoles normales de Bucarest et d'Iassi n'existent plus. Elles ont été remplacées par des instituts universitaires dont le modèle a été emprunté à l'Allemagne [3].

IV. Les Instituts historico-philologiques de Saint-Pétersbourg et de Niejin (Russie), qui datent respectivement de 1867 et de 1875, ont été créés sur le modèle de notre École normale supérieure, dans un esprit de défiance contre les Universités, considérées comme des foyers d'agitation dangereux pour de futurs fonctionnaires. On y accomplit, sous la surveillance de l'autorité, le «pénible noviciat», en vue d'une «profession modeste», dont parlait M. Fortoul. Ce sont des Écoles selon le cœur des politiciens français de 1854. Mais, chez nous, le parti libéral avait annoncé à M. Fortoul que, si la qualité la plus sévèrement exigée des normaliens était la docilité, le recrutement de l'École en souffrirait bientôt. C'est, paraît-il, ce qui est arrivé en Russie : le recrutement des Instituts est difficile et médiocre. Les élèves des deux établissements jouissent d'avantages matériels assez considérables,

[1] On pourrait croire le contraire en lisant un compte rendu français du «Congrès international de l'Enseignement moyen» tenu à Bruxelles en septembre 1901 (*Revue universitaire*, 1901, II, p. 331).

[2] J. Melon, *l. c.*; cf. *Bulletin de la fédération de l'enseignement moyen officiel de Belgique*, I (1898), p. 26; etc.

Un arrêté ministériel du 1er décembre 1898 a supprimé le dernier vestige de l'École normale de Liège en rayant du programme des cours de l'Université de cette ville le cours d'hygiène scolaire dont ladite Université avait hérité de ladite École en 1890 (*Rapport triennal sur la situation de l'enseignement supérieur* [Bruxelles, 1902], p. 25).

[3] Appendice, *Roumanie*, n° I, p. 195.

mais ils ne sont aucunement considérés comme des princes de la jeunesse ou comme une aristocratie intellectuelle par rapport aux simples étudiants d'Université. Ajoutons que «plusieurs sont d'avis que les Instituts font double emploi avec les Facultés des lettres des Universités et devraient, par conséquent, disparaître [1].» Si la réforme de l'enseignement secondaire, préparée pendant les ministères de MM. Bogoliepov et Vannovsky, n'avait pas été brusquement abandonnée il y a quelques mois, il est probable que les Instituts auraient été «tout simplement supprimés» [2].

V. La plus récente des filiales de l'École de la rue d'Ulm est le Collège Eötvös de Budapest, fondé en 1895 par le ministre Wlassics [3]. C'est aussi la seule qui soit aujourd'hui en pleine prospérité. — Or voici les raisons qui ont décidé le Gouvernement hongrois à l'établir, quoiqu'il y eût déjà, à Budapest, une Université très bien organisée à l'allemande. — Les professeurs d'Université, qui sont des savants, ne se préoccupent pas toujours assez d'apprendre à leurs étudiants qui se destinent à la carrière de l'enseignement secondaire ce qu'ils auront à enseigner, par exemple le latin aux futurs professeurs de latin. L'étudiant qui sort du gymnase (ou lycée) sans une très bonne connaissance du latin élémentaire et courant ne l'acquerra pas à l'Université, où le professeur de latin traite de sujets spéciaux et difficiles et s'attache principalement à élucider des problèmes. Il y a donc lieu d'instituer, entre les classes supérieures des gymnases et les hautes études universitaires, un enseignement distinct, «scientifique» (*wissenschaftlich*) sans être «savant», consacré à la revision approfondie des programmes proprement scolaires. Telle

(1) Appendice, *Russie*, p. 198.
Il y a cependant, en Russie, quelques partisans du système; leurs thèses ont été exposées par N. Skworzow, directeur de l'Institut de Niejin, dans la *Zeitschrift für das Gymnasialwesen*, 1891, p. 1.

(2) Appendice, *Russie*. — Cf., sur les projets Bogoliepov-Vannovsky relativement à la préparation pédagogique des maîtres de l'enseignement secondaire, la *Revue internationale de l'Enseignement*, 1901, II, p. 266.

(3) C'est une imitation consciente, quoique infidèle, de l'École normale française : «Nous avons un institut qui rend témoignage des efforts de la Hongrie pour servir l'éducation des professeurs, le Collège Eötvös, internat établi sous plusieurs rapports à l'instar de l'École normale supérieure de Paris...» (J. Csengeri, *l. c.*, p. 135). Cf. *L'Enseignement en Hongrie* (Budapest, 1900), p. 304 : «Cet établissement est une modeste copie de l'École normale supérieure de Paris» — Voir le Règlement du Collège, Appendice, *Hongrie*, n° I.

est, en France, la destination de ces divisions de «vétérans», formées dans certains grands lycées de Paris, qui étaient désignés, hier encore, sous le nom de «Rhétoriques supérieures», et aussi des cours de première année à l'École normale française, préparatoires à la licence[1]. C'est l'unique raison d'être du Collège Eötvös de Budapest. Les élèves de ce Collège, qui sont choisis au concours parmi les meilleurs de leur génération (car des avantages matériels attirent les candidats), fréquentent les cours de l'Université pour s'initier aux méthodes d'investigation, et les classes d'un Gymnase, le Gymnase-Modèle de Budapest, pour s'exercer aux méthodes d'exposition; à l'intérieur du Collège qu'ils habitent, leurs «répétiteurs» (qui sont, pour la plupart, des professeurs de gymnase) leur font seulement «refaire leurs classes» afin que, par la suite, ils soient mieux préparés à «faire», eux-mêmes, «la classe». Enseignement complémentaire de l'enseignement gymnasial, sans prétentions à l'érudition ni à la pédagogie, très analogue à celui de notre primitive «École normale» de 1808, très différent de l'enseignement quasi-universitaire de cette École depuis 1830. — Comme le Collège Eötvös n'a que sept ans d'existence (les bâtiments où il doit s'installer ne sont même pas terminés), il n'a pas encore eu le temps de s'écarter de la voie qui lui fut d'abord assignée[2].

[1] On remarquera que, aujourd'hui, l'École normale française demande précisément à être déchargée de toute préparation à la licence : elle n'admettrait plus que des licenciés, c'est-à-dire des jeunes gens qui en ont fini avec les exercices scolaires. «Le Conseil des professeurs de l'École normale supérieure a demandé à l'unanimité que les normaliens fussent désormais choisis entre les licenciés formés par les Universités françaises.» (E. Bourgeois, *l. c.*) — Les rôles seraient ainsi renversés exactement : ce seraient les Universités, en France, qui feraient l'office du Collège Eötvös en Hongrie, tandis que l'École normale achèverait de prendre ce caractère d'école «savante» qui est exclusivement réservé, en Hongrie comme partout, aux Universités.

[2] On nous écrit que «la plupart des anciens élèves du Collège Eötvös sont entrés jusqu'à présent dans l'enseignement secondaire, mais que quelques-uns, pourtant, visent l'enseignement supérieur».

IV

LA TRADITION PRUSSIENNE [1].

STAGE.

L'effervescence pédagogique s'est manifestée en Allemagne plus tôt que partout ailleurs. Les historiens la font remonter au commencement du XVIIe siècle. Des professeurs de Giessen inaugurèrent dès 1613 la série des lieux communs *pro pædagogia* à propos d'une entreprise de Wolfgang Ratich (*Ratichius*), qui avait ouvert près des écoles de Köthen une sorte de séminaire pour enseigner aux futurs maîtres la théorie et la pratique de leur art. — Deuxième tentative, quatre-vingts ans plus tard : le célèbre pasteur A. H. Francke adjoignit (1696) aux établissements d'instruction qu'il avait fondés à Halle (orphelinat, école latine, etc.) une pépinière de professeurs (*Seminarium præceptorum*), qui, réorganisée en 1707, reçut le nom de *Seminarium*

[1] Les ouvrages capitaux sur l'histoire de la préparation professionnelle des maîtres de l'enseignement secondaire en Allemagne sont ceux de Hermann Schiller (*Pädagogische Seminarien für das höhere Lehramt.* Leipzig, 1890) et de W. Fries (*Die Vorbildung der Lehrer für das Lehramt.* Munich, 1895). Voir aussi l'*Encyklopädisches Handbuch der Pädagogik* de W. Rein (cf., du même auteur, *Pädagogik in systematischer Darstellung* [Langensalza, 1902], p. 607 et suiv.), et l'index des *Lehrproben und Lehrgänge aus der Praxis der Gymnasien und Realschulen* (1902), au paragraphe «Lehrerbildung», p. 7.

Le système allemand jouit depuis longtemps d'une grande réputation, et, dans tous les pays, le premier soin des gouvernements et des particuliers qui se sont proposé de traiter la question de la préparation professionnelle des maîtres de l'enseignement secondaire a été de s'en rendre compte. Des missionnaires ont été envoyés, de partout, en Allemagne, pour y étudier les procédés de la *Lehrerbildung.* Plusieurs ont publié des rapports. Quelques-uns de ces rapports sont très considérables. En voici la liste : AUTRICHE. O. Willmann, *Les études préparatoires à l'enseignement en Allemagne et en Autriche,* dans la *Revue int. de l'Enseignement,* 1881, I, p. 381. — BELGIQUE. F. Collard, *La formation pédagogique des professeurs de gymnase* [*en Allemagne*], dans *Trois Universités allemandes* (Louvain, 1879-1882), p. 292-340; cf. *Bulletin de la Fédération de l'Enseignement moyen officiel en Belgique* (1898), I, p. 26. — FRANCE. G. Dumesnil, *Préparation pédagogique des professeurs en Allemagne,* dans *La pédagogie dans l'Allemagne du Nord* (Paris, 1885); C. Chabot, Compte rendu, en préparation, d'un voyage d'études accompli au printemps de 1902. — ÉTATS-UNIS. Frederick E. Bolton, *The secondary school system of Ger-*

selectum præceptorum. Les jeunes sujets de cette pépinière (10 en 1707, 48 en 1755), entretenus dans l'Orphelinat, consacraient deux années à leur éducation « scientifique » (*fachwissenschaftlich*) et à l'observation des méthodes d'enseignement employées par les professeurs de la maison (*hospitieren*); ils s'exerçaient ensuite pendant trois ans à enseigner; ils assistaient chaque semaine à des « conférences » pédagogiques sous la présidence d'un « inspecteur ». Les œuvres de Hieronymus Freyer, l'auteur de la « Verbesserte Methode des pædagogii regii », qui fut inspecteur de 1707 à 1747, donnent une idée de ce qui se fit dans ces conférences pendant la première moitié du XVIIIe siècle. Le *Seminarium selectum præceptorum* de Halle disparut en 1785; il n'a été ressuscité que de nos jours[1].

La pensée de Ratich et de Francke fut reprise sous l'influence du mouvement philanthropiniste, à l'époque même où l'institution de Halle parut avoir épuisé sa force. Un directeur de gymnase berlinois, l'Oberschulrath Friedrich Gedike, rédigea, en 1787, un plan « zur Einrichtung einer Pepiniere von Schullehrern für gelehrte Schulen ». Plan très simple. Un petit nombre de jeunes gens, arrivés au terme de leurs études universitaires, seraient admis dans le gymnase dirigé par Gedike; ils recevraient une indemnité de 120 thalers; en échange, ils participeraient à l'enseignement, soit passivement (comme auditeurs), soit activement (comme apprentis professeurs), et ils composeraient, chaque année, un certain nombre de mémoires sur des problèmes pédagogiques qui fourniraient matière à des discussions en conférence. En 1793, Gedike astreignit, en outre, ses séminaristes à se grouper, sous sa présidence, en « Société philologique », pour se

many (New York, 1900). — GRANDE-BRETAGNE. J. J. Findlay, *Memorandum upon the Registration and Training of Teachers in secondary Schools in the States of the German Empire*, dans *Royal Commission on secondary education* (Londres, 1895), t. V, p. 112-127; F. Ware, *The prussian teacher of modern languages... Professionnal training*, au tome III (1898) des *Special Reports on educational subjects*, p. 534. — NORVÈGE. P. Voss, *La préparation pédagogique à l'enseignement secondaire dans l'Allemagne du Nord*, dans la *Revue int. de l'Enseignement*, 1889, II, p. 257, 425, 562. — RUSSIE. N. Skworzow, directeur de l'Institut historico-philologique de Niejin, en russe; cf. le même, *Zur Frage über die Vorbildung von Gymnasiallehrern*, dans la *Zeitschrift für das Gymnasialwesen*, 1891, p. 1. — SUÈDE. Rapport de M. Larsson, en préparation (voir ci-dessous, p. 210). — SUISSE. Fr. Guex, *L'éducation professionnelle des candidats à l'enseignement secondaire* (Lausanne, 1892), p. 27.

[1] W. Fries, *o. c.*, p. 44.

perfectionner dans la connaissance des langues classiques qu'ils auraient à enseigner, c'est-à-dire à se tenir en haleine au point de vue « scientifique ».

Cette fondation de Gedike eut une singulière fortune. Tant que vécut le fondateur (mort en 1803), son séminaire conserva le caractère qu'il lui avait donné : on y étudia, en première ligne, l'art d'enseigner et, très subsidiairement, les matières à enseigner. Plus tard, la proportion fut tout à fait intervertie. Les préoccupations philosophiques et morales du XVIIIe siècle commençaient à passer de mode, et c'était le temps où s'aiguisaient de toutes parts, en Allemagne, les appétits philologiques. Le pédagogue, l'humaniste Gedike eut pour successeur le philologue A. Bœckh, l'éditeur de Pindare et du *Corpus inscriptionum græcarum.* Pendant les quarante-huit ans (1819-1867) qu'il en resta le chef, Bœckh imprima très fortement la marque de ses préférences sur le « Séminaire pédagogique royal » de Berlin. Il en fit une école des hautes études savantes et se désintéressa de la préparation professionnelle, dont il abandonna tout le soin aux directeurs des gymnases où les séminaristes étaient tenus, réglementairement, de fréquenter. Il n'y eut de réaction à cet égard qu'en 1869, date à laquelle Bonitz, directeur du gymnase « Zum grauen Kloster », fut placé à la tête du Séminaire royal. Encore Bonitz continua-t-il à tenir des conférences exégétiques, sans utilité directe pour l'enseignement secondaire, assez analogues aux « séminaires philologiques » ou cours fermés de l'Université. Mais il se proposa du moins de mener de front l'étude, à la Gedike, des méthodes d'exposition et de vulgarisation avec les recherches transcendantes à la Bœckh, sans rien sacrifier, ni le pain quotidien de la pédagogie, ni le luxe de l'érudition. Ceux qui lui ont succédé (Kiessling, Fürstenau, Klix, Kern) ont respecté sa tradition. Le « Séminaire royal » de Berlin est resté célèbre, jusqu'à nos jours, pour l'importance qu'on y attache à perfectionner les connaissances philologiques de ses membres[(1)].

(1) M. P. Voss, qui visita, en 1887, les Séminaires royaux de Berlin et de Magdebourg, constata que, à cette date, « il était d'usage de laisser les directeurs de séminaire agir à peu près comme ils l'entendaient ». « Des deux séminaires prussiens que j'ai eu l'occasion de visiter, l'un, celui de Magdebourg, s'attachait surtout visiblement à la didactique, tandis que l'autre [celui de Berlin] appuyait surtout sur l'instruction scientifique spéciale, la philologie... »

C'est sur le modèle du « Séminaire royal » de Berlin qu'ont été institués les établissements dits « Séminaires des Collèges scolaires provinciaux » (*Seminare der Provinzialschulkollegien*) qui existent dans les dix villes prussiennes de Breslau, Cassel, Coblenz, Danzig, Gœttingen, Königsberg, Magdebourg, Münster, Posen, Stettin[1]. Ils sont tous organisés de la même manière, ou peu s'en faut, sous l'autorité des Collèges scolaires provinciaux, dont les conseillers (*Räte*) les administrent à tour de rôle. Chacun d'eux reçoit au maximum six candidats, dont on exige maintenant qu'ils aient déjà subi avec succès l'examen d'État « pro facultate docendi » (*Prüfung für das Lehramt an höheren Schulen*). Ces candidats, qui reçoivent une indemnité, sont tenus : 1° d'assister à des conférences, présidées par un *Provinzialschulrat*, qui sont employées à traiter des questions pédagogiques, à étudier les méthodes et à critiquer les travaux des membres du Séminaire; 2° de participer à l'enseignement dans un gymnase local (6 heures par semaine), d'abord comme auditeurs, puis en s'essayant à faire eux-mêmes la classe sous la direction des titulaires; 3° de composer chaque semestre un mémoire approfondi sur un sujet relatif à la Science de l'Éducation.

Il importe de remarquer ici que, sur les onze « Séminaires royaux » qui représentent en Prusse la postérité directe de l'établissement inauguré par Gedike en 1787, il n'en est qu'un petit nombre d'anciens : Stettin (1806), Breslau (1813), Königsberg (1861); tous les autres ont été créés entre 1880 et 1889. Cela mérite explication.

Pour comprendre que l'on ait éprouvé, vers 1880, le besoin de multiplier les séminaires pédagogiques du type Gedike-Bonitz, il faut savoir qu'à cette époque on était très mécontent, en Prusse, d'une autre institution nationale, le stage proprement dit, « année d'épreuve » ou *Probejahr*, qui, née de la même pensée fondamentale que les initiatives de Ratich, de Francke et de Gedike, s'était développée à part depuis 1826.

Le premier règlement prussien relatif aux examens d'État qui qualifient pour enseigner dans les gymnases (12 juillet 1810) distinguait déjà très bien les connaissances scientifiques (savoir ce que l'on aura à enseigner) et la capacité pédagogique (savoir

[1] Voir la liste des « Königl. pädagogische Seminare » dans le *Statistisches Jahrbuch der höheren Schulen... Deutschlands* pour 1902, p. xx.

enseigner). Il avait établi, pour attester la capacité pédagogique, une épreuve spéciale, leçon d'essai ou *Probelektion*, qui se faisait devant un jury, dans les conditions mêmes où se font aujourd'hui les « leçons » à l'examen d'agrégation en France[1]. Mais on s'aperçut très vite en Prusse — chose dont on commence seulement à s'apercevoir ailleurs — qu'une « leçon » d'épreuve isolée, faite dans des conditions artificielles, ne signifie pas grand chose et que « l'examen *für das höhere Lehramt*, tel qu'il était arrangé, ne fournissait pas suffisamment la preuve de l'aptitude des candidats ». C'est pour ce motif que le ministre von Altenstein créa, le 24 septembre 1826, le *Probejahr*. Le règlement de 1826 sur l'« année d'épreuve » ou stage, revisé en 1867, est resté en vigueur pendant une soixantaine d'années.

Sous le régime des règlements de 1826-1867, le candidat aux fonctions de professeur dans l'enseignement secondaire devait, après avoir subi l'examen d'État (et prouvé, de la sorte, qu'il savait ce qu'il aurait à enseigner), s'adresser au Collège scolaire de la province où il désirait exercer. Celui-ci lui désignait un gymnase du ressort pour y accomplir son stage. Chaque gymnase ne devait jamais recevoir plus de deux stagiaires à la fois. Le directeur de l'établissement était chargé d'assigner au candidat six heures de leçons (au plus) par semaine, selon ses capacités, et, d'accord avec les professeurs titulaires, de le surveiller et de l'éclairer par des conseils appropriés. A la fin de l'année, le directeur devait transmettre au Collège provincial un certificat signé par lui-même et par ses collègues compétents, « constatant les services du stagiaire, ses aptitudes pratiques, la nature de ses rapports avec les élèves, son assiduité, son exactitude et sa moralité ». Il appartenait au Collège d'accorder ou de refuser, sur le vu de ces pièces, le *Dignus es intrare*.

Le stage ainsi conçu paraît être une institution fort sage. Mais les autorités scolaires des pays qui se trouvent maintenant dans une situation comparable à celle de la Prusse en 1826 ont intérêt, avant de céder au mouvement naturel, qui serait de l'imiter, à feuilleter l'énorme dossier de réquisitoires qui, pendant soixante ans, s'est accumulé contre elle chez nos voisins.

[1] C'est aussi en des «leçons» de ce genre que consiste aujourd'hui la soi-disant «épreuve pratique» (*practical examination*) aux examens institués pour l'obtention du Secondary Teachers Diploma dans les Universités de Cambridge et Victoria (Angleterre).

Les meilleurs pédagogues d'outre-Rhin en ont dit beaucoup de mal : « C'est un fait reconnu que l'année dite de stage n'a pas donné, en général, ce qu'on en attendait » (H. Schiller); « C'est un succédané qui ne satisfait pas le besoin d'une préparation pédagogique pour les matières du gymnase, mais qui le fait taire » (Fr. Paulsen); « Les dispositions relatives au *Probejahr* ont été, sont et seront toujours lettre morte » (Frick). On y a fait, en résumé, des objections de deux sortes. — D'une part, l'expérience a montré, dit-on, qu'il n'était pas raisonnable d'envoyer des stagiaires dans n'importe quels établissements : il est arrivé qu'on en ait expédié dans des écoles dont l'aménagement était défectueux et arriéré, dont l'organisation pédagogique était médiocre, et « dont les directeurs, surchargés de travail, n'auraient pu surveiller et diriger suffisamment les candidats, même s'ils n'avaient pas été, pour d'autres motifs, incapables de s'acquitter d'une tâche si difficile »; les stagiaires ont perdu leur temps ou contracté de mauvaises habitudes. Sans compter que quelques-uns ont pu être et ont été soumis, dans de petites villes où le contrôle de l'autorité supérieure est intermittent, par des directeurs bornés ou trop peu scrupuleux, à des tracasseries déplorables. — En second lieu, les règlements de 1826-1867 n'ont jamais été appliqués dans l'esprit où ils avaient été conçus. Le recrutement des professeurs de l'enseignement secondaire a subi en Prusse, au XIXe siècle, de grandes fluctuations périodiques. Vers 1840, vers 1880, il se produisit une énorme affluence de candidats; après 1848, après 1870, il y eut, au contraire, pénurie. Or, en temps de disette, les prescriptions sur le stage tombent, pour ainsi dire, d'elles-mêmes : à de certains moments, on fut obligé d'accepter comme maîtres réguliers, avec enseignement complet et traitement plein, non seulement des candidats frais émoulus de l'examen d'État et n'ayant pas fait l'année de stage, mais même des jeunes gens qui n'avaient pas encore passé l'examen d'Etat ou qui, s'y étant préparés, avaient échoué. C'est en temps d'abondance seulement que le stage aurait pu être une vérité; mais alors il n'y a jamais eu, paraît-il, un directeur sur dix qui ait pris ses fonctions d'initiateur au sérieux. Le plus grand danger de l'institution du stage, c'est qu'elle donne aux chefs d'établissement la tentation d'utiliser les stagiaires à des besognes sans valeur pour leur éducation professionnelle, en vue de décharger d'autant leur personnel ordinaire ou de réaliser des économies. Faire faire des commissions aux apprentis, au lieu de leur apprendre le métier, est un abus dont les chefs d'atelier et les vieux ouvriers se rendent souvent coupables. De même il arriva, en Prusse, que les stagiaires fussent considérés et traités, en dépit des règlements, moins comme des pupilles à diriger que comme des auxiliaires gratuits et corvéables. « Tels sont les hommes, disait Hermann Schiller; ils seront toujours les mêmes; n'espérons point de changements tant que des dispositions complémentaires n'interviendront pas pour assurer des résultats plus favorables[1]. »

A partir de 1880, des polémiques acharnées amenèrent peu à peu le Gouvernement prussien à reconnaître, bon gré mal gré, l'insuffisance de sa méthode officielle de préparation pédagogique, le *Probejahr*[2]. Un des moyens qu'il lui parut d'abord le plus naturel d'employer, pour y remédier, fut de multiplier les « Séminaires royaux », pareils à ceux de Berlin, de Stettin et de Breslau, où s'était formée jusque-là l'élite du corps enseignant. Il en fut établi six coup sur coup, et on put croire un moment que des « Séminaires royaux » allaient être créés en assez grand nombre pour assurer la formation de *tous* les maîtres de l'enseignement secondaire en Prusse. Mais alors que les « Séminaires royaux » n'étaient encore en mesure de recevoir qu'un huitième environ des candidats disponibles, une réforme générale fut décidée. L'Ordonnance du 15 mars 1890 arrêta l'évolution commencée, et, sans détruire les « Séminaires royaux » qui existaient, ne les laissa subsister que pour la forme. Les motifs de cette mesure n'ont, du reste, rien d'obscur et la justifient très bien.

[1] Voss, *l. c.*, p. 562 et suiv. — Les adversaires du *Probejahr*, tel qu'il fonctionna jusqu'en 1889, n'ont jamais nié, est-il besoin de le dire? qu'il y ait eu d'honorables exceptions et des directeurs qui faisaient leur devoir tout entier. Mais tout le monde avoue qu'ils étaient rares. Le jugement de J. J. Findlay (*o. c.*, p. 122) est, en somme, très correct : «The year of trial has been more or less useful according to circumstances. Under a head-master of ability, ready to take an interest in training, the *Probejahr* might be of the greatest benefit; but very often the *Probekandidat* had learned little more than if he had been put to full work with full pay. True, he has had the benefit of looking round upon every department of school work, and the head master has the responsibility of giving him hints and of putting him into the ways of the place, but very little has come of the plan, and dissatisfaction with its results has always been felt.»

[2] L'écho de ces polémiques et des projets qu'elles suscitèrent se trouve dans l'article de P. Voss, p. 572 et suivantes.

De 1826 à 1880, avant les grandes polémiques contre le *Probejahr,* quelques efforts isolés avaient été faits déjà pour organiser la préparation pédagogique en dehors des « Séminaires royaux », plus ou moins transformés à cette époque, comme celui de Berlin, en instituts philologiques, sous l'influence de Bœckh. — A Berlin, quelques gymnases avaient été autorisés à recevoir les candidats à l'enseignement de certaines spécialités scientifiques pour leur apprendre la pédagogie théorique et pratique de ces spécialités : dès 1856, les candidats à l'enseignement des mathématiques et de la physique fréquentaient le Friedrich-Wilhelms Gymnasium pour s'initier aux méthodes d'exposition sous le professeur Schellbach; dès 1860, les candidats à l'enseignement des langues modernes allaient se mettre sous la direction du professeur Herrig à la Realschule annexée audit gymnase : ce dernier séminaire, celui de Herrig, s'est continué jusqu'à nos jours par le *Königliches Institut zur Ausbildung von Lehrern der neueren Sprachen,* qui est annexé maintenant au Französisches Gymnasium de Berlin[(1)]. — D'autres exemples excellents avaient été donnés aussi à Halle et à Giessen. A Halle, le directeur des Francke's Stiftungen, M. Frick, y avait fait revivre en 1881 l'antique *Seminarium selectum præceptorum* du lieu, « en conformité avec les idées fondamentales de Francke », de manière à « unir la théorie et la pratique pédagogiques ». A Giessen (grand-duché de Hesse), M. H. Schiller, directeur du gymnase de la ville, avait montré, depuis 1876, ce qu'un directeur peut faire pour l'éducation professionnelle des candidats à l'enseignement public lorsqu'il se consacre avec ardeur à cette œuvre pour laquelle il se sent né : grâce à M. Schiller, le petit gymnase de Giessen avait été pendant plusieurs années une des premières écoles pédagogiques d'Allemagne et sans doute de l'Europe[(2)].

Est-ce le succès des établissements de Berlin, de Halle et de Giessen qui décida le Ministère prussien de l'Instruction publique à renoncer au système des « séminaires royaux » pour adopter, en 1890, celui des « séminaires gymnasiaux »? Peut-être. Mais des raisons très solides recommandaient, par ailleurs, ce parti. En effet, le Gouvernement était résolu à ne pas abolir le *Probejahr :* « Le principe du stage, dit le Ministre de l'Instruction publique à la

[(1)] Voir, sur le séminaire annexé au Französisches Gymnasium, le témoignage de F. Ware, *l. c.,* p. 535.

[(2)] Voir F. Collard, *La pédagogie à Giessen* (Louvain, 1893).

Chambre prussienne, est au-dessus de toute discussion. La méthode d'après laquelle est donné l'enseignement de chaque discipline est le résultat de l'expérience; la première condition pour la développer est de la transmettre aux générations nouvelles. L'année de stage, destinée à assurer et à régler cette transmission, demeure le plus sûr moyen de maintenir dans l'école le bienfait de la continuité. » Si cependant le *Probejahr,* tel qu'il se pratiquait, ne satisfaisait pas à toutes les exigences légitimes, c'était parce que la direction n'en avait pas toujours été, jusque-là, confiée systématiquement à des hommes compétents. Le bon sens indiquait donc de réserver à certains gymnases seulement, choisis avec soin, la responsabilité de l'éducation pédagogique des candidats à l'enseignement. « Il est facile de comprendre que, si l'on fait de toutes les écoles indistinctement des pépinières de jeunes maîtres, on s'expose à reproduire la routine et les imperfections aussi bien que les perfectionnements dus aux leçons de l'expérience; les modèles, indispensables pour que l'année de stage soit employée comme il faut, se trouveront plus aisément dans un nombre limité d'écoles qui pourront être, à bon droit, qualifiées de *normales.* » Quant aux « Séminaires royaux », de deux choses l'une : ou bien les liens qui, au temps de Gedike, les rattachaient étroitement à une école secondaire se sont relâchés, comme cela s'est vu à Berlin pendant le principat de Bœckh, et c'est une déviation qui n'est pas à encourager; ou bien ils sont restés intimes, et alors à quoi bon cette complication qui consiste à doubler d'un *Provinzialschulrat* le directeur du gymnase où les candidats sont admis à s'exercer? L'avantage des « séminaires royaux », par rapport aux gymnases ordinaires où s'accomplissait le *Probejahr,* ç'avait été, jusque-là, l'institution, dans les séminaires, de ces conférences où le *Provinzialschulrat* réunissait régulièrement ses pupilles pour traiter et discuter avec eux des questions professionnelles. Mais rien n'empêchait que des conférences semblables fussent organisées dans des gymnases « normaux », par les soins des directeurs, comme cela s'était déjà fait à Berlin, à Halle, à Giessen. L'idée devait donc prévaloir, à la longue, de transporter dans certains gymnases choisis, ou « normaux », ce qu'il y avait de meilleur dans le mécanisme vieilli et coûteux des « Séminaires royaux ». La réforme du 15 mars 1890 a porté effectivement sur ces deux points : désignation de gymnases qui auraient désormais, à l'exclusion des autres, l'honneur et la charge de recevoir et d'instruire des stagiaires; création, dans ces gymnases, de séminaires analogues aux «Séminaires royaux», mais placés sous l'autorité des directeurs. D'ailleurs, rien ne fut supprimé, ni les «Séminaires royaux» en exercice, ni même le *Probejahr;* on procéda par addition, conformément aux instincts conservateurs de la politique prussienne. Comme il se trouvait par hasard que, entre 1880 et 1890, les aspirants aux fonctions de professeur dans l'enseignement secondaire avaient été très nombreux, on se crut permis d'augmenter purement et simplement les exigences. Les candidats furent astreints à deux ans de stage au lieu d'un : d'abord un an de séminaire (*Seminarjahr*), puis, par-dessus le marché, le *Probejahr* comme autrefois.

Dans le royaume de Prusse, depuis 1890, tous les candidats aux fonctions de professeur dans l'enseignement secondaire qui ont subi l'examen d'État *pro facultate docendi* doivent donc, en principe, consacrer deux années à acquérir les connaissances philosophiques, méthodologiques et pratiques qui conviennent à la profession où ils entrent. — Pour accomplir la première, dite «année de séminaire», ils ont le choix entre les «Séminaires royaux» à l'ancienne mode et les nouveaux «Séminaires gymnasiaux»[1]. Mais les différences entre ces deux genres d'établissements sont tout à fait extérieures; la plupart des «Séminaires royaux» ont même perdu jusqu'à leur forme depuis qu'ils ont été réunis, comme celui de Berlin, à des gymnases[2]; le seul qui ait conservé une physionomie archaïque et qui rappelle le temps où le séjour dans un «Séminaire royal» dispensait du *Probejahr* est celui de Stettin, dont les membres sont professeurs adjoints au Marienstiftsgymnasium de la ville[3].

[1] Le nombre des *Gymnasialseminare* fut fixé d'abord à 70 (avec une dépense prévue de 81,500 marks). Mais, en 1891-1892, il n'en fonctionna guère que 28; en 1894-1895, 35; en 1898, il n'y en avait plus que 24, faute de candidats. Ces chiffres sont empruntés à la *Geschichte der Erziehung vom Anfang an bis auf unsere Zeit* (p. p. K. A. Schmid et G. Schmid), t. V (Stuttgart, 1901), p. 489. Cf. le *Statistisches Jahrbuch der höheren Schulen... Deutschlands* pour l'année courante.

[2] L'ancien Séminaire royal de Berlin est uni depuis 1898 au Prinz Heinrichs Gymnasium de Schöneberg (Berlin).

[3] Quelques avantages matériels font encore préférer parfois les anciens Séminaires royaux aux séminaires gymnasiaux.

Les membres des «Séminaires royaux» jouissent d'un peu plus de liberté (parce que la surveillance d'un *Provinzialschulrat* est moins lourde que celle

Ainsi, toute la tradition prussienne, depuis le XVIIe siècle, aboutit à l'ordonnance du 15 mars 1890, qui a rendu obligatoires les «exercices de séminaire» tels que les avaient successivement conçus Ratich Francke, Gedike, Frick et Schiller, en même temps qu'elle a confirmé l'institution du *Probejahr*. C'est pourquoi nous avons cru bon de donner en appendice (p. 115) la traduction complète de ce document capital. Il suffit ici d'en résumer les principales dispositions.

Pendant le *Seminarjahr*, les candidats étudient «les questions d'éducation et d'instruction au point de vue de l'enseignement secondaire, et notamment la méthodologie des branches d'enseignement qui les intéressent». — A cet effet, ils prennent part à des conférences pédagogiques tenues par le directeur ou un professeur de l'établissement auquel ils sont attachés (deux heures par semaine). Ces entretiens portent sur les principes de la science de l'éducation au point de vue de l'enseignement secondaire, l'histoire de la pédagogie et la théorie de la discipline; on y critique les leçons faites par les candidats; ceux-ci y présentent des rapports, qui sont discutés en commun, sur des questions de technique scolaire, sur des documents ou des ouvrages récents qui intéressent la profession. Chaque séminariste compose en outre un mémoire étendu sur un sujet de pédagogie ou de didactique appliquée qui lui a été proposé. En même temps, ils assistent aux classes faites dans la maison par leurs anciens, et s'essaient ensuite à enseigner (deux ou trois heures par semaine). Enfin, ils s'initient peu à peu, méthodiquement, à tous les actes de la vie scolaire (examens, réunions, etc.). — Leur travail pendant l'année est l'objet d'un rapport détaillé du directeur au Collège scolaire provincial.

Pendant le *Probejahr*, qui ne s'accomplit jamais dans le même établissement que le *Seminarjahr*, ni même dans un gymnase autorisé à recevoir des candidats accomplissant leur «année de séminaire», les stagiaires prennent immédiatement une large

d'un directeur); ils ont l'avantage d'être en relations personnelles avec un *Provinzialschulrat*, c'est-à-dire avec un puissant protecteur éventuel pour l'avenir; ils reçoivent de droit une indemnité que les séminaristes des gymnases n'obtiennent qu'à titre exceptionnel. Quelques-uns pensent que la pédagogie théorique est plus cultivée dans les «Séminaires royaux» que dans les autres; le fait est que les candidats y sont astreints à rédiger pendant l'année deux mémoires (au lieu d'un) sur des questions pédagogiques.

part aux travaux professionnels. Ils sont astreints à faire, sans rémunération, de huit à dix heures de classe par semaine, sous la surveillance du directeur et des titulaires, qui leur doivent des conseils. Aucun des actes de la vie scolaire ne leur demeure étranger. — L'année d'épreuve est couronnée, comme l'année de séminaire, par un rapport du directeur au Collège scolaire provincial qui est chargé d'éliminer les indignes.

Tels sont les règlements. Mais il reste à savoir comment, depuis douze ans, ils ont fonctionné, en fait; si, et jusqu'à quel point, ils ont été observés, précisés ou dénaturés dans la pratique. La littérature très ample qui s'est déjà développée sur la matière [1], et aussi les précieuses consultations directes que nous avons obtenues [2] autorisent, semble-t-il, les conclusions suivantes.

Un premier point est hors de doute : c'est que toutes les intentions du législateur de 1890 n'ont pas été également respectées. Il avait distingué avec soin la première année de la seconde : pendant la première, *vorzugsweise theoretisch-pädagogische Ausbildung unter steter Anlehnung an die Praxis, grössere Gebundenheit an Lehre und Beispiel;* pendant la seconde, *fast ausschiesslich praktische Bethätigung im Unterricht unter Voraussetzung theoretisch-pädagogischer Kenntnis, selbstständige Unterrichtsübung unter freierer Leitung...* [3]. En fait, presque tout l'apprentissage a lieu pendant la première année. Du couple savamment combiné : *Seminarjahr* et *Probejahr*, la seconde moitié s'est presque entièrement desséchée. Cela tient sans aucun doute à la disette de candidats qui succéda pendant les dernières années du XIXe siècle à l'affluence extraordinaire de 1880-1890. Des causes profondes, comme l'expansion économique de l'Allemagne, ont compromis une fois de plus, à partir de 1891, le recrutement de la carrière. Il a fallu, de nouveau, se contenter des candidats qui se présentaient, qu'ils fussent ou non en règle avec la préparation pédagogique. Presque tous les jeunes gens qui accomplissent maintenant leur deuxième année de stage (*Probejahr*) remplissent déjà, en même

[1] Voir l'ouvrage cité de W. Fries, qui la résume (jusqu'en 1895).

[2] Nous avons demandé à plusieurs hommes compétents (directeurs, anciens séminaristes, etc.) en quoi la réalité différait, si elle en différait, de l'idéal proposé par le Règlement officiel. Quelques-unes des réponses qui nous ont été adressées sont reproduites textuellement à l'Appendice, *Prusse*, p. 122 à 135. Nous nous sommes servi des autres pour joindre une glose continue à notre traduction de l'*Ordnung* du 15 mars 1890.

[3] *Denkschrift* préparatoire (U. II, n° 4247).

temps, les fonctions de professeur adjoint (*Hilfslehrer*) et reçoivent une rémunération à ce titre; ce sont presque des professeurs comme les autres, avec un peu moins d'indépendance et un salaire inférieur. Un de nos correspondants va jusqu'à dire : «Depuis que le *Seminarjahr* a été établi, le *Probejahr* n'en est plus qu'une prolongation de pure forme; en réalité, il n'y a plus maintenant, en Prusse, de *Probejahr* que sur le papier». Bref, le stage tend à se réduire à l'«année de séminaire»; et plus d'un pense que c'est tant mieux [1].

Quant à l'année de séminaire, la plupart des hommes qui, depuis 1890, ont passé par là sont d'avis qu'elle leur a été utile [2]. Mais comment? Non pas tant en leur inculquant des habitudes d'observation et de réflexion dans l'exercice de leur art, et en les invitant à penser sur les grands problèmes, éternels ou actuels, de l'éducation, qu'en les familiarisant avec la cuisine du métier. *Theoretisch-pädagogische Ausbildung*, c'est une chose dont la plupart des directeurs et des professeurs-instructeurs, encore qu'on les choisisse avec soin, se soucient peu : quelques-uns estiment même que l'«année de séminaire» peut servir à en montrer le néant [3]; mais ils savent ou croient savoir très bien comment il faut expliquer les textes à des enfants de tel ou tel âge, quand et comment il faut les interroger, ce qu'il est bon de leur dire et aussi de leur cacher, comment on acquiert sur eux l'autorité né-

[1] Il faut considérer que la plupart des candidats n'arrivent à passer l'examen *pro facultate docendi* qu'à 25 ou 26 ans. Ajoutez le service militaire. Beaucoup n'ont terminé qu'à 30 ans le stage pédagogique (cf. la statistique insérée dans le *Centralblatt für die gesamte Unterrichtsverwaltung in Preussen*, 1902, p. 390). La suppression du *Probejahr* (en fait, sinon en droit) leur fait gagner une année et ils sont, naturellement, sensibles à cette considération. Beaucoup de spécialistes pensent, d'ailleurs, qu'il est non seulement trop dur, mais superflu, d'exiger quatre semestres de préparation pédagogique (G. Schmid, *Geschichte der Erziehung...*, p. 490). Cf., ci-dessous, Appendice, p. 124, 127, 134.

[2] F. Ware (*l. c.*, p. 538) s'est fait l'écho de critiques d'après lesquelles les inconvénients du régime antérieur à 1890 n'auraient pas complètement disparu depuis l'Ordonnance du 15 mars : «Certainly, by increasing the duration of the candidate's training, the Government has insured his obtaining a greater amount of instruction from the Directors, but no adequate attention during either of the separate years; in this lies one of the most serious objections to the Gymnasial-seminar system... The objection that some of the professors in the G.-s. are not properly qualified to superintend the candidate's work, owing to their ignorance of pedagogy, ... points, if well founded, to a fault in the carrying out of the system rather than in the system itself.»

[3] Ci-dessous, p. 124.

cessaire, et comment on doit se servir des instruments de travail professionnels (tels que livres, cartes, tableaux, collections, etc.). Ces connaissances empiriques sont celles qu'ils communiquent aux candidats avec le tact et le talent que la nature leur a départis. Là-dessus, tous les témoignages sont d'accord. Un directeur de gymnase nous a dit : «Les jeunes gens qui m'arrivent de l'Université gauches, maladroits et timides, savent, au bout d'un an, se présenter devant les élèves, leur parler sans bredouiller et leur inspirer une certaine déférence». Un ancien séminariste nous a dit : «Le *Seminarjahr* ne fait pas du candidat un éducateur, mais il lui révèle des tours de main, qui m'ont paru très commodes». Donner à l'étudiant d'Université, plus ou moins fruste ou débraillé, l'attitude d'esprit et de corps et l'«autorité» d'un professeur prussien, tel est l'effet le moins contestable de l'année de séminaire, et c'est aussi probablement, dans un très grand nombre de cas, le seul [1].

Est-il nécessaire d'ajouter que le système prussien de la préparation pédagogique des futurs maîtres dans des séminaires gymnasiaux, sous l'œil et dans la main de directeurs qui sont tous des fonctionnaires zélés, et presque tous des candidats au titre envié de *Schulrat*, garantit très bien que ces jeunes gens, encore enivrés peut-être de la «liberté académique» dont ils ont joui à l'Université, seront dirigés selon l'esprit et les volontés du Gouvernement ? Toute hardiesse de leur part, non seulement politique, mais aussi philosophique, et même pédago-

[1] Il va de soi que cette appréciation n'est exacte qu'en général. Il est assez difficile de savoir ce qui se passe dans les séminaires gymnasiaux («Ueber die Praxis an der grossen Mehrzahl der neueren Seminarien ist noch wenig bekannt», dit G. Richter dans l'*Encyklopädisches Handbuch der Pädagogik* de W. Rein, III, p. 134); mais nul doute qu'il y ait des directeurs et des professeurs-instructeurs dont l'enseignement pédagogique ne laisse rien à désirer : tout dépend, naturellement, des personnes. — Quelques directeurs de séminaire ont publié des comptes rendus détaillés de leurs travaux, qui sont très instructifs : O. Frick, puis W. Fries, *Mitteilungen aus der seminaristischen Praxis in den Franckeschen Stiftungen*, dans les *Lehrproben und Lehrgänge*, fasc. V, XXXVIII, XL, etc.; O. Friedel, *Zehn Jahre Seminararbeit* [à Wernigerode], ibid., fasc. LXVI; Chr. Muff, directeur du «Séminaire royal» de Stettin, dans la *Zeitschrift für Gymnasialwesen*, XLV (1891) et années suivantes; O. Jäger, *Lehrkunst und Lehrhandwerk. Aus Seminarvorträgen* (Wiesbaden, 1897).

Les archives des séminaires gymnasiaux ne sont pas communiquées, d'ordinaire. On trouvera cependant à l'Appendice (*Prusse*, n° III) la liste des questions de pédagogie qui ont été proposées et traitées de 1899 à 1902 au Lessing Gymnasium de Berlin et aux Francke's Stiftungen de Halle.

gique[1], serait aussitôt réprimée. Il n'y a pas de «mauvais esprits» dans le corps des professeurs prussiens, car nul n'y peut entrer qu'estampillé par un *Provinzialschulkollegium*, sur la proposition de deux directeurs[2]. Situation bien différente de celle de nos agrégés français, à qui leur titre, obtenu au concours, donne le droit d'enseigner *ex abrupto*, sans que l'Administration sache rien de ce qu'ils sont.

En résumé, le régime inauguré en 1890 est pratiqué dans la mesure où la crise qui a fait baisser très notablement le nombre des vocations pédagogiques le permet. Il est conforme à l'esprit des institutions prussiennes. Il a été bien accueilli par les autorités scolaires[3], et presque tous ceux qui l'ont subi le déclarent, tout mis en balance, efficace et bienfaisant[4]. — Il ne paraît pas qu'il y ait jour, désormais, à le perfectionner beaucoup. A peine doit-on mentionner que quelques-uns ont proposé et proposent encore de placer, à la fin de la seconde année de stage, c'est-à-dire du *Probejahr*, un examen nouveau, qui serait le complément pédagogique de l'examen d'État *pro facultate docendi*. Ce «second examen» (*Zweite Prüfung*, comme on l'appelle) aurait, dit-on, l'avantage, s'il était sérieux, d'exciter les stagiaires aux études pédagogiques pendant deux ans, car la crainte de l'examen est le commencement de l'amour de la science; ce serait aussi un moyen d'uniformiser les méthodes en usage dans les divers «séminaires gymnasiaux». L'examen serait oral et aurait lieu devant un jury de *Provinzialschulräte*. Mais on a fait observer qu'il est moralement impossible de briser la carrière d'un homme de trente ans pour toute autre cause que des raisons de moralité

(1) On a joué récemment en Allemagne, avec beaucoup de succès, une pièce de M. Dreyer (*Der Probekandidat*. Berlin, 1900), où les misères des stagiaires sont dépeintes, non sans exagération, mais d'après nature. Il s'agit d'un stagiaire dont la carrière est brisée parce qu'il s'est permis d'enseigner la théorie darwinienne en Oberprima.

(2) Le directeur du gymnase où il a fait son année de séminaire et le directeur de gymnase qui l'a eu comme *Probekandidat*.

(3) «In the eyes of headmasters, the great merit of the plan is that they are training assistants after their own style» (J. J. Findlay, *o. c.*, p. 124).

(4) Il ne serait que trop efficace, selon quelques humoristes, qui l'accusent d'avoir contribué, en même temps qu'à la baisse de l'activité scientifique des professeurs de gymnase, au surmenage des élèves : il n'y a plus, hélas, que de bons maîtres, qui savent leur métier, et les élèves ne peuvent plus se reposer, comme autrefois, aux classes des mauvais professeurs, du travail accompli dans les autres! Voir l'Appendice, p. 134.

ou d'indiscipline graves[1]; le nouvel examen ne serait bientôt qu'une formalité de plus; et, s'il en est ainsi, à quoi bon[2]?

Le système prussien a été adopté dans le grand-duché de Hesse, et, avec une modification qui sera signalée plus loin (à propos de l'Université d'Iena), dans les États thuringiens. Il a pénétré récemment dans l'Allemagne du Sud. Mais, là, les institutions administratives du Nord ne sont admises, en général, que démarquées, retouchées. En Bavière, le *Seminarjahr* et le *Probejahr* prussiens ont été officiellement confondus et réduits à deux semestres (2 février 1897)[3]. Du reste, l'introduction en a été impopulaire, même sous cette forme bénigne, et l'application de la réforme a été confiée à un personnel qui n'était pas unanimement convaincu de ses avantages. Il y a aujourd'hui huit «séminaires gymnasiaux» en Bavière, dont deux à Munich, tous pour les «philologues», c'est-à-dire pour les candidats à l'enseignement des langues[4]. Il sont, paraît-il, assez florissants, parce que la Bavière est un des rares États de l'Allemagne où la disette de candidats (*Oberlehrermangel*) ne se fasse pas sentir; mais on nous écrit de Munich que les séminaires bavarois ont affecté tout de suite un caractère plutôt «scientifique» que pédagogique : «Au Maximiliansgymnasium de Munich, un professeur du séminaire pédagogique a fait aux séminaristes un cours complet de moyen haut allemand, pour augmenter leurs connaissances en philologie germanique; un autre a expliqué les formes dialectales dans les poèmes homériques; les travaux remis par les candidats

(1) On ne refuse jamais, dès maintenant, de nommer *Hilfslehrer* un *Probekandidat*, alors même que la *Probejahr* a révélé qu'il était incapable de tenir une classe : c'est que les *Probekandidaten* sont trop âgés pour qu'on puisse décemment les jeter sur le pavé en leur disant : «Choisissez un autre métier.»

(2) W. Fries, *o. c.*, p. 196-202; cf. P. Voss, *o. c.*, p. 577. — On a proposé aussi de stimuler le zèle des directeurs et des professeurs-instructeurs en les payant mieux (F. Ware, *o. c.*, p. 538). — G. Richter a demandé enfin (*Zur Frage der Gymnasial-Seminarien. Erwägungen und Erfahrungen*, dans les *Lehrproben und Lehrgänge*, XLIV [1895], et à part) que chaque candidat accomplît ses deux ans de stage (année de séminaire et année d'épreuve) dans le même établissement; cf. le compte rendu de *Gymnasium*, 1er avril 1899.

(3) Voir les *Bestimmungen über die Einrichtung der pädagogischen Seminarien für die Lehramtskandidaten der philologisch-historischen Fächer* (2 février 1897), dans *Blätter für das Gymnasialschulwesen*, 1897, p. 524.

(4) Pour les autres spécialités, aucune espèce de préparation pédagogique n'a été organisée, jusqu'à présent, dans les gymnases bavarois.

portent pour la plupart sur des sujets de philologie latine ou grecque... Le séminaire gymnasial bavarois peut être considéré comme un amalgame du séminaire pédagogique à la prussienne et du séminaire philologique tel qu'il existe dans toutes les Universités d'Allemagne; il n'est pas, à proprement parler, pédagogique, et c'est sans doute une des raisons de sa prospérité présente...»

Il n'y a rien à dire du Würtemberg, où les derniers règlements sont de date trop récente pour qu'il soit encore possible d'en constater les résultats [1].

En Autriche, la préparation pédagogique des futurs maîtres de l'enseignement secondaire (gymnases classiques et écoles réales) est formellement confiée, depuis le 7 février 1884, aux gymnases classiques et aux écoles réales. Chaque candidat doit, en principe, une «année d'épreuve». Mais, en fait, le règlement de 1884 [2] est tombé en désuétude : l'*Oberlehrermangel* (liée, dans ce pays, à des phénomènes profonds d'ordre social, et qui est surtout intense dans certaines spécialités : grec, latin, français, sciences naturelles) en est la cause. M. Loos, directeur du Maximiliansgymnasium de Vienne, obtint, il est vrai, le 21 juin 1893, au retour d'un voyage en Allemagne, où il avait étudié l'institution prussienne, l'autorisation d'expérimenter dans son établissement un système de stage perfectionné («Erweitertes Probejahr») [3], qui fut appliqué, non sans succès, pendant quelques années [4]; mais, lorsque M. Loos eut été appelé à Linz comme inspecteur général, l'expérience fut interrompue. Il n'y a plus maintenant en Autriche de «séminaire gymnasial» qu'à Linz, et c'est encore la sollicitude personnelle de M. Loos qui en a, jusqu'à présent, assuré la durée [5].

[1] Voir *Verfügung des Ministeriums des Kirchen und Schulwesens betreffend die Vorschriften für die dem Wilhelmsstift in Tübingen angehörigen Studirenden der Philologie und realistischen Fächer* (9 février 1901), dans le *Neues Korrespondenzblatt für die Gel. und Realschulen Württembergs*, 1901, p. 204. Cf. W. Fries, *o. c.*, p. 75.

[2] Voir la traduction de ce Règlement, Appendice, *Autriche*, n° I.

[3] Ibid., n° II.

[4] L'historique de cette expérience est très bien connu par les rapports de M. Loos dans la *Zeitschrift für œsterr. Gymnasien* (à partir de 1895). Cf. W. Fries, *o. c.*, p. 77.

[5] «La nécessité d'employer les candidats le plus tôt possible laisse peu de temps pour une préparation rationnelle et suivie.» Néanmoins, le directeur du gymnase de Linz réunit ses candidats et les jeunes maîtres toutes les semaines,

Le système prussien n'a pas été, à proprement parler, imité dans les pays scandinaves, car, dans les pays scandinaves où il existe (Suède et Finlande), il est déjà ancien et très probablement autochtone. Le *Profår,* ou *Probejahr* suédois, créé en 1865, a été rendu obligatoire dès 1878 [(1)]. Aux deux gymnases «normaux» d'Helsingfors, le Gouvernement finlandais a annexé des séminaires pédagogiques depuis 1873 [(2)]. En Danemark, on demande depuis longtemps que «les futurs professeurs de lycées soient attachés à certaines écoles [de l'ordre de celles où ils seront appelés à exercer plus tard], pour y recevoir une éducation analogue à celle que l'institution du *profår* procure aux professeurs suédois» [(3)]. En Norvège, on se propose présentement d'organiser un régime complet de préparation pédagogique, en profitant de l'expérience acquise dans tous les pays du monde : le projet soumis au Parlement norvégien prévoit «un stage de six mois dans une école secondaire», qui sera contrôlé par le directeur de cette école [(4)].

Dans le grand-duché de Luxembourg, un arrêté du 1er octobre 1885 «astreint les candidats à l'enseignement secondaire, docteurs de l'Université, à un stage de deux années dans un établissement secondaire». Ce stage est organisé à la manière prussienne, et il se termine par cet examen éliminatoire qu'en Prusse on n'a pas encore réussi à imposer [(5)].

exceptionnellement tous les quinze jours, en conférences pédagogiques. (Minist. Erlasse du 22 décembre 1899 et du 12 octobre 1900.)

(1) Voir, à l'Appendice, *Suède,* le mémoire de M. L. Maury sur l'état de la question en Suède. Cf. H. Klinghardt, *Das höhere Schulwesen Schwedens und dessen Reform in modernem Sinne* (Leipzig, 1887), p. 136.

(2) Voir Appendice, *Finlande.*

(3) Ibid., *Danemark.*

(4) Ibid., *Norvège.*

(5) Rapport de M. Henrion sur l'état de la question dans le grand-duché de Luxembourg, dans le *Congrès international de l'enseignement moyen. Compte rendu officiel* (Tournai, s. d. [1901]), p. 59. «La direction du stage appartient au chef de l'établissement. Le stagiaire est confié aux soins d'un professeur expérimenté. Pour commencer, le stagiaire ne fait qu'assister aux leçons que donne son patron; plus tard, il est appelé à y intervenir de temps à autre; puis il fait lui-même en entier des leçons dont il a, au préalable, soumis le plan au patron; après la leçon, le patron en fait la critique. Le directeur réunit périodiquement les patrons et confère avec eux sur la marche à suivre pour le stage. De plus, chaque stagiaire doit donner des leçons modèles auxquelles assistent les autres stagiaires; après la leçon, ceux-ci sont appelés à émettre leur avis sur la leçon, qui est finalement l'objet d'une critique faite par le directeur ou le

En Belgique, on en est venu, après divers essais, à recourir au stage comme au procédé le plus sûr d'éducation professionnelle. D'abord, les jeunes gens en possession des diplômes universitaires *pro facultate docendi*, et candidats au professorat secondaire, qui exercent les fonctions de surveillants dans les athénées royaux, ont été invités à assister aux classes et à faire des leçons d'exercice en présence des titulaires et des autorités administratives (Circulaire ministérielle du 19 octobre 1899)[1]. De plus, le Ministre de l'Instruction publique a prescrit, paraît-il, en novembre 1900, un stage qui «permît à son administration de faire un choix entre les docteurs candidats aux fonctions d'enseignement secondaire[2]».

En France, le stage est considéré, *a priori*, par un grand nombre de personnes, comme une institution excellente, et tout paraît annoncer qu'il ne se passera plus longtemps avant que l'opinion publique en impose l'adoption, sous une forme à déterminer. On lit dans les Propositions ministérielles de mars 1902 : «Un stage d'une durée variable, suivant les grades acquis et les aptitudes professionnelles témoignées, sera désormais exigé de tous les futurs professeurs.»

Quoique le stage extra et post-universitaire, dans les gymnases, constitue assurément la tradition originale de la Prusse en matière de préparation pédagogique, il y a toujours eu, en Allemagne, des partisans plus ou moins conscients et résolus d'une méthode différente. Les tendances de cette minorité se sont tra-

patron. Le stage de 1re année se fait dans les classes inférieures, le stage de 2e année dans les classes supérieures. Le stagiaire doit préparer deux dissertations, l'une, la 1re année, sur sa spécialité; l'autre, la 2e année, sur un sujet pédagogique. Le stage trouve sa sanction dans l'examen pratique, qui a lieu devant une commission composée du directeur de l'établissement et des patrons, et qui est présidée par un commissaire du gouvernement. L'aspirant doit faire d'abord trois leçons d'une heure chacune, et ce dans une classe inférieure, dans une classe moyenne et dans une classe supérieure; puis, il est appelé à défendre ses deux dissertations; enfin, il est soumis à une épreuve orale sur la pédagogie générale, sur la méthodologie et la didactique des branches qui forment sa spécialité, ainsi que sur la législation scolaire. Les stagiaires reçoivent une rémunération qui varie entre 1,000 et 1,800 francs.»

[1] *Rapport triennal sur l'état de l'enseignement moyen en Belgique* (Bruxelles, 1900), p. xv.

[2] *Revue universitaire*, 15 novembre 1901, p. 331. Cf. *Revue de l'enseignement des langues vivantes*, 1899, p. 121.

duites, de bonne heure, par des institutions dont quelques-unes subsistent; et jamais ses thèses n'ont été posées avec autant de clarté ni défendues ou combattues avec autant de vigueur que de nos jours.

Le vénérable Buddeus, professeur de théologie à Iena vers la fin du XVIIe siècle est, semble-t-il, le premier professeur d'Université qui ait eu l'idée d'organiser des conférences «pédagogiques» pour les étudiants qui se destinaient à exercer la «cure d'âmes», soit en qualité d'ecclésiastiques, soit en qualité de professeurs. Son ancien élève J. M. Gesner est le premier qui réalisa cette pensée à l'Université de Gœttingen (1734-1761) : il y fonda un *Seminarium philologicum* en vue de former, non pas tant des «philologues» que des «professeurs» (*Schulmänner*). Le «séminaire» théologique de l'Université de Halle fut utilisé de même, à partir de 1765, pour préparer de futurs maîtres d'humanités au point de vue «professionnel» comme au point de vue «scientifique». Il est vrai que le séminaire universitaire de Halle ne tarda pas à se transformer, sous l'influence de l'illustre philologue Friedrich August Wolf, en atelier d'érudition; mais, sous l'influence d'hommes qui ne s'intéressaient pas moins aux applications de la science qu'à la science elle-même, le caractère pédagogique, loin d'être sacrifié, domina dans plusieurs autres instituts du type imaginé par Gesner. A l'Université d'Helmstedt, en 1779, le professeur Fr. A. Wiedeburg procura la fondation d'un séminaire «philologico-pédagogique» dont les membres, en même temps qu'ils s'exerçaient à l'interprétation des classiques, s'initiaient à la théorie de l'éducation et enseignaient dans une petite école, dépendance du séminaire [1]. On vit même s'établir, en 1810, à l'Université de Königsberg, un séminaire de pédagogie pure, par les soins de J. Fr. Herbart, le célèbre promoteur de la pédagogie philosophique en Allemagne : «Familiariser les étudiants avec le système herbartien, les mettre en état de traiter philosophiquement les questions didactiques et d'enseigner d'une manière rationnelle, tel était le but de ce séminaire, à la fois théorique et pratique», qui dura pendant vingt-trois ans, jusqu'au départ d'Herbart en 1833 [2].

[1] H. Schiller, *Pädagogische Seminarien für das höhere Lehramt*, p. 49.

[2] Voir, sur l'organisation du séminaire d'Herbart à Königsberg, les documents cités par W. Rein dans l'*Encyklopädisches Handbuch der Pädagogik*, V, p. 208, col. 1. — Les exercices étaient à la fois théoriques (dissertations, dis-

C'est ainsi que la science de l'éducation s'introduisit dans les Universités allemandes. Il sembla qu'elle allait s'y implanter lorsque, le 12 juillet 1810, fut publié le grand Règlement prussien «des examens pour les candidats à l'enseignement secondaire», élaboré par Wilhelm de Humboldt, Süvern et Schleiermacher.

Jusqu'à cette époque, en effet, on avait été admis, en Prusse, à l'exercice de l'enseignement secondaire, sous la seule condition d'avoir fait des études théologiques; l'enseignement dans les écoles secondaires avait été considéré comme une occupation accessoire pour les théologiens. Une place de professeur était-elle vacante dans une école, ou bien les autorités auxquelles appartenait le droit de nomination désignaient, sans examen préalable, un théologien qui leur était recommandé, ou bien elles établissaient, entre les théologiens qui avaient posé leur candidature, une sorte de concours par devant le directeur de l'école et un membre du Consistoire. Ce régime fut, jadis, très répandu dans toute l'Europe; il en subsiste encore des traces, comme on sait, dans les pays anglo-saxons, en Suède et en Espagne. Or tout cela fut changé, en Prusse, par le Règlement de 1810. Il fut proclamé que la profession de maître secondaire était un métier distinct et qu'on n'y serait plus reçu qu'après avoir subi avec succès des examens appropriés, sous le contrôle de l'État. Ces examens *pro facultate docendi* comporteraient une partie technique et une partie générale; les candidats auraient à faire la preuve : 1° qu'ils savaient très bien ce qu'ils auraient à enseigner; 2° qu'ils avaient, en outre, une certaine culture. Le Règlement définissait la culture générale exigée de tous les candidats, quelle que fut leur spécialité; dans les rééditions successives de ce document (21 août 1824, 21 avril 1831, etc.), les termes de la définition ont varié, mais elle a toujours embrassé, plus ou moins expressément, entre autres choses, la philosophie (avec ou sans la théologie) et la

cussions) et pratiques. Les exercices pratiques avaient lieu, comme à Helmstedt, dans une école (*Pædagogium*) dépendant du séminaire et fréquentée par un petit nombre d'enfants (15 au plus). Chaque membre du séminaire (8 au plus) avait à surveiller un enfant et à rendre compte de sa conduite et de ses progrès. Herbart a donné lui-même cette définition de son *Pædagogium* : «Eine Anstalt für Studierende zur Anschauung und Übung in den wichtigsten und schwersten Teilen der Erziehungskunst und in unzertrennlicher Verbindung mit den philosophischen und pädagogischen Vorträgen des akademischen Lehrers, welcher der Vorsteher derselben ist».

pédagogie. Le but était, comme l'a très bien dit L. Wiese, de faire en sorte que les maîtres ne négligeassent pas les élèves pour l'objet de l'enseignement, ni l'enseignement en général pour telle ou telle spécialité. Fr. Paulsen a dit plus énergiquement encore : de défendre les droits de l'apprentissage professionnel contre ceux de l'apprentissage scientifique (*die Rechte der Lehrerbildung gegen die Gelehrtenbildung zu schützen*)[1]. L'apprentissage scientifique a d'incomparables séductions; mais, par là même, il n'est pas sans danger pour ceux qui seront, plus tard, des praticiens, s'ils n'en corrigent les effets par une forte éducation générale et philosophique. — Le Règlement de 1810, en demandant au nouvel «examen d'État» (*Staatsexamen*), qui se passerait désormais à la fin des études universitaires, et auquel, par conséquent, on se préparerait *pendant* le séjour à l'Université, des connaissances pédagogiques et la preuve d'une éducation générale et philosophique, n'allait-il pas forcer toutes les Universités à imiter et à développer les exemples donnés, au siècle précédent, dans celles de Gœttingen, de Halle, de Helmstedt, de Königsberg, etc.?

Ce phénomène ne s'est pas produit. Pour qu'il se produisît, il aurait fallu que l'épreuve pédagogique du *Staatsexamen* fut très sérieuse. Or cela dépendait en partie du Gouvernement, qui fixe les programmes et nomme les jurys, en partie des Universités elles-mêmes, puisque les membres des jurys sont ordinairement choisis parmi les professeurs d'Université. Il aurait fallu, par conséquent, que, dès l'origine, le Gouvernement et les Universités fussent d'accord pour attacher un grand prix à l'enseignement universitaire de la pédagogie. Mais le Gouvernement ayant reconnu qu'une «leçon» devant un jury, la *Probelektion* prévue au programme de 1810, était une épreuve insuffisante en tant qu'épreuve pratique, arrêta bientôt ses préférences, nous l'avons vu, en faveur d'un autre mode de préparation pédagogique (le stage post-universitaire); et, dans les Universités, on s'était toujours intéressé moins à la pédagogie qu'à la science: on s'en méfiait; là même où la pédagogie était l'objet d'un enseignement régulier, les maîtres chargés de représenter cette discipline étaient, pour la plupart, des philosophes, plus disposés aux spéculations

[1] Textes cités par P. Voss, dans la *Revue internationale de l'Enseignement*, 1889, II, p. 261.

transcendantes qu'à l'étude de ce qui convient au praticien. Ainsi s'explique que, dès l'origine, les épreuves pédagogiques du *Staatsexamen* aient été peu redoutables. Elles le sont, aujourd'hui, moins que jamais. On exigeait naguère «un travail personnel, fait à l'aide des ressources qu'offre la littérature spéciale du sujet», sur une question relative à la science de l'éducation ou sur une question de philosophie relative à la science de l'éducation : le délai accordé pour la rédaction de ce mémoire a d'abord été diminué [1]; puis, le mémoire lui-même a cessé de peser dans la balance. La dernière *Ordnung der Prüfung für das Lehramt an höheren Schulen* (12 septembre 1898) demande encore aux candidats de prouver qu'ils «connaissent les bases philosophiques de la pédagogie, ainsi que les principaux moments de son évolution depuis le XVIe siècle, et qu'ils ont déjà acquis une certaine intelligence des devoirs de leur future carrière» [2]; mais tous les candidats savent qu'il suffit, pour satisfaire à cet article, d'avoir parcouru un des manuels élémentaires de pédagogie qui abondent dans la littérature allemande. Ils s'inscrivent donc au cours de pédagogie qui se fait dans leur Université; mais ils s'abstiennent, en général, de le suivre, si le professeur ne jouit pas d'une réputation exceptionnelle [3]. Le jour de l'examen, ils sont interrogés rapidement par un juge, spécialiste ou non, qui a, le plus souvent, conscience d'accomplir une formalité dérisoire, et l'ignorance absolue ne leur porte pas préjudice [4].

[1] *Revue int. de l'Enseignement*, 1889, II, p. 271.

[2] *Prüfungs-Ordnung für die Kandidaten des höheren Lehramts in Preussen* (Halle a. S., 1901), p. 42.

[3] Cf. ci-contre, p. 51. — Il faut dire que, dans un certain nombre d'Universités, les conférences de pédagogie continuent à être expédiées pour la forme par des philosophes de profession auxquels les questions pédagogiques sont assez indifférentes «J'ai, dit M. Voss, suivi personnellement des leçons pédagogiques [dans les Universités] qui, pour moi, n'ont pas plus de valeur que tel ou tel compendium...» (*Revue int. de l'Enseignement*, 1889, II, p. 270). Cf. J. J. Findlay, *On the Study of Education*, dans les *Special Reports on educational subjects*, III (1898), p. 369 : «At Leipzig I attended a seminar, conducted by a professor of Education, which would have been a disgrace to the poorest Diocesan Training College in England; but then this professor publicly avowed his disbelief in the serious study of education!». — Voir les conseils aux candidats dans l'opuscule d'Hans Zimmer, *Wie studiert man Pädagogik?* (Leipzig, 1898).

[4] «C'est un supplice pour moi, dit M. Paulsen, d'examiner sur une science d'expérience des jeunes gens qui n'ont aucune expérience et ne peuvent reproduire

Il en est de même dans tous les pays de langue allemande [(1)].

Si les études pédagogiques ont été, au XIXe siècle, et sont encore assez florissantes dans *quelques* Universités d'Allemagne, les programmes officiels de l'examen *pro facultate docendi* n'y sont assurément pour rien : ils auraient plutôt contribué à déconsidérer la science de l'Éducation en habituant les étudiants à la traiter en quantité négligeable. Tout l'honneur de ce qui a été fait revient donc, comme par le passé, à des initiatives individuelles. Un professeur de pédagogie éloquent, d'esprit libre, ou renommé pour l'excellence de sa méthode, comme MM. Fr. Paulsen et W. Münch à l'Université de Berlin, attire autour de sa chaire un grand nombre d'auditeurs. Un professeur actif, doué d'un tempérament d'apôtre ou passionné pour un système, réussit à communiquer ses préoccupations ou sa foi pédagogiques à un certain nombre de disciples : il organise des conférences, des « colloques », des exercices pratiques; une école universitaire (ou séminaire) de pédagogie est fondée. C'est ce qui, au cours du XIXe siècle, est arrivé, par exemple, à Heidelberg (H. C. Schwarz), à Kiel (Thaulow), à Strasbourg (Th. Ziegler), à Prague (O. Willmann), à Vienne (Th. Vogt) [(2)]. De ces écoles universitaires de pédagogie, les unes ne survivent pas à l'homme qui les a

que des opinions étrangères et des jugements tout faits. » (Voss, *l. c.*, p. 269). — M. W. Münch, professeur de pédagogie à l'Université de Berlin, nous écrit (7 juillet 1902) : « Le rôle de la pédagogie à l'examen d'État est modeste, et je ne m'en plains pas... ».

(1) Voir le relevé de ce que les programmes du Staatsexamen comportent de pédagogique en Saxe, en Bavière et en Würtemberg dans l'opuscule cité de Zimmer, p. 7 et suiv.

Le programme autrichien de 1884 exige encore un mémoire écrit sur une question relative à la science de l'éducation, *Normalien für die Gymnasien und Realschulen in Œsterreich* (Wien, 1884, I, II, p. 453); celui de 1897 y renonce expressément : « Die sogenannte pädagogisch-didaktische Hausarbeit wurde fallen gelassen » (*Prüfungs-Vorschrift für das Lehramt an Gymnasien und Realschulen* (Wien, 1900), p. 28.

(2) Citons encore les séminaires pédagogiques des Universités de Göttingen (Baumann), de Bonn (J. Bona Meyer), de Tübingen (L. Meyer) et de Bâle.

On trouvera l'historique de la plupart de ces séminaires dans l'ouvrage cité de W. Fries, p. 28 et suivantes. — Sur le Séminaire de Prague : O. Willmann, *Das Prager pädagogische Universitäts-Seminar* (Vienne, 1901). — D'autres essais ont eu lieu en ces derniers temps, notamment à Graz (Martinak). Cf. Appendice, *Autriche*, n° III.

créées [1]; les autres durent, parce que plusieurs hommes, animés du même esprit, se succèdent à leur tête. Les plus importantes de celles qui existent depuis longtemps ne sont pas en Prusse, mais en Saxe (Leipzig) [2], dans le grand-duché de Bade (Heidelberg) [3] et à l'Université thuringienne d'Iena.

Nous n'entreprendrons pas ici de décrire les méthodes qui ont été adoptées dans les divers « séminaires pédagogiques » des Universités allemandes depuis cent ans; elles ne diffèrent que par des détails, et il est facile de s'en procurer les règlements (*Ordnungen*) [4], qui en font connaître exactement les modes d'activité. — Disons seulement qu'on en distingue, à première vue, deux types

[1] Le Séminaire pédagogique de l'Université de Strasbourg a été discontinué en 1892. Celui de Vienne a eu des intermittences. Ceux des Universités de Kiel et de Königsberg n'existent plus.

[2] F. Collard, *Les séminaires pédagogiques de Leipzig*, dans *Trois Universités allemandes;* Frederick E. Bolton, *o. c.*, p. 95; et les monographies indiquées par W. Fries, *o. c.*, p. 41. — Cf. R. Richter, dans les *Jahrbücher für Philologie und Pädagogik*, XLII (1896), p. 209 (Réponse à W. Fries); et la communication de M. le professeur Hartmann, Appendice, *Saxe*, p. 140.

[3] Le Séminaire de l'Université d'Heidelberg existe depuis 1809.

[4] Les *Ordnungen* des principaux séminaires universitaires de pédagogie sont synoptiquement résumés dans les ouvrages cités de W. Fries et H. Schiller.

Voici, à titre d'exemple, les dispositions de l'« Ordnung für das pädagogische Seminar der Universität Basel » (édition du 27 juin 1893), dont W. Fries ne parle pas : « 1. Das pädagogische Seminar der Universität soll einerseits die betreffenden Studierenden befähigen, pädagogische Fragen wissenschaftlich zu behandeln, andererseits dieselben auf die praktische Ausübung des Lehramtes an den Mittelschulen vorbereiten. — 2. Das Seminar besteht aus zwei Abteilungen, von denen die eine die Fächer sprachlich-historischer, die andere die mathematisch-naturwissenschaftlicher Richtung umfasst. — 3. Wer in das Seminar aufgenommen zu werden wünscht, muss die notwendigen Vorkenntnisse in allgemeiner Pädagogik und Geschichte der Pädagogik besitzen. — 4. Der Seminarkurs umfasst je ein Sommersemester und das darauffolgende Wintersemester mit zwei Stunden wöchentlich. — 5. Das Sommersemester wird vorherrschend zur theoretischen Ausbildung der Mitglieder des Seminars verwendet; das Wintersemester soll vorherrschend der praktischen Ausbildung derselben dienen. — 6. Zum Zweck der theoretischen Ausbildung erhalten die Mitglieder des Seminars Anleitung zu selbstständiger Erfassung und Verarbeitung einzelner hervorragender pädagogischer Werke, resp. Abschnitte aus solchen, und zu selbständiger Lösung pädagogischer und methodischer Aufgaben. — 7. Behufs Vorbereitung auf das Lehramt werden die Mitglieder des Seminars angeleitet, *a.* die pädagogischen Ziele des Unterrichts in den einzelnen Lehrfächern zu erfassen, eine entsprechende Auswahl und Gliederung der Unterrichtsstoffes zu treffen und denselben methodisch richtig zu behandeln; *b.* in geordneter Weise beim Unterrichte auf entsprechender Stufe zu hospitieren, auf Grund sorgfältig ausgearbeiteter Präparationen selber im Unterrichten sich zu üben und die Lehrübungen richtig zu beurteilen. »

assez tranchés : 1° les séminaires *théoriques*, dont le but est, en première ligne, de « donner une impulsion à l'étude scientifique de la pédagogie », et, subsidiairement, de « préparer d'une manière complète à l'art de l'éducation »; 2° les séminaires *théoriques et pratiques* (Theoretisch-praktische Seminare), dont le but est de « préparer les séminaristes à se diriger eux-mêmes dans la pédagogie scientifique, de manière à se rendre plus capables d'enseigner ». Dans ces derniers, le point de vue « scientifique » ou spéculatif n'est pas négligé, mais, en outre, on s'essaie aux applications [1]. — Parmi les *Theoretisch-praktische Seminare*, il convient, du reste, d'établir une sous-distinction. Il en est qui se conforment à peu près à l'idéal esquissé par le Geh. Oberregierungsrat W. Schrader en 1897 [2] : les exercices pratiques y sont ordinairement réduits à des « leçons-modèles », faites par le professeur, et à des entretiens socratiques [3]. D'autres ont à leur disposition des écoles où les étudiants observent, s'exercent, et dont on se sert, au besoin, pour instituer des expériences. Quelques-uns de ces derniers ressemblent singulièrement à de simples « séminaires gymnasiaux » : ceux dont le chef est en même temps professeur extraordinaire ou honoraire à l'Université et directeur de gym-

[1] En fait, ce sont des séminaires de ce type d'où sont sortis presque tous les travaux qui constituent la contribution des Universités allemandes à la « Science pédagogique » pendant le XIXe siècle. Voir surtout la Collection de L. Strümpell à Leipzig (*Pädagogische Abhandlungen von Mitgliedern des wissenschaftlich-pädagogischen Practicums an der Universität Leipzig.* Leipzig, depuis 1876), et celle d'Iena (*Aus dem pädagogischen Universitäts-Seminar zu Iena.* Langensalza, depuis 1888).

[2] W. Schrader, *Uber die Gründung pädagogischer Lehrstühle an unseren Universitäten und über die Einrichtung des akademischen Unterrichts in der Pädagogik*, dans *Lehrproben und Lehrgänge*, LIII (1897), p. 1-11. Cf. ibid., p. 11-21, H. Schmidkunz, *Entwurf eines pädagogischen Universitäts-Seminars.*

[3] W. Schrader pense que les exercices d'observation dans les écoles, pendant le *curriculum* universitaire, doivent être facultatifs; il ne les croit point nécessaires. C'est aussi l'avis de M. W. Münch : « Pendant cette période [la scolarité universitaire], il ne s'agit pas encore de tentatives pratiques; il s'agit seulement de gagner de l'intérêt pour la grande tâche, pour les problèmes, pour les opinions qui se sont combattues et qui ne cessent pas de se combattre; c'est du moins la manière dont je cherche à m'acquitter de la tâche qu'on m'a confiée... A côté de mes cours soit historiques, soit systématiques, j'arrange des *colloquia* avec un choix d'étudiants, et je peux dire que l'intérêt que je tâche d'inspirer ne manque plus. Il ne faut pas beaucoup de temps pour ces modestes études : deux heures par semaine, pendant quelques semestres, suffisent parfaitement, et c'est ce que les jeunes gens peuvent dérober à leurs études professionnelles. » (Lettre citée.)

nase, comme, naguère, M. Schiller à Giessen et M. R. Richter à Leipzig [1]; ces messieurs donnaient à l'Université un enseignement théorique qui, naturellement, n'était pas sans analogie avec celui des «conférences» prévues au programme de la première année du stage prussien, et dirigeaient, dans leur gymnase, des exercices pratiques qui, par la force des choses, ne différaient pas beaucoup de ceux du *Seminarjahr*. Quant aux séminaires exclusivement universitaires, c'est-à-dire dirigés par des professeurs d'Université proprements dits, dont l'école d'application *n'est pas* un gymnase de la ville, deux arrangements sont possibles en ce qui les concerne. M. R. Hoffmann, professeur de théologie à l'Université de Leipzig, est depuis longtemps dans l'usage de faire visiter à ses étudiants divers établissements de Leipzig et des environs : jardins d'enfants; écoles primaires, bourgeoises, réales, techniques, professionnelles; gymnases; institutions pour les aveugles, les sourds-muets, les enfants arriérés, les incorrigibles, etc.; il a obtenu des autorités compétentes que les plus avancés de son cours de pédagogie fussent admis à fréquenter ces établissements suivant leurs besoins, afin de voir ce qui s'y passe et de s'y familiariser avec les difficultés de la pratique [2]. Le second système est celui d'Herbart à Königsberg et de l'ancienne Université d'Helmstedt : une petite école spéciale *dépend* de la chaire de pédagogie à l'Université, où le professeur et ses disciples sont libres de se livrer à une expérimentation intensive. Il n'existe actuellement, en Allemagne, qu'une seule Université où ce système herbartien (*Theoretisch-praktisches Seminar mit eigener Uebungsschule*) soit en vigueur : Iena.

L'école pédagogique de l'Université d'Iena honore, comme son précurseur, un ancien étudiant du séminaire d'Herbart à Königsberg, H. G. Brzoska [3], et, comme son fondateur, un autre herbartien fervent, K. V. Stoy [4]. Depuis 1885, elle est dirigée

[1] Tel est aussi le cas, depuis longtemps, de G. Uhlig à Heidelberg.

[2] Voir R. Hoffmann, *Die praktische Vorbildung zum höherem Schulamt auf der Universität* (Leipzig, 1881). Cf. P. Voss, dans la *Revue int. de l'Enseignement*, 1889, II, p. 447.

[3] V. Brzoska, *Die Notwendigkeit pädagogischer Seminare auf der Universität und ihre zweckmässige Einrichtung*. Leipzig, 1856. Nouvelle édition en 1887.

[4] Voir les thèses où K. V. Stoy a résumé son expérience, à la fin de sa carrière, dans les *Proceedings of the international Conference on Education, London, 1884*, IV, p. 81. Cf. W. Fries, *o. c.*, p. 87. Cf. E. Schlegel, *K. V. Stoy und das pädagogische Universitätsseminar*, dans *Schulblatt der Provinz Sachsen*, 1897, p. 21.

par M. le professeur W. Rein [1]. — Le Séminaire comprend des membres ordinaires (*Praktikanten*) et extraordinaires (*Hospitanten*). Tous sont tenus d'assister : 1° aux séances théoriques (*das Theoretikum*) qui ont lieu à l'Université, où le professeur traite des questions éthiques, psychologiques, pédagogiques, didactiques; 2° aux séances pratiques (*das Praktikum*), qui consistent surtout en leçons d'épreuves (*Probelektionen*), faites par les membres ordinaires; 3° aux conférences (*Conferenzen*) qui se tiennent, une fois par semaine, pour discuter les leçons du Praktikum, l'enseignement de l'école annexe et généralement tout ce qui peut intéresser le Séminaire. L'école annexe comprend trois classes primaires (de dix élèves chacune), dont chacune est dirigée par un maître titulaire (*Oberlehrer*), lequel est aussi considéré comme membre du Séminaire. Les «Hospitanten» assistent aux classes de cette école, en prenant des notes; leurs observations sont produites et critiquées en conférence. Les «Praktikanten», après avoir fréquenté l'école, eux aussi, en qualité d'auditeurs, sont désignés pour remplacer, de temps en temps, les titulaires; ils sont enfin chargés, pendant un semestre, de diriger une classe : ils doivent préparer chacun de leurs cours d'essai par écrit, en remettre le plan au titulaire et prendre acte de ses conseils. — Les avantages de ce régime sont, dit-on, considérables. En effet, quel est, *a priori*, le vice de la préparation pédagogique par le stage ? C'est que la théorie sera, très probablement, sacrifiée à la pratique. Et de la préparation pédagogique à l'Université ? C'est que la pratique sera, sans doute, sacrifiée à la théorie. Or, à l'Université d'Iena, la théorie est heureusement combinée avec l'étude assidue et directe de l'enfant. De plus, l'*Uebungsschule* annexée au Séminaire pédagogique de l'Université d'Iena étant une école élémentaire, conformément à la tradition établie et justifiée par Herbart [2], les futurs maîtres de l'enseignement secon-

[1] Voir des détails complets sur l'organisation actuelle et la chronique courante du Séminaire universitaire d'Iena dans la Collection précitée, *Aus dem pädagogischen Seminar zu Jena*; et *passim* dans le recueil des œuvres de M. Rein (notamment dans sa *Pädagogik in systematischer Darstellung* [Langensalza, 1902], p. 631).

[2] On insiste sur ce que l'*Uebungsschule* doit être une école élémentaire, et non pas une école secondaire, en faisant valoir les cinq ou six arguments que voici. «Si l'école d'application est une école populaire, il n'y a pas à redouter que les jeunes maîtres soient dressés, comme des recrues, à l'enseignement du gymnase» (*Revue int. de l'Enseignement*, 1881, I, p. 377). De plus : «1. Die

daire peuvent s'y rencontrer avec de futurs instituteurs et de futurs professeurs d'école normale primaire, ce qui ne peut manquer de profiter à tous et de contribuer à cette harmonieuse collaboration du primaire et du secondaire dans l'œuvre de l'éducation nationale, en vue de la paix sociale, que rêvent les bons esprits.

Les avantages du « Séminaire pédagogique d'Université » avec exercices pratiques, école annexe et mise en contact des personnels primaire et secondaire ont paru si grands, de nos jours, qu'un parti médiocrement nombreux, mais très actif, s'est formé pour demander, ou recommander, que le régime d'Iena, exceptionnel jusqu'à présent, soit généralisé en Allemagne. Une littérature a surgi, depuis vingt ans, sur la question du *Pädagogisches Universitätsseminar mit eigener Uebungsschule;* il va de soi que M. W. Rein, d'Iena, plaidant *pro domo sua*, l'a enrichie plus que personne [1].

L'argumentation du parti, très abondante, mais dispersée, se ramène, autant que nous en pouvons juger, aux propositions suivantes. — La préparation *théorique* des futurs maîtres doit avoir lieu à l'Université, parce que l'Université est un milieu philosophique et l'endroit le plus favorable aux études pédagogiques : toutes les sciences auxiliaires de la pédagogie (morale, hygiène, psychologie individuelle et ethnique, normale et pathologique) n'y sont-elles pas enseignées ? — La préparation *pratique* des futurs maîtres doit avoir lieu aussi à l'Université plutôt qu'ailleurs, car : 1° ce n'est pas à l'Université qu'elle est exposée à dégénérer en routine; nul danger qu'on la fasse consister, là, dans l'apprentissage des trucs; l'atmosphère de l'enseignement supérieur lui donne nécessairement un caractère plus désintéressé, plus d'élévation et de noblesse; 2° elle se fait à l'Univer-

Volkschule bietet in ihrem Lehrplane die allem Unterricht gemeinsamen Elemente in einfachster Form. — 2. Wegen der Einfachheit des Lehrstoffes wird es dem Lehrer leichter seine ganze Aufmerksamkeit auf die methodische Behandlung desselben zu konzentrieren. — 3. Sie nötigt durch den geistigen Standpunkt ihrer Schüler den Lehrer zu vollständiger Umgestaltung der eigenen Denk-und Redeweise und zu sorgfältiger Berücksichtigung der kindlichen Auffassungsart. — 4. Sie erleichtert durch die Einfachheit in Gedankenbau und Gemütszuständen dieser Schüler den Erfolg des Lehrers, wie der persönlichen Behandlung. — 5. Die Volksschule ist nicht bloss das einfachste, sondern auch das wichtigste Glied des gesamten Volksbildungswesens» (W. Rein, dans l'*Encyklopädisches Handbuch der Pädagogik*, V, p. 211).

[1] Voir le paragraphe «Vertreter der Universitätsseminare», dans W. Fries, *o. c.*, p. 83 et suivantes.

sité dans des conditions d'indépendance incomparable : « Tandis que les écoles de l'État (*Lehrer-Seminare* ou Écoles normales primaires, Gymnases classiques ou réaux, etc.) sont astreintes à respecter quasi militairement les règlements de l'État, sans les discuter, le Séminaire pédagogique d'Université participe à la plénitude de la liberté académique; toutes les expériences légitimes y sont permises. » Mais, pour que la préparation pratique soit à l'Université ce qu'elle doit être, une école d'application spéciale, annexée au Séminaire universitaire, est indispensable, car on n'est jamais sûr autrement que les écoles où les séminaristes seront envoyés comme auditeurs ou apprentis présenteront toutes les garanties désirables (excellents maîtres, installations modèles, etc.). Aussi bien, pourquoi les Universités se feraient-elles scrupule d'entretenir des écoles d'application ? L'analogie des cliniques et des hôpitaux qui dépendent des séminaires scientifiques, dans les Facultés de médecine, est de nature à les rassurer. L'école annexe sera, pour l'étudiant en pédagogie, ce que la clinique a toujours été pour l'étudiant en médecine. Nul ne s'étonne que l'étudiant en médecine demande à l'Université, avec l'instruction scientifique, le *training* professionnel; pourquoi en serait-il autrement de l'étudiant en pédagogie ? — On ajoute : Ce n'est pas impunément que les Universités continueraient à se tenir à l'écart de l'éducation, c'est-à-dire de la vie. Ce ne serait pas impunément pour l'École populaire ni pour le Gymnase qu'elles abandonneraient ainsi à la tyrannie de la pédagogie officielle (*Staatspädagogik*), à l'action des forces traditionnelles ou aux fantaisies réformatrices des amateurs. Et ce ne serait pas impunément pour elles-mêmes qu'elles se condamneraient à ne rien voir à côté ou au delà de la recherche scientifique : l'égoïsme d'une application exclusive à des problèmes, souvent infinitésimaux, emporterait avec soi son châtiment. Que la Science ne fasse pas oublier la nécessité de la Culture. Le bruit court déjà en Allemagne que les Universités se claquemurent dans leurs tours d'ivoire et que leur influence sur le développement intellectuel de la nation est en baisse. N'oublions pas qu'il appartient aux Universités d'être le ferment de l'éducation nationale à tous les degrés, la conscience de la nation. Etc.[1]. — Les considé-

[1] Exemple de ce que l'on peut dire en ce genre : « . . . In diese schöne Aufgabe müssen immer mehr die Universitäten hineingezogen werden, die Hochburgen der Wissenschaft, auch der Wissenschaft von der Organisation des

rations de cet ordre prêtent à de beaux mouvements, mais faciles à prévoir. Inutile d'insister. Il suffira d'avertir que ces mouvements ont été, à plusieurs reprises, exécutés avec toute la dextérité imaginable.

Ils l'ont été, malheureusement, dans le vide. Ni l'opinion universitaire ni l'opinion publique n'en ont été affectées. — L'opinion universitaire, en Prusse, est restée ce qu'elle était vers 1876, lorsque les professeurs d'Université et les *Schulmänner* des pays du Rhin se réunirent à Bonn pour délibérer sur la question. La Conférence de Bonn eut à choisir entre un projet de M. Nohl, qui réclamait dès lors « la création de séminaires pédagogiques dans les Universités, avec exercices pratiques », et des contre-résolutions de M. J. Bona Meyer, ainsi conçues : « Les Universités ne peuvent se proposer que la préparation théorique ou scientifique des jeunes gens qui se destinent au professorat; c'est au gymnase ou à des instituts annexés au gymnase qu'il appartient de les initier, *plus tard*, à la pratique; l'étude de la théorie et de l'histoire de la pédagogie a sa place dans l'Université, mais la fondation de séminaires pédagogiques avec écoles d'application à l'usage des étudiants n'est nullement à recommander ». L'assemblée se prononça presque unanimement contre l'introduction des exercices pratiques au cours de la scolarité universitaire. — Quatorze ans plus tard, dans la *Denkschrift* préparatoire à son ordonnance du 15 mars 1890 sur les séminaires gymnasiaux, le Ministère prussien a repoussé hautement les conceptions des disciples de Herbart, et en particulier la fameuse comparaison entre les « écoles d'application » et les cliniques médicales qu'ils ont toujours à la bouche. — M. Fr. Paulsen a exprimé les dernières conclusions des hommes les plus favorables, en principe, à la cause de la pédagogie, quand il a écrit en 1897 : « C'est à bon droit que, chez nous, la préparation pratique des candidats à l'enseignement secondaire est confiée au Gymnase, non à l'Université. Je ne nie pas qu'un séminaire universitaire de pédagogie puisse avoir une action efficace là où les circonstances

Volksbildungswesens, der Pädagogik! Der Geist der von hier ausgeht, soll hineindringen in das gesamte Schulwesen, das in klarer Abstufung, in gesunder Arbeitsleitung, gut organisiert, die künftigen Arbeiter des deutschen Volks für Hütte und Palast heranzieht» (W. Rein, *Strömungen auf dem Gebiet des Schul-und Bildungswesens in Deutschland*, dans les *Special Reports on educational subjects*, t. III (1898), p. 437).

historiques et locales sont favorables; mais le propre de ces conditions est de ne pas s'improviser. Depuis que le métier de professeur d'Université est devenu tout à fait distinct du métier de professeur de Gymnase (ce qui n'est pas à regretter), il n'y a guère, dans nos Universités, d'hommes capables de diriger un séminaire gymnasial, et quant à une école annexe, de composition variable et d'existence précaire, comment pourrait-elle valoir, pour la formation des maîtres, un établissement régulier? Enfin, c'est une question de savoir s'il est possible de prélever sur les années d'Université, qui doivent être consacrées à l'initiation scientifique, le temps qui est nécessaire à l'éducation pratique; en règle générale, je crois que cela est à deconseiller» [1]. — Il est vrai que, comme M. Rein, le roi de Prusse Guillaume II a exprimé plusieurs fois le vœu que les Universités, renonçant à leur exclusivisme scientifique, s'intéressassent davantage à la pratique et aux applications. Le Gouvernement prussien a récemment créé de nouvelles chaires de pédagogie dans les Universités de Berlin (M. Münch) et de Halle (M. Fries). Les nouveaux «Plans d'études» prussiens pour l'enseignement secondaire (1901) invitent les futurs maîtres à «profiter de tous les moyens qui leur sont offerts *à l'Université* pour se former à leur mission d'éducateur...» Mais voilà tout [2] : le programme des nouvelles chaires de Berlin et de Halle n'est pas du tout celui d'Iena [3]. — Il y a, d'ailleurs, un fait brutal : en 1902, l'institution d'Iena demeure unique en son genre. Encore n'est-elle pas officiellement acceptée [4].

[1] Fr. Paulsen, *Geschichte des gelehrten Unterrichts auf den deutschen Schulen und Universitäten*, II (Leipzig, 1897), p. 624.

[2] C'est par erreur que F. Collard écrivait naguère (*o. c.*, p. 307) : «Les Universités revendiquent plus que jamais pour elles le droit de préparer pédagogiquement les aspirants-professeurs, et elles fondent de plus en plus des séminaires pédagogiques». — J. Csengeri (*Formation des maîtres dans les Universités*, dans la *Revue int. de l'Enseignement*, 1901, II, p. 133), qui dit le contraire, s'est montré plus clairvoyant.

[3] Voir plus haut, p. 53, note 3. — Cf. l'opinion de M. Rein sur la création des deux chaires de Berlin et de Halle : «Sicher ein Fortschritt, gegenüber dem Nichts, das bisher galt. Aber es ist nur ein Schritt... Denn nicht um einseitige Ausbildung einer Gymnasialpädagogik und nicht um einseitige Vorbildung künftiger Gymnasiallehrer handelt es sich an unseren Universitäten, sondern um höhere Dinge, um eine von ethischen und psychologischen Grundlagen ausgehende, vielseitige Erfassung der gesamten Erziehungs-und Bildungs-Probleme, die das Volksleben der Gegenwart in seiner Vielgestaltigkeit umfasst...» (*Special Reports*, III, p. 419).

[4] Il est à remarquer qu'il existe, au gymnase d'Iena, un «séminaire péda-

Elle est même attaquée, sinon menacée. Les adversaires du *Pädagogisches Seminar mit eigener Uebungsschule*, prenant, à leur tour, l'offensive, font observer que le Séminaire universitaire d'Iena est principalement fréquenté par des instituteurs, des théologiens et des étrangers, et que sa réputation s'étend surtout « chez les Serbes et les Bulgares ». Ils appuient sur un des points délicats de la méthode herbartienne : l'*Uebungsschule*, cette singulière école où, disent-ils, des enfants, matière à expériences, sont élevés pour fournir à des débutants l'occasion de se former dans leur art [1]. Ils ne manquent pas non plus de souligner ce qu'il y a de déclamatoire et de vague dans les manifestes d'une école qui ne prétend à rien moins qu'à vivifier à la fois les Universités et la nation allemandes au moyen d'une panacée pédagogique alors que, en dispensant cette panacée, depuis cinquante ans, à l'Université d'Iena, elle n'a pas vivifié grand'chose, jusqu'à présent, dans l'État de Weimar. On va jusqu'à dire que l'herbartianisme universitaire a « fait faillite », et que son séminaire thuringien « n'est plus maintenu que par respect pour des situations acquises » [2].

gogique» organisé comme le sont tous les séminaires gymnasiaux en Prusse. C'est que la Prusse, qui a signé avec les duchés thuringiens un traité pour la validation réciproque des diplômes *pro facultate docendi*, n'accepte à son service les candidats de la Thuringe que s'ils ont passé une année dans un séminaire gymnasial à la prussienne. Les candidats du séminaire-gymnasial d'Iena fréquentent d'ailleurs le séminaire de M. Rein, en particulier son «Theoretikum». — Cet arrangement accidentel, dont M. J. J. Findlay [*o. c.*, p. 124] fait honneur au Gouvernement weimarien, réalise la fusion des systèmes antagonistes (*Gymnasial Seminar + Universitäts Seminar*) : «The weakness of the prussian Gymnasialseminar, dit M. Findlay, lies in the fact that it is conducted by a headmaster and staff who have left their speculative studies behind them, and are likely to ignore the scientific aspects of Education and to depreciate the value of research. The Weimar Ministerium has therefore sought to avoid this danger, and, from close personal observation, I am enabled to form a high opinion of the result. By working in the Gymnasium the students become familiar with the specific character of gymnasial teaching, but *at the same time* they are following the training of the University Seminar, where they mix with teachers of many types, foreign as well as German, and take their share in prosecuting inquiries and experiments. Thus the narrowing tendency of the Gymnasial Seminar is corrected by the free and critical spirit prevailing in the University Seminar and the tendency to undue academic speculation in the latter is balanced by the daily routine among teachers of experience in the Gymnasium.»

[1] Cette critique est, du reste, sans portée; voir ci-dessous, p. 62, note 3.

[2] Il va de soi que nous laissons la responsabilité de ces opinions aux personnes (très qualifiées) qui nous les ont exprimées.

En résumé, la propagande menée avec tant d'ardeur et de talent par M. Rein et ses disciples pour « la préparation des maîtres à l'Université » suivant les idées d'Herbart et le système d'Iena, a échoué. En Prusse, la concurrence de l'institution gouvernementale du stage aurait suffi à l'annuler. Dans le reste de l'Allemagne, elle s'est heurtée, non seulement à l'indicible dédain des savants pour toute pédagogie, quelle qu'elle soit, mais à l'hostilité des principaux pédagogues d'Université, qui se sont ralliés aux thèses moins ambitieuses et moins systématiques des Schrader, des Paulsen et des Münch. Elle n'a pas pleinement triomphé même dans les régions, comme la Saxe, où l'on n'a pas de répugnance pour le principe de la préparation pédagogique *au cours* des études universitaires [1]. C'est qu'elle est associée à un ensemble de doctrines dont les adversaires sont nombreux : rien, sans doute, n'a valu autant d'animadversions aux théoriciens d'Iena que leur désir, pourtant si honorable, de réunir autour d'eux, dans les Universités, c'est-à-dire dans un milieu d'enseignement supérieur, le personnel de l'enseignement primaire et celui de l'enseignement secondaire qui, dans les pays allemands, sont séparés par un abîme de préjugés sociaux [2].

Au contraire, hors d'Allemagne, ayant trouvé le champ libre et table rase, les herbartiens ont obtenu quelques succès, dont voici la liste.

[1] Appendice, *Saxe*, p. 140.

[2] Les pédagogues herbartiens mènent depuis quelque temps une campagne très vive pour ouvrir les Universités au personnel de l'enseignement primaire. Voir le compte rendu de la conférence de W. Rein au *Lerhervercin* de Berlin (7 mars 1902), dans la *Deutsche œsterr. Lehrer Zeitung* du 15 avril, p. 138; cf. Horn, *Die pädagogische Fakultät*, dans *Neue Bahnen*, mai 1897; Rehmke, *Universität und Volksschullehrer*, dans la *Frankfurter Schulzeitung*, 1902, p. 97; etc. — A la tête des hordes «primaires» qui marchent aujourd'hui à l'assaut des vieilles Universités, pour en forcer l'entrée, ils apparaissent aux amis des anciennes traditions comme les chefs d'une invasion barbare; quelques-uns ont des origines «primaires» qui ne leur sont pas pardonnées; ils sont accusés couramment de viser à introduire dans l'enseignement supérieur et secondaire les procédés et l'esprit de l'enseignement primaire. On nous écrit de Berlin : «M. Rein (et peut-être quelques-uns avec lui) aimeraient à transmettre aux études universitaires le système de nos *Lehrer-Seminare* (Écoles normales primaires), où l'on enseigne justement ce qu'il faut enseigner et de la manière dont il faut l'enseigner. Mais, pour ces séminaires inférieurs mêmes, on a cessé d'être généralement satisfait de ce système, et notre Gouvernement vient d'y apporter des changements dans un sens contraire à ce que l'école d'Iena désire».

Dès 1879, la Faculté de philosophie de l'Université de Budapest a proclamé que « l'éducation des candidats à l'enseignement secondaire est un devoir exclusif de l'Université »[1]. Un séminaire de pédagogie fut créé, et M. M. Kármán, professeur de philosophie et de pédagogie à l'Université, disciple d'Herbart, le dota d'une école d'application et d'expérimentation « d'après le système de K. V. Stoy », c'est-à-dire d'Iena. Mais cette école s'est transformée depuis en gymnase à huit classes (dont quatre seulement fonctionnent chaque année), le « Gymnase-Modèle de Budapest » ; et elle sert maintenant aux exercices pratiques des étudiants de l'Université et aux pensionnaires du Collège Eötvös, candidats à l'enseignement secondaire, qui ont terminé leurs études scientifiques[2]. Elle a pris ainsi le caractère d'un gymnase à séminaire gymnasial, en relations avec l'Université. Les Hongrois en sont très fiers[3].

Aux termes de la dernière loi roumaine sur l'enseignement secondaire et supérieur (1898), il faut, pour être nommé professeur dans un gymnase ou lycée, avoir participé aux conférences et aux travaux pratiques d'un séminaire dans une Université. Un séminaire pédagogique est créé auprès de chacune des deux Universités roumaines. Il y est annexé une école secondaire de garçons comme école d'application[4].

M. Gunning, disciple de M. Rein, a essayé récemment d'acclimater dans les Pays-Bas la méthode de son maître[5].

[1] J. Csengeri, *l. c.*, p. 134.

[2] *L'enseignement en Hongrie* (Budapest, 1900), p. 304. Cf. Appendice, *Hongrie*, n° II.

[3] M. Csengeri ne craint pas de l'appeler «la Mecque de la pédagogie». — La prospérité de ce Gymnase-Modèle réfute victorieusement l'objection si souvent faite *a priori* aux écoles d'application herbartiennes, et même aux séminaires gymnasiaux, que les parents hésiteront à confier leurs enfants à des établissements où on les fera servir, comme des malades à l'hôpital, à l'éducation professionnelle des étudiants : c'est, en effet, un honneur, recherché par les fils des plus hauts fonctionnaires et des meilleures familles d'être admis comme élève dans ce gymnase où s'exercent continuellement un grand nombre de candidats. Cf. le cas de l'«Horace Mann School» de New York (ci-dessous, p. 89).

[4] Appendice, *Roumanie*, n° II. Nous avons inutilement demandé des renseignements à Bucarest sur le fonctionnement de ces écoles depuis 1898.

[5] Ibid., *Pays-Bas*, p. 191. — Notons ici, pour mémoire, que M. E. Bourgeois, maître de conférences à l'École normale supérieure de Paris, a dit récemment (*Congrès international de l'enseignement moyen. Compte rendu officiel*, p. 59) : «C'est une lacune de l'École normale qu'elle n'ait pas une école annexe où ses élèves s'appliqueraient pratiquement à l'enseignement... De ce côté il y aurait une réforme à tenter.»

V

LA TRADITION ANGLO-AMÉRICAINE.

« TRAINING » ET « TEACHERS' COLLEGES ».

I. Grande-Bretagne.

Ce qui a fait pendant longtemps l'extraordinaire originalité des institutions scolaires dans les pays anglo-saxons, c'est que l'éducation n'y était pas considérée comme un service public : l'État l'abandonnait tout entière à l'initiative privée. Pas de ministère, pas de budget de l'instruction publique. Ni professeurs appointés par l'État pour enseigner, ni garanties exigées de ceux qui se mêlaient d'enseigner, ni inspecteurs pour surveiller l'enseignement au nom de la communauté. Liberté pleine et entière : *Every man doing just what he d-mn pleases*, telle est l'« idée anglo-saxonne »[1].

Les conséquences de cette « idée », on peut les constater dans les documents publiés par des Commissions royales d'enquête à partir de 1858 : enquête de 1858 sur les écoles populaires, enquête de 1861 sur les grandes *Public Schools*, enquête de 1864 (*Schools Inquiry Commission*), enquête de 1894 (*Secondary Education Commission*)[2].

Au commencement du XIXe siècle, il y avait en Angleterre deux catégories d'écoles où l'on donnait ce qui peut passer pour une espèce d'instruction « secondaire » (quoique la distinction entre « primaire » et « secondaire » ne fût pas bien tranchée). En premier lieu, des *Grammar Schools*, fondées et dotées, au moyen âge ou depuis, par des princes, des corporations ou des particuliers ; quelques-uns de ces établissements, anciens et renommés, étaient désignés plus particulièrement par l'expression *Public*

[1] « Anglo-Saxondom's idea... » Fr. Storr, *On diplomas and certificates and the registration of teachers*, dans *Proceedings of the international Conference on Education. London, 1884*, t. IV, p. 138.

[2] R. P. Scott, *Secondary Education legislation*, dans *Education in the nineteenth century* (p. p. R. D. Roberts, Cambridge, 1901), p. 71 (Liste et bibliographie des Enquêtes officielles).

Schools : Charterhouse, Eton, Harrow, Merchant Taylor's, St. Paul's, Westminster, Rugby, Shrewsbury, Winchester. D'autre part, des pensionnats, établis et administrés par des industriels, comme les institutions de l'enseignement libre en France.

On sait très bien ce qui se passait dans ces diverses écoles, dont l'histoire restera une source inépuisable d'arguments contre la liberté illimitée de l'instruction publique[1]. Mais un seul point nous intéresse ici : le recrutement et la préparation des maîtres. Or, sur ce point comme sur les autres, l'expérience a été décisive. Dans les grandes *Public Schools*, le *headmaster* choisissait ordinairement ses collaborateurs, et il était choisi lui-même par le conseil d'administration (les *trustees* de la fondation), parmi les *clergymen* de l'Église d'Angleterre, gradués d'Oxford ou de Cambridge, qui paraissaient « les hommes qu'il fallait » (*the right kind of men*), c'est-à-dire dont le caractère, l'éducation et les mœurs inspiraient de la confiance. « Les hommes dont j'ai besoin, disait le Dr. Arnold, *headmaster* de Rugby, ce sont des chrétiens et des gentlemen, actifs, avec du sens commun, et qui comprennent les enfants[2]. » S'ils étaient, en outre, instruits, tant mieux; mais la science n'était pas au premier rang des mérites nécessaires, puisque, comme attestation d'aptitude scientifique, on se contentait de titres universitaires, tels que le baccalauréat et la maîtrise ès arts, qui servaient souvent de pavillon, en ce temps-là, à de médiocres cargaisons[3]. De préparation professionnelle, les jeunes maîtres, ou « assistants », des *Public Schools*, n'en avaient reçu aucune à l'Université, si ce n'est un entraînement athlétique qui les aurait mieux qualifiés pour les fonctions de professeur de gymnastique; mais ils avaient eux-mêmes fréquenté naguère, pour la plupart, une *public school* pendant six ou sept ans, en qualité d'élèves : on estimait qu'ils « s'étaient assimilé ainsi, inconsciemment, les méthodes et l'esprit des meilleurs maîtres de l'Angleterre », et que c'était suffisant. D'ailleurs, à quoi

[1] Nous devons la supposer connue, cette histoire si compliquée. Voir l'esquisse claire et sobre de Ph. Aronstein, *The development of english secondary schools for boys*, dans le *Report of the Commissioner of Education for the year 1899-1900* (Washington, 1901), p. 45-84.

[2] Cité par Miss E. P. Hughes, *The training of teachers*, dans *Education in the nineteenth century*, p. 177.

[3] On ne saurait mieux faire que de renvoyer le lecteur, sur ce point, à l'excellent et célèbre rapport de MM. Demogeot et Montucci, *De l'enseignement supérieur en Angleterre et en Écosse* (Paris, 1870).

aurait rimé, en ce temps-là, une préparation professionnelle? Les jeunes théologiens, gradués d'Oxford ou de Cambridge, ne considéraient leur séjour, comme « assistants », à Eton ou à Rugby, que comme une halte en attendant des bénéfices d'Église; l'enseignement était pour eux, non pas un métier à vie, mais une occupation transitoire, une sorte d'apprentissage catéchétique et un moyen de s'élever plus aisément dans la hiérarchie cléricale : « Ils avaient du zèle, mais peu éclairé, de l'enthousiasme, mais plutôt pour leurs propres écoles que pour l'éducation en général; ils brillaient en chaire plus qu'en classe, et ils honoraient le pupitre de professeur comme un marchepied pour se hisser jusqu'au trône épiscopal. . .[1] » — Parmi les *Endowed Grammar Schools* de second ordre, les meilleures s'efforçaient de ressembler aux *Public Schools* aristocratiques, dont elles ne différaient guère que par des tarifs un peu plus bas; l'enquête de 1864 révéla, du reste, que plusieurs étaient tombées dans une décadence profonde : les revenus des fondations servaient à entretenir des « maîtres », prébendiers fainéants, dont le principal souci était d'avoir très peu d'élèves et de ne jamais rien dépenser pour l'entretien des bâtiments : en Lancashire, la saleté des locaux en ruines « dépassait toute créance »; le maître de Whitgift's Hospital, Croydon, avait réussi à n'avoir aucun élève pendant trente ans; celui de Netherbury exerçait, en même temps, la profession de manufacturier, et ses écoliers étaient « profondément ignorants en toutes choses ». — Comme les études coûtaient trop cher dans les *Grammar Schools* respectables, la petite bourgeoisie était obligée d'envoyer ses enfants dans les pensionnats tenus par des industriels. Mais, là, c'était bien pis. Gagner de l'argent était le but des propriétaires de ces écoles. Ils se préoccupaient donc, en exploitant leur fonds, de réduire, autant que possible, leurs frais. Ils étaient conduits ainsi à recruter leur personnel parmi les gens disposés à accepter des salaires de famine. Pour achalander leurs maisons, quelques-uns embauchaient quelques gradués d'Université qu'ils faisaient, pour ainsi dire, tourner à leur devanture; mais la grande majorité de leurs « assistants » étaient sans titres et sans études. Ces pauvres diables avaient acquis la routine qui leur procurait du pain en servant d'abord comme moniteurs (*pupil-teachers*) dans des établissements analogues; ils avaient appris le métier de

[1] Fr. Storr, *l. c.*, p. 144.

professeur comme un gâcheur apprend celui de maçon. Ils regardaient ordinairement le bouleau (dont on fait les verges) comme « l'arbre de la science ». Leur culture générale était nulle : « Comment en aurait-il été autrement, alors qu'ils avaient passé les années de leur jeunesse dans l'esclavage plus qu'égyptien du *pupil-teacherhood?* » Ils étaient, en outre, déprimés par les exigences excessives des employeurs, par l'absence de sécurité et surtout de considération. — En résumé, le laisser faire et la libre concurrence avaient développé sur ce terrain, comme partout, des abus et des misères. Ces abus et ces misères, Dickens, Disraëli et d'autres romanciers de la première moitié du règne de Victoria les ont décrits dans des livres que l'on est porté à croire entachés d'exagération, mais dont les Enquêtes officielles ont pleinement confirmé le témoignage.

Ces choses sont du passé, quoiqu'il en subsiste des traces et que l'état de l'esprit public qui les a rendus possibles n'ait pas encore disparu, tant s'en faut [1]; mais c'est par des méthodes très anglaises que la transformation s'en est accomplie depuis soixante ans.

D'abord l'initiative privée a courageusement essayé de réagir contre les maux dus au régime de la liberté sans contrôle; et l'on a reconnu, de divers côtés, que les premières mesures à prendre seraient celles qui tendraient à relever la condition des maîtres.

Réformer l'enseignement en améliorant les maîtres, telle fut, dès l'origine, la devise d'une société, *the College of Preceptors*, dont l'activité a été féconde. Ce « Collège » fut fondé par quelques maîtres de Brighton en 1846 et obtint, trois ans plus tard, une charte d'incorporation « pour promouvoir les intérêts de l'éduca-

[1] Ce qui a le moins changé, c'est l'état d'esprit de cette partie du public anglais qui envoie ses enfants dans les *Grammar Schools*. Ce public reste indifférent, comme il l'a toujours été, à ce qui est enseigné, à la manière de l'enseigner, à la culture intellectuelle et à la science; il se décide pour telle école, non pas parce qu'on s'y instruit mieux, mais pour des raisons de convenance sociale, parce qu'elle est bien fréquentée, renommée pour la formation des manières et du caractère. La persistance de ce dédain national pour la culture intellectuelle, qui a été si longtemps le principal obstacle au progrès des institutions scolaires en Angleterre, a encore été constatée ou dénoncée récemment, avec force, par M. W. Cunningham (*Educational Review*, XVII [1899], p. 451), par l'évêque Creighton (*Contemporary Review*, avril 1901) et par le Dr. Gow, *headmaster* de Westminster School (*The Daily News*, 10 janvier 1902, et la presse londonienne de ce mois).

tion, spécialement dans les classes moyennes, en procurant des facilités aux professeurs qui se proposeraient d'acquérir une connaissance approfondie de leur métier». Aux termes de la charte, le Collège « entretiendrait des commissions compétentes d'examinateurs qui délivreraient des certificats d'aptitude aux personnes employées ou qui désireraient s'employer dans les écoles privées, particulièrement de l'Angleterre et du Pays de Galles». L'instruction générale et spéciale (savoir ce que l'on aura à enseigner) était distinguée de l'instruction professionnelle ou technique (savoir enseigner), et les diplômes du Collège attesteraient l'une et l'autre, car, pour en obtenir un, en quelque spécialité que ce fût, les candidats seraient tenus de satisfaire le jury *in the Theory and Practice of Education.* Ainsi les maîtres employés dans les petits pensionnats pourraient désormais se prévaloir de titres scientifiques et professionnels («Associate», «Licenciate» ou «Fellow of the College of Preceptors»), qui ne manqueraient pas de leur donner une certaine autorité, si toutefois l'opinion s'habituait à attacher quelque importance à ces titres. Mais, pour que l'opinion s'habituât à respecter les certificats du Collège, il fallait que ses examens fussent sérieux. Et pour que le niveau des examens fût maintenu au point convenable, il fallait que les candidats eussent l'occasion d'apprendre ce qu'on leur demanderait. Le Collège fut donc amené à créer des conférences pour les professeurs désireux de se perfectionner dans leur art et les candidats à l'enseignement (*Lectures for teachers*). En 1873, une «chaire» proprement dite de science et d'art de l'éducation fut établie; elle ne dura pas longtemps, il est vrai, mais les *Lectures for teachers* n'ont jamais été interrompues. Elles sont, encore aujourd'hui, annoncées régulièrement, ainsi que les sessions et les programmes d'examen, dans l'organe du Collège, *The Educational Times*, qui demeure au premier rang des publications pédagogiques en anglais [1].

L'exemple donné par le *College of Preceptors* a été suivi d'abord par une autre Société professionnelle, *the Girls' Public Day School Company* (1873), qui organisa aussi des « lectures » pour les maîtresses d'école, puis, trait pour trait, par les Universités, de sorte que les Universités font aujourd'hui concurrence

[1] Voir *Fifty years of progress in Education, a review of the work of the College of Preceptors*, 1846-1896 (Londres, 1896). Cf. *College of Preceptors. The Calendar for 1902* (Londres, 1902).

au *College of Preceptors*[1]. — De ce côté-là, le mouvement commença, vers 1871, par des discussions animées dans les Conférences périodiques des *headmasters* de *Public Schools* sur le problème de la préparation des maîtres; elles se prolongèrent dix ans, sans résultats appréciables; il s'y fit, de toutes parts, une consommation prodigieuse de lieux-communs. Enfin des memoranda furent adressés, par une de ces Conférences, aux Universités d'Oxford et de Cambridge (1877), qui délibérèrent à leur tour (1878). En 1879, les Universités soumirent à la Conférence des projets, qui reçurent peu d'accueil. Cependant, cette même année, Cambridge s'enhardit à un pas décisif en appointant un *Teachers' Training Syndicate*, qui organisa des « lectures sur l'histoire, la pratique et la théorie de l'éducation » et (en 1880) des examens « pour les personnes, ayant déjà fourni la preuve de leurs qualifications intellectuelles en passant tels ou tels examens de l'Université, qui voudraient obtenir, en outre, un certificat d'aptitude pédagogique ». — L'Université de Londres lança, à son tour, en 1883, un examen et un diplôme *in the Art, Theory and History of Education*, qui comportait une partie théorique et une partie pratique (« a practical examination in teaching and the management of a class »). — Puis douze ans s'écoulèrent sans que l'on fît rien de nouveau. On pensait généralement que les initiatives de Cambridge et de Londres avaient échoué. « Les Universités sont incapables de donner l'impulsion, disait M. Storr en 1884; et la preuve, c'est qu'il ne s'est pas encore présenté une douzaine de candidats au certificat de Cambridge et que, dans les *Public Schools* il n'y a pas, présentement, un maître, un seul, qui en soit pourvu. » Les certificats pédagogiques des Universités n'attiraient pas, parce qu'aucune récompense académique n'y était attachée et parce que les *headmasters* des grandes écoles, en majorité hostiles, continuaient à déclarer, ou à agir exactement comme s'ils avaient déclaré, qu'ils préféreraient tou-

[1] L'historique de l'intervention des Universités a été exposé (d'une manière assez confuse) par Graham Balfour, *The educational systems of Great Britain and Ireland* (Oxford, 1898), p. 190 et suiv. — Consulter aussi E. P. Hughes, *l. c.*; Catherine J. Dodds, *Lehrer und Lehrerinnen Bildungsanstalten Englands in Verbindung mit den Universitäten*, dans *Aus dem pädagogischen Universitäts-Seminar zu Iena*, VII (1897), p. 187; O. Abbott, *Das System der englischen Lehrerbildung* (Iena, 1898), p. 50; O. Gallander, *Om profärskurser för utbildning af lärare och lärarinnor vid högre skolor; England*, dans *Verdandi*, 1902, p. 59. — Pour l'Écosse : W. Peterson, *The training of teachers* (Dundee, 1892).

jours des gentlemen (*men whom the boys will respect*) à des certifiés. Mais la Commission parlementaire de 1894 intervint. Après avoir étudié très attentivement la question, elle exprima, dans ses conclusions, l'avis qu'« une préparation spéciale est généralement (*generally*) désirable pour les futurs professeurs » et le vœu que les Universités consentissent à s'en charger[1]. L'œuvre de cette Commission détermina une recrudescence d'agitation, qui s'est traduite, entre autres symptômes[2], par l'établissement d'un *Certificate for secondary teachers* à l'Université de Durham (1895), de « lectures » et d'examens pédagogiques à l'Université d'Oxford (1896) et d'institutions analogues dans les Universités de Birmingham et Victoria. Cambridge a remodelé son *Teachers' Training Syndicate* en 1897. — Des chaires de pédagogie (*Theory, History and Practice of Education*) existent, d'ailleurs, dans les Universités écossaises d'Édimbourg et de St. Andrews depuis 1876 (legs du Dr. Andrew Bell). Édimbourg, Aberdeen, Glasgow, Dublin font aussi passer maintenant des examens et délivrent des diplômes pédagogiques.

D'autres procédés pour faciliter l'apprentissage de l'enseignement ne pouvaient manquer de se présenter à l'esprit des champions de la réforme pédagogique. En effet, suivre des cours et préparer des examens sur la « Science de l'Éducation », c'est très bien; mais l'initiation à la pratique est, sans doute, plus nécessaire encore. On devait penser à créer, en même temps que des « lectures », des chaires et des diplômes pédagogiques, des instituts « d'entraînement » (*Training Colleges*) où les futurs maîtres (et les futures maîtresses) acquerraient des connaissances professionnelles, tout en s'exerçant soit dans une école d'application particulière, soit dans les écoles du voisinage. On y a pensé de très bonne heure pour l'enseignement élémentaire ou primaire : dès 1817, la British and Foreign School Society fonda le Training College de Borough Road, en 1836 MM. J. Phillips Kay et C. Tufnell celui de Battersea à l'usage des candidats au métier d'insti-

(1) *Royal Commission on Secondary Education*, I, p. 200, 322.

(2) Elle s'est traduite aussi, en 1896, par les délibérations d'un *Training of teachers Joint Committee*, appointé sous les auspices de l'Incorporated Association of Headmasters. Les publications de ce Comité sont probablement, avec les procès-verbaux de l'Enquête de 1894, ce qu'il y a de plus instructif à lire, en anglais, sur le problème de l'éducation pédagogique en général, et spécialement en Angleterre.

tuteur : il existe aujourd'hui près de 50 établissements de ce genre, entretenus en partie par l'Église officielle ou des Sectes religieuses, en partie (et surtout) par des subventions de l'État. — En ce qui touche l'enseignement secondaire, le premier en date des Training Colleges fut établi en 1878 sous les auspices de la Teachers Training and Registration Society pour les aspirantes aux fonctions de maîtresses dans les High Schools for girls : le *Maria Grey Training College,* de Londres, dont la *Maria Grey High School* est maintenant l'école d'application. En 1885, deux autres Training Colleges, réservés aussi aux femmes, apparaissent : le *Cambridge Training College for women,* dont les étudiantes bénéficient des conférences pédagogiques de l'Université de Cambridge et font des exercices pratiques dans les écoles de la ville ; et *St. Hilda's Hostel,* en connexion avec le *Ladies' College* de Cheltenham, une célèbre maison d'éducation pour les filles. En 1886 s'est ouvert à Édimbourg un institut similaire, le *St. Georges Training College,* avec école d'application (1888), affilié à l'Université locale. Beaucoup d'autres Training Colleges, organisés sur le modèle du *Maria Grey T. C.* ou de *St. Hilda's Hostel* reçoivent aujourd'hui les aspirantes pour leur apprendre leur métier : *Home and Colonial School Society's Training College,* Highbury : *Mary Datchelor College,* Camberwell ; *St. Mary's College,* Paddington, etc. — On a essayé enfin de procurer les mêmes avantages aux hommes, candidats à l'enseignement dans les écoles secondaires. Grâce à des personnages influents (MM. Butler, Percival, Bell, Thring, Ridding, etc.), un *Training College for masters of secondary schools* fut annexé, en 1882, aux *City of London Middle Class Schools* de Cowper Street ; mais le succès fut médiocre : trois candidats la première année, tous boursiers ; pas un de plus l'année suivante ; le « Collège » fut fermé, en octobre 1886, faute de fonds et d'encouragement public. Nouvelle tentative en 1895 (*Secondary Day Training College*), dû à l'initiative toujours en éveil du College of Preceptors ; nouvel échec, « faute de candidats »[(1)]. Les seuls Training Colleges pour hommes qui soient actuellement vivants, sinon très florissants, sont les Training Colleges de l'enseignement primaire. Au reste, quelques-uns pensent que, faute de mieux, les candidats à l'enseignement secondaire auraient profit à fréquenter ceux de ces établissements qui leur sont ouverts : les *Day*

(1) «Want of candidates» (*Educational Times,* février 1898, p. 63).

Training Colleges. Ces *Day Training Colleges* (*with practising schools*) ont été établis en 1890, pour les maîtres élémentaires, dans toutes les villes d'Angleterre et du Pays de Galles où se trouve une Université ou un Collège de rang universitaire (« University Colleges »). Ils diffèrent des anciens Training Colleges du type inauguré à Borough Road dès 1817 : 1° en ce qu'ils ne sont pas des internats, et 2° en ce qu'ils sont en relations avec un établissement universitaire. Ajoutons : 3° en ce qu'ils n'ont point de caractère confessionnel. Pourquoi les étudiants, futurs maîtres de l'école secondaire, ne s'y mêleraient-ils pas aux futurs maîtres de l'école élémentaire? Il paraît que, en fait, dans la plupart des Day Training Colleges, on s'occupe présentement de « pourvoir au *training* des *secondary teachers* en même temps qu'à celui des *elementary teachers* », en particulier à Cambridge[1], à Newcastle (Université de Durham) et à Bangor; on vise présentement à ce qu'il en soit de même à Londres[2]. Des experts comme J. G. Fitch entrevoient dans le développement de ces nouveaux Training Colleges, affiliés aux Universités, la solution du problème de la préparation pédagogique[3].

[1] Voir, sur la participation des étudiants ordinaires de l'Université aux exercices du *Cambridge University Day Training College*, l'historique de cet établissement par O. Browning, dans *The training of teachers at the University* (p. p. l'Association of principals and lecturers in Training Colleges under Government inspection, s. l., décembre 1898).

[2] Le London County Council vient d'établir un nouveau Day Training College, en connexion avec l'Université de Londres, qui a été ouvert en octobre 1902 : «The College has been organised with the view of providing for the training both of students who intend to become teachers in primary schools and of those who intend to become teachers of secondary schools. The arrangements with regard to students who intend to become secondary teachers have not yet been finally fixed...» (*The Record of technical and secondary Education*, XI [1902], p. 338). Cf. *The Times*, 7 oct. 1902.

[3] J. G. Fitch, *Memorandum on the training of teachers*, dans les Procès-verbaux de la *Royal Commission on Secondary Education*, t. V, p. 76 et suiv. Cf. ib., t. III, p. 233, 287, 450 et t. IV, p. 127. — Les opinions sont naturellement partagées, en Angleterre comme ailleurs, sur le point de savoir s'il convient de donner l'éducation pédagogique en commun aux «primaires» et aux «secondaires». M. Fr. Storr se prononce pour la négative : «It is not advisable that the work of secondary training should be tacked on to a Training College for primary teachers as in the proposed scheme of the London County Council; the general attainments of the two classes of students differ too widely» (dans *National Education*, p. p. L. Magnus [Londres, 1901], p. 67). Conclusions de Miss E. P. Hughes (*o. c.*, p. 182) : «I believe that training is affected to a small degree by the kind of educational works students are going to undertake,

Voilà, en somme, comment ont surgi, dans toute la Grande-Bretagne, des cours de pédagogie, une foule d'examens et de diplômes pédagogiques, et des instituts où l'on a l'occasion d'étudier simultanément la théorie et la pratique de l'enseignement. — Mais, dira-t-on, à quoi bon? A quoi bon, si ni la loi, ni les mœurs n'imposent encore aux «maîtres» d'avoir suivi ces cours, subi ces concours, obtenu ces diplômes, hanté ces instituts? Tant que la possession des connaissances, des diplômes et des certificats d'études pédagogiques ne servira à rien, qui est-ce qui s'astreindra aux dépenses de temps, d'argent et de travail nécessaires pour les acquérir, quelle que soit l'utilité idéale du *training* professionnel? Un très petit nombre de personnes : quelques croyants, des naïfs, et surtout des individus qui, incapables de briguer des grades scientifiques, trop difficiles à obtenir pour eux, désireront se parer d'un titre à bon marché. Ou le *training* procurera des bénéfices appréciables à ceux qui s'y seront soumis, ou toute l'organisation embryonnaire qui s'est si péniblement créée, de nos jours, en vue du *training*, est destinée à végéter[1].

Or il est incontestable que la possession d'un diplôme pédagogique, délivré, pour valoir ce qui il appartiendra, par le College of Preceptors ou par une Université, n'est pas encore, en Angleterre, un avantage sérieux pour tous ceux qui se proposent de gagner leur vie en enseignant dans les écoles secondaires. — C'est un avantage pour les femmes, parce que la majorité des *headmistresses* ont foi dans le *training* : ainsi s'explique le succès des *Training Colleges for women*[2]. Cependant, jusqu'à ces derniers temps, les aspirantes aux fonctions de maîtresses dans les écoles secondaires de jeunes filles qui avaient gagné un grade universitaire (équivalent à notre licence ou à notre agrégation) se con-

but it is affected to a considerable degree by the kind of education the students have received. It appears to me therefore undesirable to attempt to train together a pupil teacher educated in an elementary school with another student educated in a good Grammar school...»

En fait, très peu de candidats à l'enseignement secondaire ont passé, jusqu'à présent, par les Day Training Colleges, et il ne semble pas que le niveau de l'enseignement pédagogique dans ces Collèges soit encore très élevé.

[1] Les partisans du *training* n'ont donc pas tort d'insister sur le «pecuniary gain teachers may be supposed to secure by training». En sens contraire, *Journal of Education,* janvier 1902, p. 41.

[2] Les diplômes pédagogiques du *College of Preceptors* et des Universités ont été surtout recherchés, jusqu'à présent, par des femmes : par exemple, sur 1,500 diplômés de Cambridge, on ne compte que 60 hommes.

damnaient rarement à préparer, par surcroît, des examens pédagogiques : il n'y avait guère qu'une sur dix des étudiantes du Maria Grey Training College, une sur neuf de St. Hilda's Hostel, qui fussent graduées; il n'y en avait pas le quart dans le *Cambridge Training College*, qui est le Training College universitaire par excellence. Les degrés universitaires sont ordinairement préférés, même par les *headmistresses*, aux diplômes pédagogiques; et on a pu dire qu'un diplôme pédagogique est trop souvent regardé, même par elles, *as an inferior substitute for a degree*[1]. — Pour les hommes, voici la situation. Ce serait mal connaître les *headmasters* des grandes écoles que de croire qu'ils ne choisiront pas toujours un jeune homme sans *training* professionnel, mais dont les études universitaires ont été brillantes, de préférence à un autre dont le curriculum académique a été modeste, mais qui s'est « entraîné » dans la perfection. Et lorsqu'une école se fonde, elle a plus de chances de succès si le principal est un sujet distingué d'Oxford ou de Cambridge — un *senior wrangler*, par exemple — que s'il en est réduit à faire sonner, dans ses prospectus, un de ces nouveaux titres pédagogiques qui ne disent rien au public. Car l'impression prévaut encore, dans le public, que la « Science de l'Éducation » est une discipline inférieure et réservée aux médiocres (*teaching teachers how to teach what they do not know themselves*). Les jeunes gens intelligents sont invités, de la sorte, à la négliger. Ce qui, par choc en retour, confirme, nécessairement, la thèse[2]. — Notez d'ailleurs que les bonnes raisons ne manquent pas aux *headmasters* pour justifier le cas qu'ils font des diplômes pédagogiques. À côté du *headmaster* légendaire, qui, dans son obstination en faveur des errements du passé, s'écrie : « Je n'ai jamais entendu parler de Pestalozzi, et je ne m'en porte pas plus mal », il y en a d'autres qui disent : « Nous ne prétendons pas du tout que le *training* soit superflu, mais nous prétendons le donner nous-mêmes, directement, à nos assistants.

[1] Fr. Storr, *l. c.*, p. 65.

[2] *The Educational Times*, 1er janvier 1902, p. 14 : « As long as men of good academic standing, though without professional training, are preferred to men with training (but with inferior academic attainments), intending teachers can scarcely be expected to make the necessary sacrifice of time and money in order to acquire that which is apparently but lightly esteemed... And if inferior men are led to take up a course of training as a substitute for academic distinction, a headmaster may perhaps be excused if he is not disposed to accept the substitute. »

Cette bonne vieille méthode a été celle de nos anciens : ils formaient eux-mêmes les jeunes gens, frais émoulus de l'Université, qu'ils acceptaient à l'essai. Et n'est-ce pas, après tout, *la* méthode de cette Allemagne dont on ne cesse de nous vanter les institutions scolaires? N'est-il pas vrai qu'en Allemagne le *training* professionnel est post-universitaire (*post-graduate*) et se passe tout entier dans l'école secondaire (séminaires gymnasiaux)? Nous demandons la liberté de la préparation pédagogique comme en Prusse. » On voit même des théoriciens à tendances réformatrices déclarer que la solution du problème doit être cherchée, en effet, dans cette direction. Tel est l'article 1er d'un « plan » de J. J. Findlay : « Que trois ou quatre gradués d'Oxford ou de Cambridge, qui se destinent à l'enseignement, soient invités à passer un an à Rugby (par exemple, ou dans telle autre *Public School*) en vue de s'y entraîner; ce seront des jeunes gens qui, autrement, auraient été appointés tout de suite à des postes dans l'école, sans période préliminaire de probation...[(1)] » Ainsi, tout sera pour le mieux. Les choses resteront en l'état, si ce n'est que les jeunes gens choisis par les *headmasters* subiront une année de stage en qualité de *probationers*. Chaque école aura désormais son *Training Department*[(2)] : on admet que «toutes les bonnes écoles» (?) ont dès à présent un personnel capable de diriger un Training department. L'auteur du plan s'extasie en pensant aux bienfaits qui en résulteraient pour les stagiaires, pour l'école[(3)],

(1) J. J. Findlay, *One, among many, possible modes of secondary training*, dans le *Journal of Education*, juillet 1902, p. 456. — Ce plan n'est pas aussi original que l'auteur paraît le croire. Comparer celui de M. Lyttelton, *headmaster* de Haileybury (*The Educational Times*, 1er avril 1902, p. 174).

(2) Rappelons ici que quelques-uns des Training Colleges for women dont il a été question plus haut ne sont que des Training Departments d'une grande école secondaire. La différence entre les Training Colleges proprement dits, comme le *Maria Grey T. C.*, et les Training Departments comme ceux du *Ladies' College*, Cheltenham, et de la *Mary Datchelor School*, est très bien marquée dans les Procès-verbaux de la *Royal Commission*, t. IV, p. 29 : «The Training Colleges are established for their own sake; the others (Training Departments) are attached to the schools, which were established first, and the schools are considered almost of more importance...»

(3) Pour les stagiaires, qui seraient associés à la vie d'une grande école (cf. Procès-verbaux de la *Royal Commission*, III, p. 163). — Pour l'école : «The advantage to the school seems to be more evident... During the year of probation the assistants would be ready for service, *to supply the temporary needs of masters who are unable to teach*, and perhaps to relieve masters of examination work.» Mais comparez ci-dessus, p. 34, et le témoignage de Fr. Storr (*o. c.*,

pour tout le monde enfin si ce n'est pour les *trainers* de profession [1].

Conclusion. Les mœurs étant ce qu'elles sont, nul espoir de les changer à bref délai que par la puissance de la loi. Qu'il soit établi, par la loi, un « Registre » officiel où quiconque prétend à enseigner dans une école secondaire sera forcé de se faire inscrire; que personne ne soit « enregistré » s'il n'est muni de certaines qualifications définies; qu'au nombre des qualifications nécessaires soit un certificat d'études pédagogiques, et le but est atteint : il ne sera plus permis de dédaigner le *training* professionnel. Pas plus qu'il n'est permis aux médecins de le dédaigner depuis l'établissement du *Medical Register* (1858). L'État anglais tend visiblement à réagir, de nos jours, contre sa tradition séculaire de laisser-faire; il est déjà intervenu pour réglementer, dans l'intérêt public, l'accès à une foule de métiers dont jadis l'exercice était libre; il renonce de la sorte à se singulariser plus longtemps entre tous les États du monde. Un *Teachers' Register* ferait enfin de l'enseignement une profession régulière, interdite aux amateurs et aux charlatans. Les conditions d'inscription sont à déterminer, mais il serait évidemment facile d'en jouer pour assurer toutes les garanties désirables, tant au point de vue de l'instruction générale et technique qu'au point de vue des connaissances et de l'entraînement pédagogiques, puisqu'on fixerait où l'on voudrait le niveau des exigences.

La question capitale de la *Registration of teachers* a été posée, de la sorte, depuis plus de quarante ans. Mais pour peu que l'on soit au courant de la manière dont les réformes de ce genre évoluent ordinairement en Angleterre, on devine à quelle opposition formidable ces projets se sont heurtés, qu'ils ont obstinément reparu, qu'ils ont fait lentement leur chemin jusqu'à ce qu'ils aient reçu, après des discussions et des compromis sans nombre, un commencement d'exécution, en attendant le jour lointain du

p. 66) : « Apprenticeship or, the system of student teachers, as hitherto practised in England, must be pronounced more or less of an imposture. In one public school where the experiment was tried the student was simply the « odd man », set to do the drudgery of the class-room *or turned to fill a gap*... »

[1] Allusion à un article paru dans le *Journal of Education* (avril 1902, p. 240), où il était dit que l'institution d'un an d'épreuve sous la surveillance d'un *headmaster* pourrait être considérée comme une manière d'éviter tout *training* systématique.

triomphe définitif[1]. — C'est en 1869 que fut déposé à la Chambre des communes le premier bill relatif à la « Registration of teachers (other than elementary) », le premier où la responsabilité de l'État en matière d'instruction publique à tous les degrés ait été proclamée; il excita la plus vive indignation, comme « attentatoire à la liberté des citoyens », et n'obtint pas les honneurs d'une seconde lecture. Le *College of Preceptors* en fit présenter un autre en 1879 (Dr. Lyon Playfair) qui fut repris en 1881 (sir John Lubbock). En 1890 surgissent deux nouveaux bills (sir Richard Temple, sir Arthur Acland); la Commission de la Chambre des communes refusa de les recommander, mais les prit en considération et marqua même des préférences pour le plus radical des deux (A. Acland). La grande *Royal Commission on Secondary Education* de 1894 étudia le problème à fond[2] et aboutit à la conviction qu'il y avait quelque chose à faire : elle proposa d'établir un Registre où toutes les personnes qui voudraient s'occuper d'enseignement seraient inscrites par ordre alphabétique; on ne serait admis à l'inscription qu'en présentant : 1° un certificat d'études scientifiques (« a degree or a certificate of general attainment granted by some University or body recognised for that purpose by the registrative authority »); 2° un certificat pédagogique (« a certificate or diploma of adequate knowledge of the theory and practice of education granted by a University or body recognised as above »). Après un certain laps de temps (sept ans) nul ne serait autorisé à enseigner dans une école publique, reconnue ou subventionnée, sans s'être fait « enregistrer »; tous les détails seraient réglés par le Conseil supérieur de l'Instruction publique (*Educational Council*) dont la Commission demandait, en même temps, la création. C'est sur ces bases que le duc de Devonshire présenta à la Chambre des lords, en 1898, un Teachers Registration Bill, qui n'eut pas de suites. Enfin un projet fut élaboré par un Comité consultatif (prévu par le *Board of Education Act* de 1899, sect. 4) en juin 1901; déposé sur le bureau des deux Chambres le 4 janvier 1902, il a acquis force de loi le 6 mars de la même année[3].

[1] Voir l'historique de la *Registration of Teachers* dans la *Sonnenschein's Cyclopædia of Education* (1892), p. 325. Cf. Graham Balfour, p. 194, et Fr. Storr, p. 57.

[2] Voir notamment les t. III, IV et V de ses publications.

[3] Voir le texte de ce document dans *The Educational Times*, 1er mars 1902.

En vertu de l'*Order in Council*, approuvé par le Parlement, du 6 mars 1902, il est institué un Conseil d'enregistrement (*Teachers Registration Council*), de douze membres, dont six sont nommés par le « Board of Education » et six par autant d'Associations ou de Sociétés professionnelles (*The Conference of Headmasters, the College of Preceptors*, etc.). Ce Conseil veillera à la confection d'un Registre, où les personnes qui s'occupent d'enseignement seront inscrites par ordre alphabétique, sur deux colonnes. La colonne A sera réservée aux maîtres d'écoles élémentaires. Pour être inscrit dans la colonne B (enseignement secondaire), il faut : 1° être en possession d'un degré conféré par une Université ou quelque autre établissement d'enseignement supérieur [1]; 2° *ou bien* s'être soumis à un entraînement méthodique dans un établissement autorisé à cet effet (Université, Training College, etc.) [2], et avoir obtenu un des diplômes pédagogiques dont la liste est donnée en appendice [3], *ou bien* avoir subi un examen sur la théorie de l'enseignement, avoir passé au moins un an, en qualité de *student teacher*, dans une école secondaire autorisée et avoir obtenu un certificat d'aptitude pédagogique; 3° avoir passé au moins un an d'épreuve comme apprenti-professeur dans une école secondaire autorisée. Le Conseil d'enregistrement a, d'ailleurs, le droit d'admettre à l'inscription dans la colonne B des personnes qui ne satisfont pas aux conditions précédentes, mais qui, à son avis, n'ont été empêchées d'y satisfaire que par un des motifs suivants : 1° parce qu'une partie de leurs études ou de leur *training* a été accomplie à l'étranger, dans une Université, un Collège ou une école autorisés; 2° parce qu'une partie de leurs études, de leur *training* ou de leur temps d'épreuve a été consacrée à des travaux originaux exécutés sous une surveillance convenable et à la satisfaction du Conseil. Des dispositions transitoires, qu'il est inutile d'indiquer, seront en vigueur jusqu'au 1er avril 1905 : elles permettront de liquider le passé en inscrivant tous les praticiens méritants qui sont actuellement en exercice.

On voit que ce document a été rédigé avec des précautions infinies, de façon à ménager tout le monde, sans satisfaire pleinement ni décourager personne. Le principe de l'enregistrement

(1) Voir Appendice, *Grande-Bretagne*, p. 164.
(2) Ibid., note D.
(3) Ibid., dans la colonne intitulée *Training*.

est posé, mais il n'est dit nulle part que l'enregistrement sera obligatoire : en quoi l'*Order in Council* du 6 mars 1902 marque un recul par rapport au bill de 1869[1]. Le principe est posé que trois espèces de garanties doivent être exigées des maîtres qui se feront enregistrer (diplôme scientifique, certificat de *training*, temps d'épreuve); mais tant d'alternatives sont offertes que, si l'on n'y tient la main, la règle relative au *training* et au temps d'épreuves sera aisément tournée : on y substituera le séjour dans une *Public School*, sous la surveillance plus ou moins effective et compétente du *headmaster*, dans les mêmes conditions qu'autrefois, ou « des travaux originaux ». L'avenir de la réforme, incomplète et ambiguë, dépend donc de l'application qui en sera faite demain. Aussi les journaux anglais d'éducation sont-ils pleins, depuis trois mois, de suggestions et de pronostics. Les uns disent : « L'opinion n'était pas préparée à accepter, d'emblée, l'enregistrement obligatoire[2], mais lorsque le Registre aura fonctionné pendant quelque temps, tout le monde s'y inscrira, à l'exception des excentriques, et cela suffira pour que, à la longue, l'obligation existe[3]. » D'autres, moins confiants, suggèrent : « Il faut hâter le mouvement : que les *headmasters* et les « assistants » des écoles sur lesquelles le Board of Education a une certaine autorité (parce qu'elles sont subventionnées) soient forcés de donner l'exemple[4] ».

[1] Le bill de 1869 réservait toutes les places de maître et de principal, dans les *Endowed Schools*, aux candidats enregistrés. Cf. les propositions de la Commission royale de 1894.

[2] *The Educational Times*, 1er janvier 1902, p. 20.

[3] Tel n'était certes pas l'avis de F. Storr en 1884 : « It is certain that the members of the Head Masters' Conference will not register for their own sakes. What good will registration do them? It is improbable, to judge by their other acts, that they will be public-spirited enough to register *pour encourager les autres*. The leaders of the profession being absent, the register will come to be regarded as a stamp of middle class mediocrity, and admission will be sought only by those teachers who are on the margin of respectability » (*Proceedings of the international conference on Education*, p. 141). Mais telle est l'opinion exprimée dans un editorial du *Journal of Education*, mars 1902, p. 184 : « The younger generation, even those who disbelieve in training, will be clear-sighted enough to see that by neglecting to register, they are possibly cutting themselves off from future preferment, and we prophesy that there will be an immediate rush to obtain the necessary teaching diploma... It is hardly going too far to say that the recognition by the State of training as an essential qualification for a teacher converts by a stroke of the pen a Falstaff's regiment into a disciplined army, a distinct learned profession... »

[4] « There are no penalties for non registration and *at present* no privileges are attached to registration. The *vis a tergo* must be applied from without, and

D'autres enfin : « Comptons sur la vigilance du *Registration Council* pour faire que le *training* ne soit, en aucun cas, un mensonge, pour que les *student teachers* ou stagiaires, agréés par les *Public Schools*, ne perdent pas contact, durant leur stage, avec l'enseignement de la théorie pédagogique dans les Universités et pour que les étudiants en pédagogie des Universités et des Training Colleges soient admis à s'exercer dans les meilleures écoles [1]. »

En présence de tant d'avis et de vœux contradictoires, il est difficile de prévoir les résultats prochains du régime inauguré en mars 1902 [2]. Il semble certain, pourtant, que les principes généraux étant désormais hors de cause, une certaine impulsion sera donnée à la préparation professionnelle. Reste à savoir dans quel sens, sous quelles formes. Mais l'État a consacré toutes les méthodes en les déclarant équivalentes; il n'en a adopté, ni même recommandé, aucune; d'où l'apparence du chaos. Il est évident, toutefois, que la concurrence va s'engager de plus en plus, comme partout, entre les deux procédés typiques : préparation par l'école (*Student teachers*) et préparation par l'enseignement supérieur

I hope that in all future schemes for schools drawn by the Board of Education, it will be exacted that the head master and a substantial portion of the staff must be registered teachers» (*The Journal of Education*, avril 1902, p. 240).

(1) «The Order in Council of March 6, 1902, contemplates a double basis for a course of training for the young college graduate. Such a person may undergo a course of professional study at certain Universities or training colleges, or may become a student-teacher in a recognized school. The danger with the former plan is that the professional theory may be divorced from the best professional practice, and the training be, therefore, somewhat too academic. A more serious danger in the second method is the introduction of a veiled pupil-teachership, whereby needy schools may be tempted to employ an unfair proportion of such teachers, and thus injure the position of the staff and the work generally. It is to be hoped that the Registration Council may be able to safeguard the profession of teaching by securing, on the one hand, for training colleges and Universities *adequate* facilities for practice in the best schools, and, on the other hand, that the student-teacher system may not be made a cheap and easy option whereby students may, as it were, learn the mere tricks of the trade without any broad basis of philosophical study of education. These dangers may be avoided if the schools and Universities would combine to evolve a method of training teachers analogous to the professional training of the best medical schools, and so secure professional efficiency, as the new Order in Council secures professional status» (*The Educational Times*, 2 juin 1902, p. 252).

(2) Le 26 août 1902, deux cent soixante personnes seulement avaient demandé à être enregistrées dans la colonne B; on ne comptait parmi elles aucun *headmaster* ni aucun *assistant* des grandes *Public Schools*.

(Universités ou Training Colleges affiliés à des Universités). Le premier est celui des conservateurs, car il permettrait, à la rigueur, de ne rien changer, ou presque rien, aux coutumes d'autrefois; le second a des partisans très décidés parmi ceux qui prennent le rôle de la pédagogie au sérieux[1]. D'après les probabilités, on est en droit de penser que ceux-ci l'emporteront à la longue ou qu'une conciliation interviendra qui laissera la plus large part d'action aux «maîtres de méthode» appointés dans les Universités. La jeune Science de l'Éducation s'est profondément enracinée, en ces derniers temps, dans les Universités anglaises. Elle convient à merveille à l'esprit anglais par ce qu'elle comporte d'action pratique et de prosélytisme pastoral. N'est-il pas question de créer une «Faculty of Education» dans la nouvelle Université de Londres[2]? On a parlé naguère d'une «Faculty of Education» à l'Université d'Édimbourg[3]. On dit couramment qu'une «Faculté d'éducation» est aussi indispensable qu'une Faculté de droit ou une Faculté de médecine[4]. Peut-être verra-t-on prospérer bientôt à Oxford et à Cambridge ces «Collèges pédagogiques» (*Teachers' Colleges*) que Richard Mulcaster, principal de la Merchant Taylors' School de Londres, considérait déjà, il y a trois cents ans, comme le complément naturel de toute Université[5].

[1] Voici les principales conclusions du *Training of Teachers Joint Committee* de 1896 : «Le *training* professionnel doit être *post-graduate;* il doit être théorique (psychologie élémentaire, éthique, logique, physiologie, hygiène scolaire, administration scolaire et histoire de l'éducation) et pratique (leçons-modèles, exercices d'enseignement); l'institution où le *training* aura lieu sera, de préférence, en connexion organique avec une Université ou un Collège de rang universitaire; les élèves des *training institutions* [Training Colleges et Training Departments] assisteront aux «Lectures» de l'Université...». — L'Université de Cambridge a invité les délégués des associations professionnelles et autres institutions compétentes à discuter de nouveau, sous ses auspices, la question («The training of teachers of secondary schools»); une conférence à cet effet sera tenue le 14 novembre prochain (1902).

[2] *The Educational Review* (de Londres), 9 décembre 1901, p. 325. Cf. *The Educational Times,* 1er mars 1902, p. 128.

[3] S. S. Laurie, *The training of teachers* (Londres, 1882).

[4] Voir, par exemple, les Procès-verbaux de la *Royal Commission,* t. III, p. 232 (C. Bowden), et t. V, p. 84 (J. G. Fitch).

[5] Cité par B. A. Hinsdale, *The training of teachers* (dans les *Monographs on Education in the United States.* New York, 1900), p. 37.

II. États-Unis.

Aussi bien le rêve de Richard Mulcaster, qui ne fait que commencer à prendre forme en Angleterre, a déjà été pleinement réalisé dans l'Amérique du Nord.

Il y a cent ans la situation était sensiblement la même, au point de vue qui nous occupe, dans les États-Unis de l'Amérique du Nord que dans le Royaume-Uni. «Les maîtres des meilleures écoles étaient des hommes bien élevés qui, pour la plupart, avaient fait leur éducation dans les collèges (universitaires) du pays; quelques-uns dans les Universités d'Angleterre ou d'Écosse. C'étaient des ecclésiastiques chargés de paroisse ou bien des jeunes gens peu fortunés qui, en se préparant à une profession libérale (barreau, médecine ou Église), enseignaient provisoirement pour gagner leur pain. Les autres n'avaient jamais étudié ailleurs que dans des écoles du genre de celles où ils exerçaient; ils répétaient tout bonnement ce qu'ils y avaient appris[(1)]. L'enseignement, à tous les degrés, était, bien entendu, une industrie libre; et la devise anglo-saxonne : «Que chacun fasse ce qu'il veut» s'aggravait de ce que John Stuart Mill avait coutume d'appeler la fatale conviction du public américain : «Tout le monde est bon à tout» (*the fatal belief that* ANYBODY *is fit for* ANYTHING).

Au cours du XIXe siècle, des préoccupations pédagogiques se sont manifestées dans tous les États de l'Union. D'abord dans les États de l'Est, sous l'influence de l'immigration germanique, et surtout au point de vue de l'enseignement élémentaire. Mais c'est seulement à partir de 1840 que le mouvement (*Educational revival*), favorisé par les idées démocratiques, prit de l'ampleur[(2)].

[(1)] B. A. Hinsdale, *The training of teachers*, p. 7. — Consulter, en outre : J. G. Fitch, *Notes on American schools and Training Colleges* (Londres, 1890); F. W. Atkinson, *The professional preparation of secondary teachers in the United States* (Leipzig, 1893); A. M. Bramwell, *The training of teachers in the United States of America* (Londres, 1894), et surtout *Royal Commission on Secondary Education*, t. V (1895, *Memoranda and Answers to questions*), p. 562 et suiv. (Answers received from the United States of America). Voir aussi M. E. Findlay, *The training of teachers in the United States of America*, dans les *Special Reports*, X, 1 (1902), p. 421.

[(2)] La littérature relative à l'histoire de l'Éducation aux États-Unis pendant le XIXe siècle est très abondante. Voir les publications du Bureau of Education,

Un nombre énorme d'institutions diverses «pour l'éducation des éducateurs du peuple» pullulèrent sur ce sol vierge. L'initiative privée et publique fit surgir des «Écoles normales» (*Normal Schools*) ou «Collèges normaux» (*Normal Colleges*), des *Teachers' Training classes*, des *Teachers' Institutes*, des *Teachers' Reading Circles*, des *Summer Schools*, etc.[1].

Il existe présentement aux États-Unis 345 *Normal Schools*, dont 167 sont «publiques», c'est-à-dire entretenues soit par l'État, soit par l'autorité municipale. Certains États, comme l'Indiana, ne subventionnent qu'une *State Normal School*; l'État de New York en subventionne douze; l'Ohio est le seul État important où il n'y en ait pas. Presque toutes les grandes villes ont leur «École normale» (ou des sections normales, *Training classes*, dans leurs écoles ordinaires[2]) qui fournissent le personnel nécessaire à l'administration locale de l'instruction publique.

Chacune des 345 «Écoles normales» ou assimilées qui se font aujourd'hui concurrence sur le territoire de l'Union a sa physionomie propre. Variété infinie, dont il est impossible de donner une idée en peu de mots. Il y en a qui ne sont normales que de nom, en ce sens qu'une partie de leurs élèves y étudient sans intentions professionnelles, comme dans une *high school*, si ce n'est comme dans une *elementary school* ordinaire[3]. Il y en a qui, délivrant des diplômes de Bachelier et de Maître ès arts, de Bachelier et de Docteur en Pédagogie, ont toute l'apparence (et même le nom) de ces établissements intermédiaires entre les Universités et nos lycées, que l'on appelle, en Amérique, des «Col-

cf., en particulier, sa «Circular of information» n° 8 de 1891 : J. P. Gordy, *Rise and Growth of the Normal School idea in the United States* (Washington, 1891).

[1] Définitions et résumés statistiques dans l'opuscule de B. A. Hinsdale, précité.

[2] La législature de New York a autorisé en 1895 les villes et les villages de l'État qui ont des *superintendents of schools* à établir ou conserver une ou plusieurs écoles ou *classes* pour l'instruction professionnelle et le *training* des candidats à l'enseignement. Voir le *Report of the Superintendent of Public Instruction*. New York, 1898, I, p. xxv.

[3] B. A. Hinsdale, *o. c.*, p. 20 : «To a great extent, they [the Normal Schools] parallel the high schools and to some extent even the elementary schools. They generally do a large amount of miscellaneous teaching... It must be borne in mind that a large proportion of their pupils are in no proper sense normal pupils...» Plusieurs State Normal Schools des États-Unis ont plus d'un millier d'élèves.

lèges» : le *Normal College of the City of New York*, par exemple, où l'on n'entre qu'avec le certificat d'études d'une *high school* approuvée, offre un «cours académique» de cinq ans (avec grec) et un «cours normal» de quatre ans; le *New York State Normal College* d'Albany ne donne, depuis 1890, qu'une instruction professionnelle, sans s'attacher, en même temps, à doubler l'enseignement littéraire des Collèges. On peut dire, toutefois, que la très grande majorité des «Écoles normales» américaines, publiques et privées, souffrent des circonstances suivantes : pas de cribles pour éliminer, à l'entrée, les individus dépourvus de culture préalable; inégalité des élèves qui y suivent les mêmes cours; les mêmes cours pour tous les élèves, quels que soient non seulement leur préparation, leurs aptitudes et leur âge, mais leur spécialité future : les futurs *superintendents of schools*, les futurs professeurs de *Grammar Schools*, les futurs principaux et professeurs d'Écoles normales, les futurs instituteurs, les futurs maîtres ou maîtresses d'écoles élémentaires et de Kindergartens, etc., sont astreints à travailler tous ensemble; insuffisance des maîtres, dont la plupart sont eux-mêmes sortis des Écoles normales où ils enseignent et qui n'accueillent pas volontiers des collègues dont l'éducation s'est faite dans un «Collège»; influence perturbatrice des politiciens sur la direction des Écoles[1]. — Il n'est pas surprenant, dans ces conditions, que les «Écoles normales» des États-Unis aient peu fait pour la préparation des maîtres de ce que nous appelons en Europe «l'enseignement secondaire». Lorsque la Commission anglaise d'enquête sur l'Enseignement secondaire demanda, en 1894, aux autorités scolaires des États-Unis «comment il était pourvu», dans leurs pays, «à la préparation des professeurs», elle reçut des réponses d'où il résulte que les *Normal Schools* et les autres institutions américaines «pour l'éducation des éducateurs du peuple» ne s'adressent pas exclusivement au personnel que, en France, nous désignons par l'épithète «primaire», mais qu'elles feraient mieux de se spécialiser dans cette tâche. On répondit de l'Illinois : «Beaucoup de nos

[1] W. T. Harris, *The future of the Normal School*, dans l'*Educational Review*, janvier 1899. Cf. ib., 1900, p. 384 : «So pretentious have often been the claims made by some Normal Schools, and so at variance with these claims have been the actual results, that in many circles the very word «normal» has fallen into ill repute, and education has suffered at the hands of it would-be friends».

professeurs secondaires (*Secondary school teachers*) font leur éducation dans les Écoles normales de l'État ou dans les Écoles normales privées». De l'Iowa : «Nous avons des *Teachers' Institutes;* ce sont des sessions qui se tiennent pendant deux ou trois semaines par an, à l'époque des vacances, en général sous la surveillance de l'État, conduites par des éducateurs plus ou moins expérimentés, qui traitent de la théorie et de l'art de l'éducation en faisant des cours modèles sur les matières communément enseignées dans les écoles. Nous avons aussi des Écoles normales, publiques et privées, où l'on donne une instruction plus longue et plus systématique, à la fois dans les diverses branches d'enseignement et dans la manière d'enseigner; des écoles-modèles y sont, le plus souvent, attachées, où les étudiants les plus avancés sont admis à s'exercer. Les *Normal Schools* sont fréquentées surtout par des aspirants aux fonctions de maître élémentaire, mais, avec le développement du pays, l'horizon de ces établissements s'est élargi, et, dans les cours supérieurs, ils fournissent aussi une préparation au travail dans l'école secondaire.» En Massachusets, «l'enseignement dans les *Normal Schools* est à peu près au même niveau que celui des *Public Secondary Schools*, si bien que ceux qui en sortent ne sont guère bons qu'à régenter des classes élémentaires... Les *Normal Schools* ont essayé récemment d'attirer les aspirants à l'enseignement secondaire, mais, jusqu'à présent, sans grand succès». En Michigan, «quelques Écoles normales entreprennent de préparer à l'enseignement secondaire, mais il est à craindre que leurs efforts dans cette direction ne soient pas heureux, car leur fonction spéciale et traditionnelle est de préparer à l'enseignement élémentaire». En Pennsylvanie, «il est très difficile à un maître d'obtenir une position dans une École secondaire s'il n'a pas passé par une des *Normal Schools* de l'État; mais celles-ci sont malheureusement entre les mains des politiciens [1]...» — La plupart des pédagogues américains se sont nettement prononcés *contre* l'extension du régime des *Normal Schools*, au point de vue des intérêts de l'enseignement secondaire [2].

[1] *Royal Commission on Secondary Education*, V (*Memoranda and Answers to questions*), p. 564 et suiv.

[2] J. P. Gordy, *o. c.*, p. 135 : «Normal Schools have endeavored to get college graduates to come to them for their professional training, but they have not succeeded to any considerable extent, and it is safe to say that they will not. Moreover, it is more than doubtful if it is desirable that they should.

Autant que nous en pouvons juger, l'évolution générale des *Normal Schools* aux États-Unis a été celle-ci : elles ont été créées surtout pour apprendre aux futurs maîtres ce qu'ils auraient à enseigner, et elles se sont adressées d'abord aux futurs maîtres des écoles élémentaires, parce que leurs fondateurs avaient en vue les *Lehrerseminare* d'Allemagne[1]; plus tard, la «Science de l'Éducation» s'y est introduite, de sorte que la plupart des Écoles normales ont aujourd'hui la double prétention d'apprendre aux maîtres élémentaires ce qu'ils auront à enseigner, et, aux maîtres de toute espèce, comment il faut enseigner[2]. Mais, pour beaucoup de raisons (dont nous avons indiqué quelques-unes), leur compétence, à ce dernier point de vue, est déclinée. On en est venu à penser que c'est aux Universités qu'il appartient d'initier les jeunes gens, et notamment ceux qui ont reçu l'instruction scientifique dans les établissements d'enseignement supérieur, aux études pédagogiques.

Les Universités américaines n'ont commencé à s'intéresser à la Science de l'Éducation que depuis quelques années, mais leurs progrès dans cette direction ont été très rapides, et, pour la préparation des maîtres de l'enseignement secondaire, elles jouiront bientôt, semble-t-il, d'un monopole de fait.

Un cours sur l'art d'enseigner, qui dura cinq ans, fut inauguré, dès 1850, à Brown University (Providence, Rhode-Island) par S. S. Green, surintendant des écoles de la ville. A partir de 1856, une *Normal School* fonctionna comme «département annexé à l'Université d'Iowa», qui fut fondue et incorporée à ladite Université, en 1873, sous la forme d'une chaire permanente de pédagogie, la première qui ait été instituée en Amérique[3]. — En 1874, le président de l'Université de Michigan, Angell, affirma publiquement la nécessité d'adresser «quelques lectures familières aux étudiants qui deviendraient directeurs ou surin-

The difference in the age, attainments and development of the average normal student and the average college graduate is so great that the attempt to instruct them in the same classes would almost necessarily result in failure...»

(1) Ibid., p. 98-99.

(2) Voir le relevé des programmes des enseignements pédagogiques dans les Écoles Normales des États-Unis : *Professional Studies in Normal Schools*, dans *The School Journal* (N. Y.), février 1902.

(3) Elle est précisément contemporaine de la première chaire anglaise, celle du *College of Preceptors*. Cf. plus haut, p. 67.

tendants d'écoles[1] »; l'Université de Michigan établit, quelques années plus tard, une chaire de «Science et Art de l'Enseignement». Le programme comporta d'abord deux cours d'instruction, à raison de deux heures par semaine : 1° *practical course* (surveillance des écoles, examens, programmes, art d'enseigner, architecture, hygiène et jurisprudence scolaires, etc.); 2° *historical, philosophical and critical course* (histoire de l'éducation, comparaison et critique de la législation étrangère, discussion critique des théories et des méthodes, etc.). Il en comporte maintenant dix. De plus, chacun des autres départements de l'Université (grec, latin, histoire, mathématiques, etc.) offre des cours spéciaux à l'intention des futurs maîtres (*teachers' courses*), où les matières sont exposées au point de vue spécial de leur emploi dans l'enseignement secondaire. — L'exemple donné par l'Université de Michigan a suscité, depuis 1880, une foule d'imitations[2], notamment à l'Université de Wisconsin (1881), à l'Université Clark (Worcester, Mass., 1889), à l'Université de Californie (1892), à l'Université Harvard (Cambridge, Mass.). W. S. Monroe pouvait écrire dès 1899 : «Aucune des Universités américaines réellement dignes de ce nom — à l'exception, peut-être, de Yale et de Princeton — n'est aujourd'hui dépourvue d'enseignements pédagogiques...». Les États-Unis sont maintenant le pays du monde où la plus large place est faite, dans les Universités, aux questions d'Éducation.

L'objet du nouvel enseignement, disait le programme publié par l'Université de Michigan en 1879, sera triple : 1° contribuer aux progrès de la science pédagogique; 2° assurer la préparation professionnelle des candidats à des fonctions dans les écoles; 3° «assurer aux personnes vouées à l'enseignement les droits, les prérogatives et les avantages d'une profession légalement constituée, et donner plus d'unité à l'organisation scolaire de l'État de Michigan en mettant les établissements d'enseignement secon-

(1) B. A. Hinsdale, *o. c.*, p. 34.

(2) W. S. Monroe, *Comment on enseigne la Pédagogie aux États-Unis*; dans le *Manuel général de l'Instruction primaire*, 1899, p. 462. Cf. E. J. James, *Chairs of Pedagogics in our Universities* (Philadelphie, 1887); *Tableau des cours de pédagogie dans les Universités américaines*, dans la *Revue pédagogique*, 1897, II, p. 151; et P. Romano, *Sul movimento pedagogico degli Stati Uniti*, dans *Trent'Anni di questioni pedagogiche* (Asti, 1900), p. 297 et suiv. — Voir aussi M. V. O' Shea, *The function of the University in the training of secondary teachers*, dans *The School Review*, 1900, p. 157.

claire en relations plus étroites avec l'Université.» — Toutes les Universités qui se sont agrandies, de même, d'un département pédagogique, ont visé pareillement ces trois buts, scientifique, pratique et, pour ainsi dire, politique, mais tantôt l'un, tantôt l'autre, avec plus ou moins de conscience et de vigueur.

S'il faut en croire des témoignages que nous n'avons aucun motif de suspecter, le point de vue scientifique ou spéculatif est celui où se sont placés de préférence, à l'origine, les pédagogues d'Université[1]. On sait combien l'Université Clark, par exemple, a contribué au progrès des études relatives à la psychologie de l'enfant[2].

Le point de vue politique est d'une importance capitale : il ne s'agit de rien moins que de savoir si les Universités réussiront à introduire de l'ordre dans l'extraordinaire anarchie qui prévaut là-bas en matière de qualification légale au métier de professeur. Il y a des États où la plupart des écoles ne dépendent que d'autorités locales, *City* ou *County boards;* chacun de ces *boards* délivre, après examen, des certificats d'aptitude à l'enseignement dans les établissements qui dépendent de lui; mais le certificat d'un *board* ne vaut rien hors de la circonscription de ce *board,* à moins que des équivalences soient spécialement consenties. Faire déclarer que les certificats d'études scientifiques et pédagogiques à l'Université, obtenus dans certaines conditions, confèrent la *facultas docendi* dans toute l'étendue de l'État, et peut-être de l'Union, telle est la réforme désirée. Elle a déjà été obtenue, directement ou indirectement, dans plusieurs États de l'Ouest, où les Universités sont, plus qu'ailleurs, considérées comme partie intégrante dans un système organisé d'instruction publique[3].

[1] «It must be remarked that by far the larger number of Colleges giving courses in education seem to consider the work in its non-professional aspect. The science and art of education are regarded as subjects for research and investigation, or as means of liberal culture, akin to history and political science» (J. E. Russell, *Training of teachers for secondary schools,* dans *Educational Review* [N. Y., avril 1899], p. 376). — «The work offered in the Universities is theoretical and has often been too slight in character to have an appreciable influence on the teaching profession» (*Educational Review,* novembre 1900, p. 384). — M. E. Findlay, *o. c.*, p. 427 et suiv.

[2] Voir la collection de l'*American Journal of Psychology* et de la revue *The Pedagogical Seminary*, publiés par le département pédagogique de l'Université Clark.

[3] B. A. Hinsdale, p. 37. — C'est aussi à l'Ouest qu'il a été le plus facile d'établir des relations entre les établissements scolaires de toute espèce et les

L'assemblée des professeurs de Pédagogie dans les Universités de l'Union, tenue à Washington en juillet 1898, a émis le vœu que les États définissent, comme il suit, les qualifications nécessaires et suffisantes de tout candidat à l'enseignement secondaire : 1° bonne éducation dans un collège et le grade de bachelier; 2° certificat d'études approfondies, à l'Université, sur une, deux ou trois branches spéciales; 3° avoir suivi, à l'Université, les cours faits, sur ces branches, au point de vue pédagogique (*teachers' courses*); 4° avoir acquis quelque expérience dans une école d'application; — ou bien : 1° être gradué d'Université; 2° avoir suivi des *teachers' courses;* 3° avoir choisi, comme matière à option pour le degré universitaire, la «Science de l'Éducation». — Dès maintenant, la préparation professionnelle des futurs maîtres est organisée dans plusieurs Universités comme si les certificats qui la couronnent avaient une valeur légale, en attendant qu'ils en aient une. Elle y est à la fois théorique et pratique : par exemple à Harvard, où les cours comprennent «l'histoire et la théorie de l'éducation, l'exposé de l'organisation et de l'administration des écoles publiques, la méthodologie», etc., tandis que les étudiants sont admis à s'exercer dans les écoles du voisinage. En 1899, les étudiants en pédagogie des Universités de Californie, Nebraska, Kansas et Wisconsin étaient autorisés à visiter des écoles sous la conduite de leurs maîtres à l'Université, mais non pas encore à s'y essayer; en revanche, ceux de Brown University étaient déjà employés dans les écoles de Providence et recevaient une rétribution pour leur peine[1]. Aujourd'hui les Universités de l'Illinois et du Wisconsin ont établi des «schools of practice». On se propose d'annexer une «école d'expérimentation» à la Clark University de Worcester. Chicago possède déjà, depuis six ans, une «école» de ce genre, aménagée par M. Dewey, chef du «Département de Philosophie et Pédagogie» dans l'Université locale.

Universités. Le département pédagogique de l'Université de Californie a depuis près de dix ans des relations intimes avec les Écoles normales de l'État et les écoles publiques de tous les degrés, particulièrement avec les *high schools;* les cours pédagogiques de l'Université sont ouverts aux élèves diplômés des Écoles normales de l'État... Voir Elmer E. Brown, *The study of Education at the University of California,* dans l'*Educational Review,* sept. 1894.

[1] J. E. Russell, *o. c.,* p. 377. A cette même date de 1899, «an interesting experiment was also being tried in Brookline, Mass., where Superintendant Dutton was doing the work of the German *Gymnasial Seminar.* He admitted

Nulle part l'organisation de l'enseignement pédagogique n'est aussi perfectionnée qu'à la Columbia University de New York, la seule Université du monde qui possède, dès à présent, une « Faculté d'éducation », investie du même rang académique que ses autres Facultés : droit, médecine, etc.[1]. — L'histoire de cette fondation mérite d'être rappelée[2]. Elle tire sa plus lointaine origine d'une association philanthropique « pour la diffusion des arts domestiques dans les classes laborieuses » (1880), qui prit, en 1884, le nom d'*Industrial Education Association*. Le Dr. Nicholas Murray Butler, de la Columbia University, étant devenu président de cette association, la transforma ; il était de ceux qui méditaient de réaliser un projet déjà ancien en fondant à Columbia un grand « Collège pédagogique ». Grâce à lui, l'*Industrial Education Association* donna, en 1887, deux séries de conférences : une sur les travaux manuels (art industriel, dessin, économie domestique, etc.), l'autre sur des questions de pédagogie générale (Psychologie, Méthodologie, Science de l'Éducation, Institutions scolaires aux États-Unis et en Europe, Théorie et pratique du Kindergarten, etc.). Le *Teachers' College* était créé. Conformément à des décisions prises dès le premier jour, on travailla tout de suite à pourvoir l'Institut nouveau (où le travail manuel fut relégué au second plan) d'une école d'application, qui reçut ultérieurement le nom d'*Horace Mann School*. La première année, cette école se composa d'un Kindergarten et d'une classe élémentaire, 64 élèves en tout, qui payaient chacun 4 dollars par an, livres compris. En 1894, sept ans après, l'*Horace Mann School* avait huit classes élémentaires, quatre classes du type *high school* et 327 élèves qui

to his seminar only gratified College graduates; these students he met occasionally while they were systematically observing and teaching in his schools ».

(1) L'Université de Chicago a été mise en mesure de rivaliser avec l'Université Columbia pour les études relatives à l'Éducation depuis que le célèbre *Educational Institute* du « Colonel » Parker (doté, en 1899, par Mrs. Emmons Blanc d'un capital de 3 millions de dollars) lui a été incorporé (1901). L'Institut Parker est maintenant une des « écoles professionnelles », la « School of Education » de l'Université de Chicago. — On peut comparer aussi, à certains égards, au *Teachers' College* de Columbia la *School of Pedagogy*, officielle, de Toronto. Voir la description de cet institut dans les *Special Reports on educational subjects*, IV (1898), p. 25.

(2) W. L. Hervey, *Historical sketch of Teachers' College from its foundation to 1897*, dans *Teachers' College Record*, I (1900), p. 12.

payaient chacun, d'écolage, de 60 à 200 dollars[1]. En même temps, l'activité du Collège augmentait (57 conférenciers et 122 heures de conférences par semaine en 1897, contre 21 et 62 en 1889), et il élevait le niveau de ses exigences : on n'y admit plus sans examen, comme étudiants, que des personnes dont les diplômes présentaient des garanties. Enfin, l'idée d'en faire un département de l'Université s'imposa. Le premier pas vers l'application de cette idée fut accompli en 1893, lorsqu'on convint que certains cours du *Teachers' College* seraient acceptés par Columbia comme échangeables contre certains des cours de sa Faculté de philosophie, pour l'obtention de ses degrés. L'évolution s'est achevée, le 22 mars 1898, par l'incorporation du Collège dans l'Université. Aujourd'hui, le président de l'Université de Columbia est, *ex officio*, président du Teachers' College; les professeurs de philosophie, d'éducation et de psychologie de l'Université sont membres du Collège qui, en retour, est représenté dans la Faculté de philosophie par ses professeurs d'histoire de l'éducation et de pédagogie théorique et pratique, et dans le Conseil de l'Université par son doyen et un professeur élu. — Il est dit, dans les documents officiels, que « *Teachers' College* est l'école professionnelle de l'Université Columbia pour l'étude de l'éducation et la préparation des maîtres », et qu'il « a pour but d'offrir une préparation, à la fois théorique et pratique, aux maîtres (de l'un et l'autre sexe) des écoles élémentaires et secondaires, aux spécialistes dans les diverses branches de la carrière scolaire et aux principaux inspecteurs et surintendants d'écoles ». On trouvera, à l'Appendice, le programme détaillé des études[2]. Il est à remarquer que, pour être admis aux cours spéciaux en vue de l'enseignement secondaire, il suffit d'être soit gradué d'un collège (bachelier), soit étudiant *senior* à l'Université Columbia : les étudiants de Columbia sont donc autorisés à mener *de front* la préparation scientifique et l'initiation professionnelle.

La luxuriante floraison d'enseignements et d'écrits pédagogi-

[1] *Teachers' College* possède aujourd'hui deux écoles d'application (pour les deux sexes) : *Horace Mann School* et une école dite « expérimentale », avec Kindergarten, division élémentaire, classes de couture, de cuisine et de travail manuel. Elles sont placées toutes deux sous la direction du professeur d'Administration scolaire.

[2] Appendice, *États-Unis*, p. 157. Cf. *Special Reports*, X, 1 (1902), p. 461.

ques qui s'est produite depuis dix ans aux États-Unis est bien faite pour frapper, de loin, les imaginations; et les amis de la pédagogie, en Europe, se plaisent à la considérer pour se consoler des difficultés que la « Science de l'Éducation » éprouve encore à s'acclimater dans nos régions : « Il y a déjà quelques pays où l'on a beaucoup de respect pour la pédagogie, l'Amérique et le Japon; là, la tradition ne pèse pas sur les esprits; espérons que chez nous aussi. . . » Or il est vrai que des créations comme celle de Teachers' College sont l'indice d'une fermentation puissante; mais il ne faut pas oublier qu'elles se sont développées en plein chaos et qu'elles se substituent au néant. Un fait est de nature à calmer les enthousiasmes irréfléchis ou prématurés, c'est que, malgré l'éclat des réformes accomplies en ces derniers temps, il y a encore bien des gens, aux États-Unis comme en Angleterre, qui envient la simplicité, la régularité, l'efficacité des institutions européennes[1]. Certainement nous devons faire la part, dans ce qu'ils disent, de l'instinct incoercible qui pousse tous les hommes à dénigrer ce qui se passe chez eux (parce qu'ils en voient les inconvénients) et à vanter les étrangers (parce qu'ils les connaissent mal); mais il n'en est pas moins hors de doute que, en matière d'instruction publique, les Anglo-Américains ont encore à se débattre contre des difficultés et dans une anarchie dont, en Allemagne et en France, on n'a même plus la notion. Sont-ils en train de résoudre, du même coup, mieux que d'autres, les problèmes inhérents à la nature des choses, qui se présentent partout? C'est possible. Mais attendons. La sanction du temps manque à leurs expériences. Chez eux tout est dans les limbes, en voie de formation, ébauché.

[1] Exemples de ce qu'on dit : « We are far behind Germany in making sure that the teachers in the secondary schools are specially trained for their work » (J. B. Angell, président de l'Université de Michigan, dans les Procès-verbaux de la *Royal Commission...*, t. V, p. 575). « Many persons who have made a study of the conditions of education in America believe that the weakest part of our system is in the training of our teachers, or, rather, in the lack of it. It is well understood that the great majority of the teachers in our high schools and colleges have received no professional training whatever... » (Lucy M. Salmon, dans l'*Educational Review*, nov. 1900, p. 383).

VI

LE RÉGIME ITALIEN.

« SCUOLE DI MAGISTERO ».

Il y a peu de chose à dire sur le régime, d'institution récente, qui est, provisoirement, adopté en Italie. — L'Italie contemporaine est un pays centralisé où l'instruction publique est administrée, comme chez nous et en Prusse, par un Ministère spécial, dont les règlements font loi; on ne s'y trouve pas en présence, comme en Angleterre et aux États-Unis, d'une confusion inextricable en train de s'ordonner laborieusement d'elle-même. En outre il n'existait encore dans ce pays, il y a quinze ans, aucune tradition nationale, bonne ou mauvaise, en matière de préparation pédagogique, dont l'autorité centrale fut obligée de ménager les partisans ou de respecter les droits acquis. Lorsqu'il s'est trouvé au Ministère italien de l'Instruction publique des hommes soucieux de réagir contre une indifférence séculaire, et décidés à faire en sorte que les futurs professeurs fussent mieux préparés, désormais, à leur tâche professionnelle, ils ont eu, pour ainsi dire, carte blanche et table rase. Que, avec les meilleures intentions du monde et dans ces conditions exceptionnelles ils aient médiocrement réussi, jusqu'à présent, ce serait, s'il en était besoin, un nouvel avertissement que le problème est difficile et une raison de plus pour ne rien improviser.

Un décret royal du 30 décembre 1888 institua, dans les Universités italiennes, des *Scuole di magistero in scienze e lettere,* à l'intention des futurs maîtres de l'enseignement secondaire dont la préparation professionnelle avait été, auparavant, abandonnée au hasard. Un décret royal du 29 novembre 1891, proposé par le ministre P. Villari, développa ces *Scuole.* Un décret royal du 13 mars 1902, contresigné par le ministre P. Nasi, les a réorganisées. Ces deux derniers décrets, qu'il est instructif de comparer, sont reproduits à l'Appendice[1].

Aux termes du document de 1891, les *Scuole di magistero* in-

[1] Appendice, *Italie,* p. 178.

stituées près de certaines Facultés des lettres et des sciences du royaume d'Italie avaient pour but de « mettre les étudiants en état d'enseigner convenablement les disciplines qui sont au programme des lycées, des gymnases, des écoles techniques et normales, etc. ». Les conférences, qui étaient « fermées », c'est-à-dire destinées exclusivement aux étudiants inscrits, portaient sur la littérature italienne, les littératures latine et grecque, l'histoire ancienne, l'histoire moderne, la géographie, la philosophie, la pédagogie, la physique, la chimie, les mathématiques. A quoi s'ajoutaient, au besoin, s'il plaisait au Conseil des professeurs de la *Scuola*, des conférences de « didactique générale », relatives à la discipline scolaire, à l'organisation de l'enseignement secondaire, aux méthodes. Ces professeurs de la *Scuola* étaient des professeurs de l'Université, proposés par elle à l'Administration supérieure, nommés pour trois ans et choisis parmi ceux qui avaient l'expérience de l'enseignement secondaire. Les *Scuole* délivraient sept diplômes (*Diplomi di magistero*) : lettres, philosophie, histoire et géographie, physique, chimie, histoire naturelle, mathématiques. Les candidats n'étaient admis à subir l'examen, dont le Conseil de la *Scuola* déterminait la forme, mais qui consistait surtout en leçons d'épreuves et en interrogations, que : 1° au bout de deux ans; 2° s'ils étaient docteurs en leur spécialité, c'est-à-dire s'ils avaient fini leurs études scientifiques; 3° si le Conseil de la *Scuola*, après avoir pris connaissance de leur dossier, les autorisait à se présenter. Le diplôme *di magistero* était « un titre de préférence » pour entrer comme professeur dans l'enseignement secondaire.

Ce système différait beaucoup plus, on le voit, du système allemand que du nôtre. — D'après le décret royal de 1891, l'éducation pédagogique se fait à l'Université (dans un Institut annexé à l'Université), concurremment avec l'éducation scientifique, sans exercices pratiques; elle s'acquiert dans des conférences où l'on apprend à exposer les résultats de la science de la manière qui convient à l'enseignement secondaire : la « Didactique générale » n'y a qu'une place subordonnée, et le cas même est prévu où elle n'en aurait pas du tout. Or, en Allemagne, l'éducation pédagogique est, en général, post-universitaire; et c'est essentiellement une initiation à la Didactique, appuyée d'exercices. — Au contraire les *Scuole*, quoiqu'elles soient rattachées aux Universités et ne soient pas des internats, ont comme un air de famille avec les Écoles normales de Paris (sous le Premier Empire), de Saint-Pétersbourg, de Niéjin et de Budapest (Eötvös). Dans tous ces établissements, en effet, il s'agissait ou il s'agit de la même chose : apprendre, ou rapprendre, aux étudiants ce qu'ils auront à enseigner, et la manière de l'enseigner.

Quels ont été, pendant quinze ans, les résultats de l'institution des *Scuole di magistero?* — Le règlement de 1888 était resté lettre morte : «Les *Scuole* de 1888 n'avaient paru qu'une surcharge de l'état de choses préexistant; on n'avait pas bien compris en quoi l'enseignement y devait différer des autres cours de l'Université.» Comme le bruit courait que le règlement de 1891 n'avait pas eu un meilleur sort[1], nous nous sommes adressé en février 1902, pour nous en éclaircir, à des personnes qualifiées.

M. P. Villari, professeur à l'Institut supérieur de Florence et ancien Ministre de l'Instruction publique, nous a répondu : «En pratique, les *Scuole* n'ont pas donné tous les résultats qu'elles auraient dû.»

M. L. Credaro, professeur à l'Université de Pavie, député, nous a répondu que les *Scuole* n'avaient pas encore donné de «résultats importants» et qu'une Commission venait d'être nommée au Ministère de l'Instruction publique pour en modifier le régime.

On pensait généralement, il y a six mois, que si la réforme de 1891 avait échoué, c'était pour les raisons suivantes. D'abord, parce que la plupart des professeurs d'Université, enseignant dans les *Scuole*, avaient accusé une tendance à substituer, là comme ailleurs, les travaux d'investigation scientifique aux exposés élémentaires : ce qui s'était passé jadis, sous A. Bœckh, au séminaire pédagogique de Berlin, s'est reproduit, paraît-il, en Italie[2]. En second lieu, parce que les professeurs spéciaux de

[1] Voir les observations pessimistes de P. Romano sur l'état des études pédagogiques en Italie : *Programma di un insegnamento pedagogico superiore* (Turin, 1900). Cf. M. Dugard, *De la formation des maîtres de l'enseignement secondaire à l'étranger et en France* (Paris, 1902), p. 151.

[2] «La più parte dei professori, invece di esercitare i giovani nel modo d'insegnare nei Ginnasi e Licei (come dovrebbero), li spingono a fare esercizi e indagini scientifiche. Credono cioè che la Scuola di magistero sia una cosa sola col «Seminario» tedesco : gravissimo errore! Parecchi dei prof. universitari non hanno mai insegnato nelle scuole secondarie...» (Lettre de M. P. Villari).

pédagogie proprement dite continuaient à se perdre dans des régions transcendantes où les étudiants n'y voient goutte, et n'auraient peut-être pas, même si c'était possible, grand intérêt à y voir clair. Enfin, parce qu'il aurait fallu trouver moyen de faire faire, dans les écoles secondaires, une partie des exercices prescrits au programme des *Scuole;* mais, disait-on, cette réforme serait difficile à accomplir : les écoles secondaires (gymnases, lycées) s'y opposent, dans la crainte de conflits entre leur personnel et celui des *Scuole*, et en invoquant l'intérêt de leurs élèves dont les études seraient troublées, à leur avis, si des stagiaires étaient autorisés à s'en mêler[1].

Le règlement du 13 mars 1902 a été élaboré pour substituer une expérience nouvelle à une expérience condamnée. — On a rafraîchi la définition des *Scuole di magistero;* nul moyen de s'y tromper désormais : leur but est «la préparation pédagogique à l'enseignement secondaire». La Didactique générale, l'Histoire des institutions scolaires, la Législation comparée de l'enseignement cessent d'être des matières facultatives. Un stage (*assistentato, tirocinio*) est établi pendant la seconde année du cours d'études; il s'accomplira dans une école (lycée, école technique, école normale primaire, voire école de sourds-muets ou d'arriérés), sous la surveillance d'un spécialiste, proviseur de lycée ou directeur d'école normale, qui sera membre du Conseil dirigeant de la *Scuola*. Chaque candidat rédigera un mémoire pédagogique qui sera l'objet d'une soutenance lors de l'examen final... — L'avenir dira si les intentions des nouveaux réformateurs seront mieux comprises et mieux respectées que celles de leurs prédécesseurs; il sera très intéressant, en particulier, de constater l'attitude que garderont les professeurs de l'enseignement secondaire qui se voient chargés *ex abrupto*, contre leur gré et sans rémunération convenable, d'instruire des stagiaires soumis, en même temps qu'à leur tutelle, à une surveillance extérieure.

[1] «Per che la scuola di magistero riuscisse bene, sarebbe necessario trovare modo di fare una parte degli esercizi nei Ginnasi e Licei. Nelle Università l'alunno (qualunque cosa si faccia) sente sempre di essere dinanzi ad un professore ed a scolari universitari. A questo non sonno riusciti. Le scuole secondarie si oppongono un pó perchè i loro professori non andrebbero sempre d'accordo con quelli delle Università, un pò perchè credono che la cosa sarebbe utile ai nostri alunni ma dannosa a quelli delle scuole secondarie che avrebbero lezioni scadenti» (Ibidem).

Un système qui peut être considéré comme un perfectionnement de celui des *Scuole di magistero* de 1891, bien qu'il soit antérieur et tout à fait indépendant, est en vigueur dans les Universités hongroises de Budapest (1870) et de Koloszvár (1873). Dans ces deux Universités les étudiants qui se destinent à l'enseignement secondaire sont admis, à la fin de leur deuxième semestre d'Université, à se présenter au concours d'entrée à l'« École des professeurs » (*Professorenbildungsanstalt*). Ladite « École » est un Institut de l'Université, dont, à Koloszvár du moins, tous les maîtres sont en même temps professeurs à l'Université. Le professeur universitaire de pédagogie y tient seul des « exercices pédagogiques » proprement dits, mais ses collègues s'occupent chacun de la méthodologie de sa spécialité, au point de vue de l'enseignement secondaire[1]. Au sortir de l'« École », les jeunes gens qui ont obtenu leur diplôme scientifique sont astreints à un stage d'un an dans un établissement secondaire, et, ce stage terminé, à un « examen pédagogique ». Il n'est pas nécessaire, d'ailleurs, d'avoir passé par l'« École » pour entrer dans la carrière; mais c'est une bonne note, comme la qualité de « breveté » pour un officier d'armée.

On vient de se décider à introduire, en Portugal, quelque chose d'analogue à l'institution italo-hongroise. « Jusqu'ici, écrit M. J. M. Rodriguez, du « Lyceu central » de Lisbonne, on n'avait jamais exigé, chez nous, la connaissance de la pédagogie, parce que cette discipline n'était enseignée nulle part. Mais M. J. Moniz, vice-président du Conseil de l'Instruction publique, a provoqué récemment la réorganisation du « Curso superior de Letras », à Lisbonne, en y créant des cours d'habilitation pour les candidats au magistère dans les écoles secondaires (langues, géographie, histoire, philosophie), qui seront inaugurés en 1902-1903[2]. Pour la préparation des professeurs de mathématiques, de sciences physico-chimiques, de sciences naturelles et de dessin, des cours seront arrangés à l'Université de Coïmbre[3]. »

[1] Voir Appendice, *Hongrie*, n° II. Il est bien entendu que le Collège Eötvös (ci-dessus, p. 26) est un établissement tout à fait à part.

[2] Voir Appendice, *Portugal*, p. 192.

[3] Lettre particulière. — Cf. *Reforma dos estudos da Universidade de Coimbra approvada por decreto de 24 de dezembro de 1901* (Lisbonne, 1902).

En Espagne, la situation est sensiblement ce qu'elle était, hier, en Portugal. On fait beaucoup de projets. Peut-être se résoudra-t-on, là aussi, à confier à certains professeurs, dans chaque Université, l'« apprentissage méthodologique » des candidats à l'enseignement secondaire[1].

[1] R. Altamira, dans la *Revue int. de l'Enseignement*, 1900, II, p. 399.

VII

PROJETS ET CONCLUSION.

Il n'est guère qu'un seul pays où soit en vigueur une méthode éprouvée pour la préparation professionnelle des futurs maîtres de l'enseignement secondaire : la Prusse. Mais, partout, le problème est à l'ordre du jour : en Prusse même, où tout le monde n'est pas satisfait du régime défini par l'Ordonnance de 1890; dans le reste de l'Allemagne, où le régime prussien ne s'est pas complètement implanté; quant aux autres pays, ils se divisent en trois catégories : ceux où des mesures ont été prises récemment (Angleterre, Belgique, Hongrie, Italie, Portugal, Roumanie, Suède)[1], sans parler des États-Unis où l'on en prend de nouvelles tous les jours; ceux où l'on est sur le point d'en prendre (Norvège, Russie, Suisse, Japon et France); ceux où il est question d'en prendre (Danemark, Espagne, Pays-Bas, etc.).

Comme les solutions possibles sont en nombre limité, les faiseurs de plans oscillent partout entre les mêmes projets. Nous lisons : « Plusieurs projets ont été présentés pour la préparation des maîtres en Russie : 1° un institut pédagogique spécial fermé, établi près d'un gymnase d'internes; 2° des cours pédagogiques, annexés à des établissements d'instruction, sous l'autorité de directeurs et de maîtres expérimentés; 3° des séminaires pédagogiques (dans les Universités) qui donneraient la possibilité aux candidats de visiter plusieurs établissements et d'y donner des leçons d'épreuves »[2]. Nous lisons : « Il y a aujourd'hui plusieurs avis, au Japon, sur la formation ou plutôt la réforme des maîtres : 1° le rétablissement d'un séminaire pédagogique annexé à l'Université; 2° la création d'une École normale supérieure; 3° imposer un stage aux futurs professeurs »[3]. On lira plus loin les procès-

[1] Les dernières mesures prises en Angleterre et en Italie l'ont été en mars 1902.

[2] *Revue int. de l'Enseignement*, 1901, II, p. 266. — Cf. une série d'articles sur la question dans le *Pedagogitchesky Sbornik*, janvier et août 1899.

[3] T. Tanimoto, *Formation des maîtres au Japon*, dans la *Revue int. de l'Enseignement*, 1901, II, p. 141. L'auteur se prononce pour la première solution

verbaux de délibérations qui ont eu lieu, l'année dernière, à Zürich et à Neuchâtel, en Suisse; elles sont à rapprocher de ces opinions exotiques [1].

La question n'a été étudiée nulle part avec autant de soin qu'en Norvège. Là, on n'a pas raisonné *a priori;* l'expérience de l'étranger a été pesée; et des décisions sont prochaines qui couronneront la grande réforme radicale de l'enseignement secondaire, accomplie dans ce pays en 1896 [2]. Nous publions en appendice le projet qui sera soumis, à l'automne de 1902, à l'approbation du Storting [3]. — En voici les grandes lignes. Après les études scientifiques à l'Université, un an d'études pédagogiques comme préparation à l'enseignement secondaire. Six mois de « séminaire » à l'Université nationale de Christiania; pendant ce temps, les candidats entendront trois cours : histoire des idées sur l'éducation (3 heures par semaine), administration scolaire et méthodologie (3 heures), psychologie de l'enfant; ils feront aussi des exercices pratiques dans une école de la ville (observations, leçons d'essai, apprentissage du matériel scolaire) [4]; il y aura un examen éliminatoire à la fin du premier semestre. Puis, six mois de stage rémunéré dans un établissement secondaire de province, sous le contrôle du directeur (18 leçons par semaine). Bref, le régime prussien (*Seminarjahr* + *Probejahr*), mais avec cette différence capitale que l'« année de séminaire », réduite de moitié, s'effectuera à l'Université.

En France, où l'existence de l'École normale supérieure intro-

et pour que les Universités interviennent aussi dans la formation des maîtres de l'enseignement primaire. Il ajoute : «Mais le besoin urgent de maîtres des divers ordres nous empêchera certainement de rien faire pour le moment».

(1) Appendice, *Suisse*, pp. 211 et 215. — Cf. ce que l'on disait, en Suisse, il y a dix ans, dans l'opuscule de Fr. Guex, *L'éducation professionnelle des candidats à l'enseignement secondaire* (Lausanne, 1892), p. 40. Voir aussi A. Morgan, *The training and status of primary and secondary teachers in Switzerland,* dans les *Special Reports on educational subjects,* VIII (1902), p. 196.

(2) Le meilleur compte rendu accessible de cette réforme est sans doute celui de O. Anderssen, *The new law for the secondary schools in Norway,* dans les *Special Reports,* VIII, pp. 1-69.

(3) Appendice, *Norvège,* p. 183.

(4) Les Mémoires de MM. P. Voss et O. Anderssen, publiés à l'Appendice, ont été écrits en février 1902. Nous nous sommes assuré qu'en août les auteurs n'avaient rien à y changer, sauf sur un point : «Le projet a été soumis aux délibérations de notre Conseil d'enseignement secondaire, qui a donné son adhésion; cependant, il a été d'avis de reculer les exercices pratiques jusqu'après la terminaison des études purement pédagogiques» (P. Voss).

duit une difficulté supplémentaire (comme en Belgique avant 1890), quelques faits symptomatiques se sont récemment produits[1]. C'est d'abord la création quasi-spontanée, dans quelques Universités françaises — notamment à Lyon et à Lille — d'enseignements pédagogiques qui se sont adressés surtout, jusqu'à présent, à la clientèle primaire, la plus facile à capter, mais qui sont outillés pour s'occuper, en même temps, du personnel secondaire, dès qu'on voudra[2]. Ce sont ensuite des déclarations publiques de plusieurs hommes considérables devant la Commission d'enquête parlementaire (1899)[3], et au dernier Congrès international de l'Enseignement secondaire (Exposition universelle de 1900)[4]. Rappelons enfin que la dernière Chambre des députés a contresigné, en mars 1902, un projet de réforme élaboré par le Ministre de l'Instruction publique où se trouvent

[1] Ils ont été exactement relevés par F. A. Coelho, dans le *Boletim da Direcção geral de Instrucção publica*, I (Lisbonne, 1902), p. 266.

[2] Voir dans la *Revue int. de l'Enseignement*, du 15 août 1901, les articles de MM. G. Lefèvre, *Formation des maîtres de l'enseignement primaire (par les Universités)*, p. 142; C. Chabot, *Enseignement de la pédagogie et préparation aux grades de l'enseignement primaire (dans les Universités)*, p. 145; Thamin, *Préparation professionnelle des maîtres*, p. 151.

Un diplôme d'études pédagogiques a été institué à la Faculté des lettres de Lyon (*Bulletin administratif* du 3 août 1901). Pour l'obtenir, les candidats doivent justifier d'une année d'études pédagogiques à la Faculté, et de l'un des titres suivants : diplôme de licencié, certificat d'aptitude à l'inspection primaire, au professorat des écoles normales... Un stage pédagogique à l'étranger pourra entrer, jusqu'à concurrence de trois mois, dans le compte de la scolarité... — Le programme comprend : A. Histoire de la pédagogie, géographie de la pédagogie (théorie, mœurs, organisation de l'éducation, législation scolaire). — B. Théorie de l'éducation : physiologie, hygiène, psychologie de l'enfance... Méthodes d'éducation et d'enseignement. Philosophie générale de l'éducation. Relations de la science de l'éducation avec les autres sciences. — Les candidats doivent remettre un mémoire sur un sujet pris dans le programme et agréé par les professeurs. L'examen oral comprend une discussion sur une autre question du programme fixée trois mois à l'avance, une explication de textes pédagogiques, une épreuve pratique; leçon sur une question des programmes d'enseignement primaire ou secondaire, ou visite d'école suivie d'un rapport oral devant le jury. — Cf. C. Chabot, *A propos d'un diplôme de pédagogie*, dans *L'Enseignement secondaire*, 1er avril 1902, p. 104.

[3] V. plus haut, p. 8, note 2.

[4] *Le Congrès international de l'enseignement secondaire à l'Exposition universelle de 1900. Procès-verbaux et comptes rendus officiels* (Paris, 1901), pp. 38-46. Texte du vœu voté par le Congrès : «Il est nécessaire que les maîtres de l'enseignement secondaire reçoivent une éducation pédagogique, à la fois théorique et pratique, par l'histoire de la pédagogie, la discussion des méthodes et des exercices professionnels d'application».

des énoncés de principe comme ceux-ci : 1° « Un stage... sera exigé de tous les futurs professeurs »; 2° « L'École normale supérieure sera organisée... de manière à être un véritable institut pédagogique ». — Tout fait prévoir que, comme en Norvège, des décisions interviendront bientôt en France. Il importe donc d'analyser très clairement, chez nous comme en Norvège, les conditions du problème en s'aidant de l'expérience acquise. C'est à quoi se sont employées, depuis quelque temps, des personnes convaincues que, sans cette précaution, on risquerait de s'égarer dans le dangereux labyrinthe d'idées confuses d'où, naguère, tant d'autres réformateurs ne sont sortis que par des démarches improvisées.

Il nous reste à exposer, en guise de conclusion, les raisonnements de ces personnes. Mais, pour les apprécier, il est utile d'en considérer l'ensemble, car ils sont liés. On nous excusera, par conséquent, de revenir ici en quelques mots sur des propositions fondamentales, déjà énoncées, et, comme on dit, de prendre du champ.

I. On est en droit d'exiger des candidats à l'enseignement dans les écoles secondaires trois espèces de mérite : qu'ils sachent ce qu'ils auront à enseigner; qu'ils sachent autre chose que ce qu'ils auront à enseigner; et qu'ils sachent enseigner. De graves inconvénients ont résulté et résultent de ce que cette distinction élémentaire n'a pas toujours été faite avec la précision convenable.

A. Il faut savoir ce que l'on aura à enseigner. Là-dessus, tout le monde est du même avis; et, dans tous les pays où l'État se croit tenu de garantir la compétence du corps enseignant, des examens ont été organisés afin d'exclure les ignorants. Tel est le but principal, en Allemagne, de l'examen d'État *pro facultate docendi* («Staatsexamen»); en France, de la licence (*licentia docendi*) et de l'agrégation. C'est seulement en Angleterre et aux États-Unis que l'on a longtemps poussé le respect de la liberté individuelle jusqu'à celui du charlatanisme, au point de tolérer que n'importe qui enseignât n'importe quoi.

B. Il faut savoir encore autre chose que ce que l'on aura à enseigner. Autre chose. Mais quoi? A la regarder de près, cette affirmation se décompose en deux. — On veut dire sûrement, par là, que le futur professeur doit être un homme cultivé, qui a des clartés en dehors et au delà de sa spécialité. — On veut dire aussi qu'il doit s'être initié aux méthodes de l'investigation scientifique : pour une foule de motifs, qu'il serait trop long d'indiquer [1], il paraît désirable que les jeunes gens qui, plus tard, enseigneront les résultats d'une science, sachent comment les résultats de cet ordre ont été obtenus et s'obtiennent, et se soient personnellement exercés à en obtenir. — Or il est très difficile, on le comprend, de définir la « culture générale » qui convient au futur maître, et de vérifier qu'il la possède. Les procédés à cet effet ne peuvent être qu'arbitraires et très grossièrement approximatifs. Ils consistent, en pratique, à exiger qu'à l'examen *pro facultate docendi* les candidats satisfassent le jury, non seulement sur leur spécialité ou leurs spécialités, mais, en outre, sur un certain nombre de matières accessoires qui leur sont désignées ou qu'ils choisissent. C'est ainsi que, chez nous, les candidats à la licence d'histoire sont examinés, en même temps qu'en histoire, en français, en latin et en grec. C'est ainsi que les candidats au *Staatsexamen* prussien sont invités à répondre, en même temps que sur leurs deux « facultés » principales (*Hauptfächer*) — par exemple, latin et grec, — et sur deux autres (*Nebenfächer*) — par exemple, histoire et français, — sur la religion, la philosophie, la langue et la littérature allemandes. Rien de plus simple, au contraire, que de constater si les candidats ont subi un commencement d'apprentissage des méthodes d'investigation : il suffit, pour cela, d'exiger d'eux qu'ils aient fréquenté des ateliers scientifiques, ou, au besoin, qu'ils aient exécuté eux-mêmes un travail original, visé par un corps savant. En Allemagne, nul n'est admis à se présenter au *Staatsexamen* s'il ne produit la preuve qu'il a étudié pendant trois ans dans une Université allemande; le grade de docteur n'est pas obligatoire, parce que l'on considère que personne n'a pu passer trois ans dans une Université sans avoir appris ce que c'est que la science. En France, depuis 1895, nul n'est admis à se présenter aux épreuves de l'agrégation d'histoire s'il ne produit le « Diplôme d'études supérieures » d'une Faculté des lettres [2].

[1] Je les ai indiquées ailleurs (*Questions d'histoire et d'enseignement*, ch. v, p. 159).

[2] Avant 1895, l'examen d'agrégation d'histoire était censé prouver *à la fois* que les candidats savaient ce qu'ils auraient à enseigner et qu'ils étaient au courant des méthodes d'investigation. Mais on ne saurait demander au

En résumé, les jeunes gens qui, après avoir terminé leurs études secondaires, se destinent à entrer, comme professeurs, dans les écoles secondaires, ont à reviser ce qu'ils ont déjà appris, en approfondissant surtout ce qu'ils se proposent d'enseigner par la suite, et, subsidiairement, à s'initier, sinon à se rompre aux travaux originaux. Ajoutons, pour mémoire, à se rendre aussi «cultivés» que possible. — Ces diverses opérations ont lieu, en principe, au cours de la scolarité universitaire. De là, dans les Universités, deux sortes d'enseignements légitimes : ceux qui sont consacrés à l'exposition de vérités acquises et ceux qui sont, à proprement parler, des laboratoires de recherches. Dans les pays où l'on a pleine confiance, trop de confiance peut-être, dans les vertus éducatrices de l'investigation, par exemple en Allemagne, ce sont leurs laboratoires de recherches, ou «séminaires scientifiques», qui font la gloire des Universités : le danger est, en ce cas, que les enseignements de vulgarisation soient dédaignés et que les étudiants, négligeant le connu pour l'inconnu, l'important pour le curieux, le rare et le difficile, transportent à contresens dans les classes du gymnase des préoccupations contractées dans les ateliers scientifiques. Ailleurs on s'est dit pendant longtemps : «Les professeurs de langues anciennes doivent, avant tout, savoir les langues anciennes», et on s'est attaché, tout bonnement, à les leur enseigner; on dit encore, maintenant que l'utilité des exercices d'érudition n'est plus contestée par personne : «Il est à souhaiter, sans doute, qu'un professeur de langues anciennes soit en état de disserter sur des curiosités philologiques, mais il n'en reste pas moins qu'il doit aussi, ce qui n'est pas la même chose, savoir le grec et le latin.» Ceux qui pensent de la sorte

même examen de prouver deux choses aussi différentes. En fait, l'ancien examen d'agrégation d'histoire ne prouvait rien sur le second point. On a donc eu grandement raison de le scinder en deux parties.

Ce qui a été fait dès 1895 pour l'agrégation d'histoire reste encore à faire en 1902 pour les autres agrégations (philosophie, lettres, grammaire, etc.). Mais on lit dans les «Propositions ministérielles pour la réforme de l'enseignement secondaire» qui ont reçu l'agrément de la Chambre des députés en mars 1902 : «Le titre d'agrégé sera conféré, comme il se fait déjà pour l'agrégation d'histoire, d'après les résultats des deux catégories d'épreuves : des épreuves scientifiques, subies devant les Facultés, des épreuves professionnelles, subies devant des jurys nommés par le Ministre». Cette réforme — l'assimilation des autres agrégations à l'agrégation d'histoire — réclamée et préparée de longue main par les hommes les plus compétents, semble, aujourd'hui, tout à fait mûre.

sont amenés à tailler dans les Universités ou à créer auprès d'elles des instituts spéciaux, afin de permettre aux étudiants d'acquérir plus aisément les connaissances courantes ou de s'y perfectionner; telle fut la destination primitive de l'École normale de Paris; telle est, de nos jours, celle des Instituts historico-philologiques de Russie, des *Teachers' Courses* dans les Universités anglo-américaines, des *Scuole di magistero* italiennes de 1891, des *Professorenbildungsanstalten* et du Collège Eötvös (hongrois) de 1870, de 1873 et de 1895.

C. Il faut enfin «savoir enseigner». Mais où et comment apprendre? Comment prouver que l'on a appris?

Le système suivi à cet égard, dans notre pays, est, jusqu'à présent, très simple. Notre licence n'est plus la vieille *licentia docendi* dont elle a conservé le nom; c'est un baccalauréat supérieur, d'où l'ombre même d'intentions pédagogiques a été exclue. A la vérité, nos diverses agrégations comportent, ou prétendent comporter, des exercices pédagogiques, puisque les candidats sont tenus de prononcer une ou plusieurs «leçons» devant un jury. Mais des «leçons» de ce genre sont en réalité des conférences, qui prouvent tout autre chose que l'aptitude à enseigner, comme l'Administration prussienne de l'Instruction publique l'a reconnu depuis quatre-vingts ans [1]. Ces «leçons», les candidats (étudiants des Universités et normaliens) s'y préparent en en faisant pendant des mois, sinon pendant des années, soit entre eux, soit devant leurs maîtres, mais toujours à blanc, c'est-à-dire sans voir d'enfants [2]. C'est

(1) Cf. plus haut, p. 32. — Je n'ai rien à ajouter à la critique détaillée que j'ai présentée de la soi-disant «leçon de lycée» des agrégations françaises, en tant qu'épreuve pédagogique, dans *Questions d'histoire et d'enseignement* (Paris, 1902), ch. v et vi (Allocutions aux étudiants en Sorbonne).

(2) Nos candidats à l'agrégation ne voient d'enfants que pendant leur soi-disant «stage» de quinze jours dans un lycée, qui a lieu trois ou quatre mois *avant* le concours. Dans quelles conditions? Les experts sont partagés à ce sujet, comme on va en juger : «Cet exercice, dit M. J. Tannery, est assurément utile : les professeurs assistent le plus souvent aux leçons de ceux qui les suppléent; ils donnent à leurs jeunes camarades les meilleurs conseils, et rédigent sur la façon dont les leçons ont été faites, dont les interrogations ont été conduites ou les devoirs corrigés, d'intéressants et consciencieux rapports où il est aisé de discerner, sous les justes éloges, à travers une bienveillance qui n'est jamais absente, les réserves et les critiques. . .» (*Revue internationale de l'Enseignement*, 1902, I, p. 313). Cf. *Compte-rendu de six conférences de deuxième année réservées à des questions pédagogiques*, 1902, précité: «De la manière dont il est pratiqué aujourd'hui, ce stage est plutôt fâcheux et certainement illusoire. Il a lieu à une époque mal choisie, au cœur de cette troisième année sur laquelle

comme si l'on apprenait à jouer du piano sur le clavier d'un instrument sans cordes. Il n'y a pas, par ailleurs, un agrégé sur cent qui ait suivi un cours ou feuilleté un livre de pédagogie. Et cependant le titre d'agrégé confère, chez nous, le droit d'enseigner *hic et nunc*, sans stage ni période probatoire d'aucune espèce [1].

C'est justement l'insuffisance de ce régime qui a provoqué le mouvement d'où va sortir, à bref délai, l'institution d'une préparation professionnelle des candidats à l'enseignement secondaire en France. Mais, si urgente que soit une réforme à cet égard, il importe d'y procéder avec les plus grandes précautions.

II. *A.* La première mesure qui se présente à l'esprit pour assurer une place aux disciplines pédagogiques dans l'éducation des futurs maîtres [2] est d'introduire des épreuves pédagogiques, plus sérieuses que les «leçons» du régime actuel, au programme des agrégations : questions ou travaux écrits. Mais il est inutile d'y penser. L'expérience a été faite : l'échec serait certain. On a essayé, depuis dix ans, de donner à quelques épreuves de notre agrégation d'histoire le caractère de *tests* pédagogiques; le succès a été nul : ces épreuves, malgré beaucoup d'efforts, n'ont jamais été prises au sérieux ni même précisément définies [3]. Il y a toujours eu, du reste, des épreuves pédagogiques au programme du *Staatsexamen* dans les pays allemands; mais nous avons vu que, là aussi, elles sont presque fictives et tendent à disparaître [4]. C'est inévitable. Lorsqu'un examen comporte à la fois une partie «scientifique» et une partie «pédagogique», il est impossible que celle-ci

pèse le souci de l'examen final, *dont il interrompt inopportunément la préparation.* Le professeur titulaire de la classe où se fait l'expérience n'assiste le plus souvent qu'à la dernière leçon et il se borne, dans une lettre aimable, à formuler sur son suppléant de quinze jours quelques flatteuses et vagues appréciations...»

(1) Voir, sur ce point, les observations très sages de K. A. M. Hartmann, *Reiseeindrücke und Beobachtungen eines deutschen Neuphilologen in der Schweiz und in Frankreich* (Leipzig, 1897), p. 149.

(2) La *première* mesure qui se présente à l'esprit est, peut-être, d'instituer des chaires de pédagogie dans les Universités, avec l'espoir que l'organe créera la fonction. Mais on n'en est plus là chez nous : pour que les candidats à l'enseignement secondaire étudient la pédagogie, il ne suffit pas qu'ils en aient l'occasion; il faut, en outre, qu'ils y soient énergiquement obligés.

(3) Voir l'historique détaillé de ces tentatives dans *Questions d'histoire et d'enseignement*, l. c.

(4) Cf. plus haut, p. 50.

ne soit pas considérée comme accessoire et négligée à ce titre. En d'autres termes, on ne peut pas demander au même examen d'attester deux choses aussi différentes que les connaissances techniques et l'aptitude professionnelle. — Loin d'y rien ajouter, mieux vaudrait retrancher, par conséquent, du programme des agrégations, ce qui s'y est glissé de pédagogique ou plutôt de pseudo-pédagogique. Jadis l'agrégation était censée prouver, du même coup, les trois genres de mérite que l'on attend d'un professeur: apprentissage des recherches originales, compétence spéciale, aptitude professionnelle. Depuis l'institution du «Diplôme d'études supérieures», l'agrégation d'histoire n'a déjà plus la prétention d'en attester que deux : compétence spéciale et aptitude professionnelle. Ce sera un nouveau progrès de la simplifier encore, en la réduisant expressément aux épreuves qui certifient le savoir, l'art de composer et l'habitude de la parole.

Une considération d'un autre ordre vient à l'appui des précédentes. Si l'examen d'agrégation comportait de sérieuses exigences au point de vue pédagogique, il serait nécessaire de créer l'enseignement de la pédagogie dans tous les établissements d'enseignement supérieur où l'on «prépare» l'agrégation (École normale et presque toutes, sinon toutes les Universités de France). Or, sans parler de la question d'argent, il n'est pas désirable, en soi, de multiplier à ce point les chaires de pédagogie; on commence à s'apercevoir, aux États-Unis, de l'inconvénient d'en avoir trop.

B. Il serait fâcheux aussi d'imposer purement et simplement un an d'épreuve, dans les lycées, aux jeunes gens qui ont franchi la barrière de l'agrégation. C'est une idée qui séduit, au premier abord; mais l'expérience a été faite : il se passerait assurément ce qui s'est passé en Prusse après l'institution du *Probejahr* en 1826[1]. — Quant à organiser, dans nos lycées, des «séminaires pédagogiques» suivant la méthode prussienne de 1890, cela paraît impraticable. Le *Seminarjahr* prussien n'est pleinement profitable que si le directeur et les professeurs-instructeurs du gymnase où il a lieu sont, non seulement d'excellents maîtres, mais des hommes assez consciencieux pour ne pas se désintéresser d'une tâche supplémentaire, un peu ingrate, peu ou pas payée, avec assez de tact pour ne pas faire sentir le poids de leur autorité passagère. Qu'on

[1] Cf. plus haut, p. 33.

se demande, d'autre part, si de jeunes agrégés français, pourvus de leurs grades scientifiques et habitués à la pleine liberté académique, auraient d'abord pour les proviseurs et les professeurs-instructeurs, leurs égaux, qui seraient chargés de surveiller leur apprentissage professionnel, les sentiments d'affectueuse déférence que, à l'Université, on a généralement pour ses maîtres. Nos étudiants n'ont pas le tempérament germanique : ils frémiraient sous cette discipline. Entre instructeurs et apprentis, il y aurait des vexations réciproques. On prendrait le stage en horreur. Et lorsqu'un personnel de pédagogues, dévoué et compétent, se serait formé, à la longue, dans les lycées, il serait, sans doute, trop tard. Il est très probable que la perspective d'une année de «séminaire pédagogique» au lycée ferait baisser promptement le nombre des candidats à l'enseignement secondaire; or nous avons appris, par l'exemple de l'Allemagne, que lorsque le nombre des candidats à l'enseignement baisse jusqu'à l'étiage, les règlements les plus parfaits sur «la préparation pédagogique» deviennent lettre-morte; les autorités mêmes qui les ont édictés sont forcées de n'en tenir aucun compte[1].

Ajoutons qu'il y a des avantages théoriques à ce que la préparation pédagogique des candidats à l'enseignement secondaire ne s'accomplisse pas tout entière à l'intérieur du lycée. Quoique l'on ait souvent développé ce point de vue en termes trop pompeux, il est vrai que le divorce complet entre l'Université et les études pédagogiques — entre la science et les applications de la science, la pratique et la vie — est une chose déplorable. Pour les grands corps tels que les Universités, encore plus que pour l'individu, c'est l'indice d'une certaine médiocrité d'esprit que de se cloîtrer orgueilleusement dans la spéculation pure; et, d'un autre côté, l'Université, le milieu universitaire, l'atmosphère de l'enseignement supérieur présentent les conditions les plus favorables pour que les études professionnelles de pédagogie gardent le caractère élevé et philosophique qui convient. Les facilités mêmes qui existent à l'Université, et à l'Université seulement, pour mettre en contact, dans des conférences communes, les étudiants et le personnel de l'enseignement primaire ne sont pas à dédaigner : les étudiants ont beaucoup de vertus professionnelles à apprendre de ce personnel si convaincu, si consciencieux.

[1] Ibid., p. 39.

Nous aboutissons ainsi à la conclusion ferme que la préparation pédagogique doit avoir lieu *après la fin des études scientifiques*, laquelle est marquée, chez nous, par l'examen d'agrégation, et en partie, sinon tout entière, *à l'Université*.

III. La préparation pédagogique ou professionnelle sera, naturellement, théorique et pratique.

Théorique. C'est par centaines que l'on a combiné des plans d'enseignement pédagogique à l'usage des futurs maîtres [1]. Ils ne sont pas tous raisonnables, mais nous n'avons pas à les discuter ici. Contentons-nous d'indiquer, brièvement, ce qu'il faut entendre par «théorie». Non pas cette philosophie, cette métaphysique, cette psychologie et cette morale de seconde qualité, si cruellement ennuyeuses et stériles, dont la plupart des Manuels de pédagogie sont bourrés, et qui ont perdu de réputation les études pédagogiques [2]. Non pas un système de règles ou de préceptes rigides [3]. Mais des notions substantielles sur ce que l'homme de métier n'a pas le droit d'ignorer : psychophysiologie, normale et pathologique, de l'enfant; histoire, description, comparaison et critique des méthodes employées en France et à l'étranger pour l'administration de l'instruction publique et, surtout, pour l'enseignement des diverses disciplines [4]. Il s'agit de munir les candidats d'un bagage de faits précis et surtout d'attirer leur attention sur les problèmes, en leur donnant des habitudes d'observation et de réflexion en ce qui touche à leur art. A cet effet l'appareil de cours magistraux est, sans aucun doute, inutile. Des conférences familières, en petit nombre, y suffiront. L'essentiel peut être dit en quelques heures par des maîtres au courant des choses,

[1] Citons-en deux seulement, à titre de spécimens : celui de M. le professeur James Sully (*Royal Commission on Secondary Education*, V [1895], p. 472); celui du «Comité des Quinze» appointé en 1893 par la *National Educational Association* des États-Unis (*Report of the Commissioner of Education for the year 1893-94*, I, p. 469) Cf. plus haut, p. 80, note 1, et p. 100, note 2.

[2] Nous sommes pleinement d'accord, à ce sujet, avec G. Stanley Hall (*The Pedagogical Seminary*, IV [1902], p. 182).

[3] Voir, là-dessus, J. J. Findlay, *The Study of Education*, dans les *Special Reports on educational subjects*, II, p. 343.

[4] L'opuscule de M. H. Bornecque (*L'Enseignement des langues anciennes et modernes dans l'enseignement secondaire des garçons en Allemagne* [Paris, 1902]) est un bon exemple de ce que l'on peut faire comme description, comparaison et critique des méthodes employées à l'étranger pour l'enseignement des diverses disciplines.

qui ne s'en font pas accroire; par conséquent, il doit l'être. Bien des préjugés contre les études pédagogiques tomberaient si l'on savait comme il est aisé de communiquer ou de s'assimiler à peu de frais ce qu'elles ont de précieux.

Pratique. La pratique ne saurait consister qu'en observations et en exercices dans de véritables écoles. — Il est impossible de penser à des écoles d'application dans le genre de l'*Uebungsschule* d'Iena, du Gymnase-Modèle de Budapest ou de l'École «Horace Mann» du Teachers' College de New York. Malgré tant d'expériences qui ont démontré l'inanité des craintes que l'on est porté à concevoir instinctivement, *a priori*, pour les élèves reçus dans ces cliniques pédagogiques, le sentiment public ne manquerait pas, en France, de leur être hostile d'abord; et puis, on les tournerait trop aisément en ridicule [1]. — On s'arrangera donc pour que les étudiants visitent méthodiquement un certain nombre d'écoles (primaires et secondaires) et fassent chacun dans une ou plusieurs d'entre elles des séries de leçons d'essai, dans les classes dont les professeurs auront expressément déclaré qu'ils sont disposés à accueillir et à aider des débutants. Tous les inconvénients du «stage» proprement dit (cf. § II *B*) seraient évités s'il était concomitant avec les études «théoriques» à l'Université et dirigé à la fois par les maîtres en pédagogie de l'Université et des instructeurs volontaires [2].

Une année serait de la sorte employée très utilement, et d'une façon qui n'aurait rien de pénible pour les candidats, car ils en apprécieraient sur-le-champ la haute nécessité. Ce qui déplait aux jeunes gens, c'est de dépenser leur temps à des exercices fictifs,

[1] Il est à noter que les personnes peu favorables à l'idée d'un stage, quel qu'il soit, disent que, s'il fallait choisir, le système de l'école d'application leur paraît seul efficace (*Le Congrès international de l'Enseignement secondaire*, 1900, p. 43).

[2] En France comme en Italie (cf. plus haut, p. 95, note 1), bien des professeurs de l'enseignement secondaire ne se soucient pas de contrôler de futurs collègues et d'être ainsi, par la même occasion, contrôlés par eux dans une certaine mesure. Arguments produits, dans le Congrès cité, contre l'admission de stagiaires dans les classes : «Si le jeune professeur reste simplement témoin, le vieux professeur, à qui incombe la tâche de le préparer, ne pourra pas le connaître ni juger de ses qualités et de ses défauts; puis, ayant une double tâche, il sera distrait, de même que ses élèves, par la présence du stagiaire...» — Une affectueuse collaboration entre le stagiaire et le professeur de la classe où il s'exerce est la première condition de l'efficacité du stage. Cette collaboration n'est possible que si elle est absolument volontaire.

ou dont ils ne conçoivent pas le profit. Nous ne les avons jamais vus protester contre des exigences justes.

IV. Ces principes adoptés, des détails seraient à régler. On aurait à se demander, par exemple, s'il convient d'exiger des candidats, au cours de la nouvelle année de «préparation pédagogique», un Mémoire par écrit sur une question pédagogique, et d'instituer un examen à la fin de cette année; si, pendant cette année, les candidats n'auraient pas droit à des bourses; enfin et surtout, comment l'École normale supérieure, la Sorbonne et les Universités de province se répartiraient la tâche.

On a jugé bon en Prusse, en Italie et ailleurs d'exiger des candidats, au cours de leur «préparation pédagogique», un Mémoire, ou même plusieurs Mémoires, par écrit. L'opportunité de cette complication nous échappe. Car à quoi bon? Les candidats n'ont pas à contribuer aux progrès de la science pédagogique : dans la mesure où c'est possible, c'est affaire aux pédagogues de profession. Ils n'ont besoin que de résultats, en vue d'applications immédiates. Leur imposer l'étude «scientifique» de la pédagogie pour elle-même est le plus sûr moyen de les en dégoûter. Au reste, il y a des raisons de douter que les Mémoires, là où les candidats sont obligés d'en rédiger, aient une valeur sérieuse, soit pour la science, soit pour ceux qui les font. Nous avons eu l'occasion d'en feuilleter quelques-uns : c'étaient des productions misérables.

Les arguments pour et contre l'institution d'un examen nouveau qui serait, pour ainsi dire, la troisième et dernière partie de l'ancienne agrégation (Diplôme d'études supérieures + Agrégation proprement dite + Examen pédagogique) sont nombreux. Les arguments *pour* n'ont pas été considérés comme décisifs en Allemagne[1], et, à notre avis, ils ne le sont pas. Les jeunes gens intelligents et sincères s'intéresseront aux travaux de l'«année pédagogique» sans qu'il soit nécessaire de les y contraindre par la terreur d'un examen. Au reste, cet examen serait bientôt dérisoire, car on y serait toujours reçu[2]. Un certificat d'études suffit.

Il semble légitime d'attribuer des indemnités pécuniaires aux agrégés pendant l'«année pédagogique»; car c'est, après tout, une

[1] Ci-dessus, p. 42.
[2] Ibid., p. 43.

année d'études supplémentaires qu'on leur impose, dans l'intérêt public; et il s'agit de jeunes gens qui, déjà, ont fait leurs preuves. Si exceptionnellement dure que soit l'Administration prussienne, elle a été amenée à donner de quoi vivre à ses stagiaires. En Roumanie, les élèves des « séminaires pédagogiques » d'Université ont droit à une mensualité de 100 francs; en Hongrie, à une annuité de 1,000 couronnes. Chez nous, il existe des bourses de licence et d'agrégation, et un certain nombre d'agrégés reçoivent, dès à présent, des indemnités, sans exercer, soit qu'ils soient envoyés à l'étranger pour compléter leur éducation, soit qu'ils soient autorisés à se livrer à des travaux personnels (bourses de hautes études). L'accroissement de dépenses serait très faible, et si certains changements corrélatifs étaient apportés à l'organisation de nos grands établissements d'enseignement supérieur, l'opération totale pourrait même se solder en bénéfice.

C'est ici que la question de l'École normale se pose avec son véritable caractère.

Supposé que l'année de préparation pédagogique ait été instituée conformément à l'esquisse qui précède, les agrégés-candidats seront libres de la passer dans une des villes d'Université où il existe, à l'Université, un enseignement régulier de la pédagogie, à leur choix. Il est fort à souhaiter qu'ils ne choisissent pas tous Paris, et quelques-uns choisiront probablement Lyon, Lille ou tel autre centre. Mais chacun sait que Paris passe pour avoir des agréments sans pareils. Quatre-vingts pour cent des jeunes gens admis aux divers concours d'agrégation ont été étudiants à Paris. Il faut donc s'attendre à ce que la plupart des candidats demandent à demeurer ou à venir dans la capitale pour y accomplir leur stage.

Or, par suite de circonstances historiques, il y a, à Paris, deux Universités juxtaposées : Sorbonne et École normale.

Rien n'empêcherait, certainement, de faire des conférences pédagogiques aux agrégés dans ces deux établissements. Il y aurait à cet effet deux états-majors, dont l'un fonctionnerait à la Sorbonne pour les agrégés anciens élèves de la Sorbonne ou des Facultés de province, tandis que l'autre fonctionnerait à l'École normale pour les agrégés anciens élèves de l'École. Ou bien un seul état-major qui répéterait, dans chacune des deux maisons, chacune des conférences qu'il avait faites dans l'autre. Ce serait pousser bien loin le respect du parallélisme. Il est peu probable que des solutions de ce genre soient recommandées par personne. Aussi bien, l'auteur des « Propositions ministérielles » que le Parlement a approuvées en mars 1902 les a formellement rejetées, par avance, en ces termes : « Les élèves de l'École normale recevront la préparation pédagogique et professionnelle *en commun* avec les étudiants de l'Université de Paris. »

Tous les agrégés, quelle que soit leur provenance, qui auraient choisi Paris pour y passer la nouvelle année de préparation pédagogique, seraient donc instruits ensemble. Mais serait-ce à l'Université proprement dite ou à l'École normale ? Voilà le point décisif.

Si c'est à l'Université, l'École normale reste ce qu'elle a été jusqu'ici : une seconde Université qui ne se particularise que par son mode de recrutement et le régime de l'internat. Le double emploi subsiste. La réforme de l'École, dont tout le monde convient qu'elle s'imposera un jour, sinon qu'elle s'impose aujourd'hui, est remise *sine die*. Elle est remise aux bons soins de la génération suivante.

Mais un grand nombre de personnes craignent que la génération suivante procède, en ces matières, sans piété, avec des mains trop rudes. Elles pensent qu'une occasion unique est offerte, par l'introduction d'un nouveau régime d'entraînement professionnel des candidats à l'enseignement secondaire, de rendre à l'École normale, avec sa destination primitive et ses droits au nom qu'elle porte, une vitalité durable. Que l'instruction pédagogique des agrégés ait lieu à l'École normale, et l'École normale devient, *ipso facto*, ce que tous les étrangers, ignorants de notre histoire, s'étonnent qu'elle ne soit pas, le séminaire pédagogique de l'Université de Paris. — Distinguons, ici, deux systèmes, dont chacun a des partisans. D'après les uns, l'École normale ne devrait être désormais *que* le séminaire pédagogique de l'Université de Paris; par conséquent, tous les enseignements « scientifiques » de l'École devraient être transférés à la Sorbonne, avec leurs dépendances (bibliothèque, laboratoires)[1]. D'autres disent : « Pourquoi l'École ne continuerait-elle pas d'abriter, en même temps que le séminaire pédagogique de l'Université de Paris, les

[1] Comme le déménagement de la bibliothèque et des laboratoires de l'École est non seulement peu désirable, mais pratiquement impossible, ce système radical n'est ici mentionné que pour mémoire.

plus distingués des licenciés, candidats aux agrégations, et des boursiers de hautes études? Ces jeunes gens, dont l'Université elle-même aurait reconnu le mérite, jouiraient là, s'il leur plaisait, de la vie collégiale : du vivre et du couvert, de la bibliothèque et des laboratoires de la maison, et des quelques enseignements scientifiques qui y seraient conservés ou transportés; il leur appartiendrait de maintenir les anciennes traditions de l'École, en ce qu'elles ont d'excellent. » Ainsi l'École ne serait pas diminuée : elle n'accepterait, comme par le passé, que les meilleurs des étudiants; et elle serait mise à l'abri des éventualités.

Au cas où l'École normale deviendrait le séminaire pédagogique de l'Université de Paris, il y aurait lieu sans doute de compléter la section pédagogique de sa bibliothèque. Mais cela serait très facile. On ne doit pas oublier, du reste, que la plus belle bibliothèque spéciale de Paris, et peut-être de l'Europe, celle du Musée Pédagogique, est à deux pas de la rue d'Ulm.

APPENDICE. — DOCUMENTS.

ALLEMAGNE.

PRUSSE.

I

RÈGLEMENT SUR LA PRÉPARATION PRATIQUE DES CANDIDATS AU PROFESSORAT DANS LES ÉCOLES SUPÉRIEURES (SECONDAIRES), 15 MARS 1890[1].

1. Pour se qualifier aux fonctions de maître dans l'enseignement secondaire, les candidats, qui ont été admis à l'examen scientifique[2] sans conditions ni réserves[3], ont à se préparer pratiquement à leur future profession, sous la direction de professeurs expérimentés et le contrôle du Collège scolaire provincial.

2. La préparation pratique dure deux ans et comprend une année d'exercices (*Seminarjahr*), suivie d'une année d'épreuve (*Probejahr*).

a. Pendant l'année d'exercices, les candidats étudient les questions d'éducation et d'instruction au point de vue de l'enseignement secondaire, et notamment la méthodologie des différentes branches d'enseignement, soit dans les séminaires pédagogiques qui existent déjà, soit dans un établissement de neuf années (avec division préparatoire), désigné à cet effet; ils se préparent à leur profession en assistant aux classes faites par leurs anciens et en s'essayant eux-mêmes à enseigner sous le contrôle de ceux-ci.

[1] Traduction, d'après le texte inséré dans la brochure intitulée *Prüfungs-Ordnung für die Kandidaten des höheren Lehramts in Preussen* (Halle a. S., 1901) p. 63-70.

[2] Voir l'*Ordnung der Prüfung für das Lehramt an höheren Schulen in Preussen vom 12 September 1898, mit den Ministerial-Erlassen vom 26 Februar 1901*, dans *Prüfungs-Ordnung für die Kandidaten des höheren Lehramts in Preussen*, p. 37.

[3] A cause de la pénurie des candidats aux fonctions de professeur dans l'enseignement secondaire, on admet aujourd'hui des candidats dont le diplôme scientifique n'est pas «sans réserves».

b. Pendant l'année d'épreuve, le candidat applique les connaissances professionnelles acquises pendant l'année précédente. La règle générale est que le *Probejahr* a lieu dans un établissement autre que celui où le *Seminarjahr* a été accompli. Il n'y a pas à distinguer, à cet égard, entre les établissements de plein exercice (à neuf classes) et les autres (à six classes).

a. Année d'exercices (*Seminarjahr*).

3. Les candidats qui veulent commencer leur année d'exercices, et qui n'appartiennent pas à un séminaire pédagogique, doivent adresser leur demande d'inscription un mois au plus tard avant le commencement du semestre d'été ou du semestre d'hiver, au Collège scolaire de la province où ils désirent l'accomplir, en y joignant leur diplôme ou un certificat provisoire.

En cas d'encombrement dans une province, le Ministre de l'Instruction publique a le droit de désigner aux candidats leur résidence dans une autre.

4. La répartition des candidats entre les divers établissements a lieu deux fois par an, à Pâques et à la Saint-Michel, par les soins du Collège scolaire provincial, de façon que tous les candidats affectés au même établissement commencent en même temps. En procédant à cette opération, il n'y a pas à tenir compte d'autre chose que de l'intérêt professionnel des candidats.

Les candidats dont la moralité ne serait pas hors de doute peuvent être exclus d'office, après consultation du Ministre de l'Instruction publique.

Le Collège scolaire groupe les candidats en tenant compte de leur spécialité et des ressources que les divers établissements offrent pour leur préparation[1]. Chaque établissement ne doit pas recevoir, par an, plus de six candidats. L'année d'exercices doit être accomplie tout entière dans le même établissement.

5. Le directeur et les professeurs désignés[2] par le Collège provincial dirigent les études et les exercices des candidats, sous leur responsabilité (§ 2 *a*), en s'inspirant de ce qui suit :

a. Pendant toute l'année scolaire, à raison de deux heures par semaine au moins sous la direction du directeur ou de l'un des professeurs désignés, les candidats prennent part à des entretiens pédagogiques, méthodiquement ordonnés. Les autres maîtres de l'établissement peuvent obtenir du directeur

[1] En fait, les «philologues classiques» sont envoyés dans les gymnases classiques, les «philologues modernes» et les mathématiciens à l'*Oberrealschule* (le plus souvent), les historiens un peu partout.

[2] Au nombre de deux ou trois. C'est le directeur qui propose au Collège scolaire les noms de ses collègues; ses propositions sont presque toujours ratifiées. Cf. p. 118, note 2.

l'autorisation d'y assister[1]. On choisira comme sujets de ces entretiens :

Principes de la science de l'éducation dans leur application aux questions d'enseignement secondaire, et en particulier à celles qui intéressent les spécialités choisies par les candidats. Aperçus historiques sur les principaux représentants de la pédagogie moderne (depuis le commencement du XVIe siècle);

Règles pour la préparation des classes; critique des leçons faites par les candidats, tant au point de vue de leur valeur intrinsèque que des qualités ou des défauts personnels de ceux qui les ont faites. Principes de la discipline, rattachés autant que possible à des cas individuels;

Brefs rapports des séminaristes sur des questions de pédagogie et de technique scolaires (par exemple sur certains points des programmes généraux, des règlements d'examens, des délibérations des directeurs prussiens, des programmes spéciaux d'enseignement secondaire publiés par l'Administration); sur les meilleurs ouvrages récents de pédagogie : méthodes, matériel scolaire, appareils, principes d'hygiène, etc.

Trois mois avant la fin de l'année, chaque séminariste devra remettre un mémoire sur une question de pédagogie ou de didactique appliquées, choisie par le directeur.

Toute la marche des travaux est réglée par celui qui les dirige.

b. La préparation pratique des séminaristes, qui se rattache étroitement aux exercices précédents, a lieu en même temps. Ils assistent aux classes du directeur[2] et des professeurs désignés par lui. Ils font ensuite des leçons d'essai.

Celles-ci commencent au cours du second trimestre. D'abord très courtes et sur des sujets très limités, elles peuvent être, plus tard, amplifiées à tous les points de vue. Elles sont préparées par écrit, s'il y a lieu, de l'avis du professeur surveillant.

Si le directeur n'en ordonne pas autrement, tous les séminaristes assistent aux leçons d'essai faites par l'un d'eux.

Les essais d'enseignement de chaque séminariste, dirigés par le directeur ou l'un des professeurs désignés, seront restreints à deux ou trois heures par semaine.

On doit donner l'occasion aux candidats de se fami-

(1) En fait, ils ne la demandent pas.

(2) Pour des raisons faciles à deviner, il est rare que le directeur admette des séminaristes dans *sa* classe.

liariser avec le matériel scolaire (surtout pour la géographie et les sciences naturelles).

Ils sont associés à la direction des heures d'étude et des heures de récréation, à l'enseignement de la gymnastique et aux excursions scolaires.

Il est bon, si c'est possible, qu'ils assistent aux exercices des Écoles primaires et des Écoles normales primaires [1].

Le directeur et les professeurs sont tenus de fournir aux séminaristes qui fréquentent chez eux des renseignements sur l'état de la classe, sur le but de l'enseignement en général et de chaque exercice en particulier, et sur la manière de s'y prendre. De même, soit immédiatement après la classe, soit dans les entretiens pédagogiques dont il est question plus haut (§ 5 *a*), ils doivent faire remarquer aux candidats qui s'essaient sous leur direction les fautes commises par eux, à tous les points de vue : préparation de la leçon, méthodes d'exposition, procédés d'éducation, et tenue du candidat lui-même pendant la classe.

Les professeurs désignés ont le devoir de communiquer au directeur leurs observations à la fin de chaque mois, et de prendre ses avis.

c. En règle générale, tous les séminaristes assistent aux examens scolaires réglementaires, ainsi qu'aux conférences des professeurs. Ils peuvent donner leur opinion sur les élèves auxquels ils ont eu à donner l'enseignement.

6. Le directeur et les professeurs chargés de diriger les séminaristes seront déchargés d'une partie de leur service, s'il y a lieu [2].

[1] On peut affirmer que, pour l'immense majorité des candidats, la pédagogie de l'enseignement primaire reste absolument lettre morte; il n'en est autrement qu'aux *Francke's Stiftungen* de Halle. Et, dit-on, les raisons de cet état de choses sont très simples : 1° les candidats n'ont pas trop d'un an pour s'initier à la pédagogie de l'enseignement secondaire; 2° la plupart des directeurs de gymnases, même de gymnases normaux, n'entendent rien à la pédagogie primaire, et se soucient peu de conduire leurs candidats dans des écoles où ils seraient eux-mêmes dépaysés; 3° l'autorité ministérielle n'attache pas grande importance à cette pratique. On sait, du reste, combien est encore profond, en Allemagne, le fossé creusé par les préjugés sociaux entre le personnel et l'enseignement primaires d'une part, le personnel et l'enseignement secondaires d'autre part.

[2] Le directeur a à sa disposition 1,000 marks par an pour l'entretien du séminaire (arrêté du 22 mars 1895), dont 600 sont consacrés à la rétribution des professeurs désignés comme instructeurs. Chacun d'eux touche donc 200 marks ou 300 marks, suivant qu'ils sont deux ou trois. Comme la direction des exercices est rétribuée, le directeur s'arrange généralement de manière à en faire profiter ses collègues à tour de rôle. Toutefois, il y a des professeurs, particulièrement habiles ou favorisés, qui sont désignés comme instructeurs pendant plusieurs années de suite.

7. Un mois avant la fin de l'année, le directeur adresse un rapport au Collège scolaire de la province, qui résume ses propres observations et celles des professeurs, ses auxiliaires, sur la conduite des candidats, leur activité pendant l'année, leurs efforts et les résultats obtenus. Dans ces rapports doivent être aussi explicitement indiqués les mérites que les démérites de chacun. Les travaux pédagogiques des candidats, avec l'appréciation du directeur (§ 5 *a*) et les demandes formulées par les candidats, en vue d'être admis au stage, seront joints audit rapport.

Dans leurs demandes d'admission au stage, les candidats peuvent exprimer des vœux relativement à l'endroit où ils souhaiteraient d'être envoyés. Ils seront généralement nommés stagiaires dans la province où ils auront accompli leur année d'exercices. Le Collège scolaire provincial doit, si, conformément à l'avis exprimé par le directeur dans son rapport, il estime que certains candidats ne sont pas propres à la carrière de l'enseignement, leur donner le conseil d'y renoncer[1].

b. Année d'épreuve (*Probejahr*).

8. A la suite des demandes prévues au paragraphe 7, le Collège scolaire provincial répartit les candidats qui doivent continuer leur préparation professionnelle entre les établissements désignés au paragraphe 2 *b*. Les établissements de plein exercice (à neuf classes) ne doivent pas recevoir plus de trois stagiaires, ni les autres plus de deux. Le dossier de chaque candidat, avec ses notes pendant l'année d'exercices, est communiqué au directeur intéressé.

C'est seulement par exception, et avec l'agrément du Conseil scolaire, qu'un candidat peut changer d'établissement pendant son année de stage.

9. Les candidats prennent immédiatement une large part, en rapport avec leur aptitude professionnelle, aux travaux de l'établissement. Ils font, gratuitement, de huit à dix heures de classe par semaine[2].

Ils sont placés sous la direction du directeur de l'établissement, des professeurs principaux (*Ordinarii*) ou spéciaux dans les classes desquels ils enseignent en qualité de suppléants.

Le tableau de service des candidats est fixé par le directeur, qui doit veiller à ce que chacun enseigne plusieurs matières et dans différentes classes. Les futurs professeurs d'histoire naturelle et de géographie apprendront le maniement du matériel de ces enseignements d'un maître compétent auquel ils seront attachés.

[1] Il est arrivé plusieurs fois que le Collège scolaire provincial s'est contenté d'infliger une prolongation de six mois à des candidats qui, à la fin de leur année d'exercices, n'étaient pas considérés comme encore aptes à subir l'épreuve du *Probejahr*. Cf. *Centralblatt für die gesamte Unterrichtsverwaltung in Preussen*, 1894, p. 550.

[2] Cf. ci-dessous, Souvenirs et Opinions, pièce E.

10. Le directeur et les professeurs que les stagiaires suppléent ne doivent pas perdre de vue que le seul but de l'institution du stage est le perfectionnement de l'éducation professionnelle des candidats, et non pas l'allègement de la tâche des maîtres en exercice.

A cette fin, les directeurs ont à indiquer aux candidats, dès leur arrivée, la tâche qui leur incombera, le régime disciplinaire de la maison et à leur donner (en tenant compte des notes communiquées par le Conseil scolaire provincial) les avis et les avertissements nécessaires.

En outre, ils surveillent la conduite et l'activité des candidats, assistent fréquemment à leurs classes, attirent leur attention sur les fautes qu'ils ont pu commettre et les préviennent, au besoin, des conséquences que pourrait avoir pour eux le mépris des avertissements (SS 16 et 17).

Les professeurs chargés de la direction des candidats sont tenus d'assister régulièrement aux classes qu'ils font pendant le premier quart de l'année, et, plus tard, au moins deux fois par mois; de vérifier les corrections faites par eux sur les devoirs des élèves, et de leur adresser, hors de la classe, les observations nécessaires.

Tous les mois, à la fin de la réunion ordinaire, les professeurs présentent au directeur leurs remarques au sujet des stagiaires qui leur ont été assignés, et s'entretiennent avec lui des mesures à prendre.

11. Le candidat que le directeur a chargé momentanément de la surveillance et de la direction de quelques élèves (1) doit rendre compte de ses observations à l'*Ordinarius* de la classe et réclamer ses conseils.

12. Les candidats ont à assister, en qualité d'auditeurs, à certaines classes que leur indique le directeur (2), aux examens scolaires, aux réunions de professeurs. Ils donnent leur avis, sous le contrôle de l'*Ordinarius* de classe, pour la rédaction des bulletins délivrés aux élèves qu'ils ont surveillés ou instruits.

13. Dans les établissements où cela est absolument nécessaire, les candidats peuvent, avec l'agrément du Conseil scolaire provincial, être chargés de service (3) jusqu'à vingt heures par semaine. Ils reçoivent, en ce cas, une rémunération appropriée.

En ce cas, ils ont voix délibérative, dans les réunions de professeurs, pour toutes les questions qui concernent la classe ou les élèves qui leur ont été confiés.

(1) Cela ne se fait guère, si ce n'est dans les gymnases dont les directeurs appartiennent à l'école herbartienne.

(2) Cela ne se fait plus que rarement.

(3) Cela arrive, maintenant, presque toujours. Les candidats sont, en même temps, professeurs auxiliaires. Ils reçoivent, à ce titre, une indemnité de 1,500 marks environ. Il y a quelques années, une heure par semaine (d'enseignement dit «scientifique») était payée 90 marks par an.

14. Vers la fin de l'année, ils adressent au directeur un rapport sur leur enseignement. Ces rapports pourront servir à apprécier leur valeur pédagogique.

15. À la fin de l'année, le directeur adresse au Collège scolaire provincial un rapport analogue à celui qui est prescrit au paragraphe 7; il y joint le travail prévu au paragraphe 14.

16. Le Collège scolaire provincial, après avoir pris connaissance des rapports des directeurs sur la première et sur la deuxième année de préparation professionnelle, et aussi des observations de ses délégués, accorde ou refuse aux candidats le droit à la nomination définitive.

Il motive brièvement ses décisions, en joignant à l'appui des extraits appropriés desdits rapports.

17. Le candidat reconnu apte à l'enseignement doit recevoir un certificat spécial, relatif à sa préparation professionnelle, qui contient les indications suivantes : état civil, confession (c'est-à-dire religion), *curriculum* pédagogique, remarques sur la capacité d'enseigner qui a été reconnue.

Ce certificat est joint au diplôme obtenu à la suite de l'examen scientifique, lorsque le possesseur de ces pièces sollicite un emploi.

Le droit à la nomination définitive est refusé principalement dans les cas suivants: incapacité pédagogique manifeste, négligence, obstination malgré des avertissements répétés, mauvaises mœurs, infirmités corporelles [1].

Si la décision du Collège scolaire provincial, notifiée au candidat, lui est défavorable, elle doit être motivée.

18. Au sujet des rapports d'ensemble que les Collèges scolaires provinciaux doivent envoyer au Ministre, après Pâques et la Saint-Michel, des dispositions seront prises ultérieurement.

19. Le Ministre de l'Instruction publique se réserve le droit d'accorder des dispenses, dans certains cas, particulièrement en faveur des ecclésiastiques chargés, dans les établissements secondaires, de l'enseignement religieux [2].

20. Des négociations avec les États confédérés de l'Allemagne, au sujet d'une modification de l'ordonnance du 28 avril 1875 sur l'équivalence des certificats de stage, sont réservées [3].

[1] En vertu d'un arrêté du 11 mars 1897, les candidats qui, par suite d'infirmité corporelle, sont hors d'état d'exercer les fonctions de professeur ne doivent pas être admis aux exercices préparatoires au professorat (*Centralblatt*, 1897, p. 300).

[2] Un arrêté du 24 novembre 1892 autorise les candidats à l'enseignement des langues vivantes à passer la moitié de leur année de stage à l'étranger pour améliorer leur prononciation. Cf. un autre arrêté du 13 mai 1897 dans le même sens.

[3] Voir des documents relatifs à ces négociations dans le *Centralblatt...*, 1893, p. 231; 1899, p. 824; 1900, p. 203, 402, 527.

21. Toutes les dispositions contraires sont abrogées,
Berlin, 15 mars 1890.

Le Ministre des Cultes,
de l'Instruction publique et des Affaires médicales,

Signé : Von Gossler.

II

SOUVENIRS ET OPINIONS[1].

A

Au Séminaire pédagogique de Magdebourg.

Ueber die Frage, ob die preussischen Seminareinrichtungen nutzbringend und darum als Vorbild zu empfehlen sind, vermag ich kein umfassendes oder auch nur allgemeiner gültiges Urteil zu fällen, da meine Erfahrungen sich lediglich auf meine Teilnahme an den Uebungen des Magdeburger Seminars beschränken. Ich habe wohl gelegentlich Beobachtungen gemacht, die ein unerwartetes Schlaglicht auf die Zustände zu werfen schienen, bin aber bei näherer Prüfung immer zu der Ueberzeugung gekommen, dass es durchaus verfehlt ist, auf derartige Zufallsbildchen überhaupt Wert zu legen.

In Magdeburg waren die Uebungen folgendermassen eingerichtet:

Jede Woche fand eine Sitzung von zwei Stunden unter Leitung des Geh. Rates T** statt, an der sechs ordentliche und damals ein ausserordentliches Mitglied teilnahmen. Hier wurden zunächst Vorträge über bestimmte wichtige Gebiete der praktischen Paedagogik sowie über bedeutende Paedagogen und ihre Theorien gehalten. An den Vortrag, den nach festgesetzter Reihe jedesmal einer aus unserer Mitte übernahm, schloss sich eine Besprechung. So wurden wir mit der Litteratur über unseren Beruf unter sicherer Führung bekannt. Für den praktischen Dienst wurden wir je nach den Lehrfächern einer gymnasialen oder realen Anstalt zugewiesen, ich, als klassischer Philologe und Historiker, dem König-Wilhelms-Gymnasium. Zunächst waren wir dem Director unterstellt, der uns dann erfahrenen Lehrern zuwies und uns veranlasste, durch Hospitieren uns einen Ueberblick über die ganze Schule zu verschaffen. Ueber diesen Teil der Seminararbeit vermag ich

[1] Nous avons cru devoir reproduire le texte original des documents inédits qui suivent, pour plus d'authenticité. Ces documents nous ont été communiqués, pour la plupart, par M. le professeur E. Meyer, de Halle. — Les noms propres y ont été supprimés partout où nous n'étions pas expressément autorisé à les mentionner.

kein Urteil zu fällen, da ich durch einen Zufall sehr bald in den Unterricht eintrat und dann längere Zeit den gesamten Unterricht des leidenden Directors übernehmen musste, eine Ausnahmestellung, die mich von den Regeln löste. Nachdem wir uns in den Unterricht eingearbeitet hatten, begann das gesamte Seminar unter Leitung des Geh. Rates T** jede Woche wenigstens einen Besuch in einer der regelrechten Unterrichtsstunden eines Mitgliedes zu machen. In der nächsten Sitzung wurde dann eine Kritik über den Unterricht gegeben, und das führte unter der sicheren Leitung des Vorsitzenden oft zu einem Aufrollen der Grundfragen des ganzen Unterrichts in dem betreffenden Fach. Auf diese Weise gewannen wir einen Einblick in alle Arten der höheren Schulen, da sich in Magdeburg alle fanden, und an praktischen Beispielen einen Ueberblick über alle Fächer. Am Schluss des Jahres musste eine grössere paedagogische Arbeit geliefert werden, naturgemäss ein Bericht über erteilten Unterricht.

Ich muss bekennen, dass ich durch die Vorträge mich über die Theorie des Faches orientirt, durch die Besprechungen und den Schlussbericht einen geschärften Blick für die Praxis des Unterrichts gewonnen habe, und ich glaube, meinen Genossen ist es ebenso gegangen. Wir haben uns so unter der sicheren Leitung eines nüchternen Praktikers mit ausserordentlich scharfem Blick und umfassender Arbeitskraft redlich in viele Fragen einarbeiten müssen, die an den Lehrer in seiner späteren Laufbahn herantreten, auf die er aber nach der alten Praxis nicht gefasst war.

Ich glaube demnach behaupten zu können, dass durch die Einrichtung des Seminars eine weit grössere Sicherheit in der Handhabung des Unterrichts eingetreten ist. Es macht sich der Wert einer «Schule» geltend : der neu in den Beruf hinausgehende Lehrer steht nicht mehr ratlos und sucht sich erst aus Erfolgen und Misserfolgen seine Methode zu schaffen, wobei es ihm überlassen bleibt, ob und wieweit er sich dieser Arbeit überhaupt unterziehen will; er muss sich jetzt in die Tradition einer bestimmten «Schule» einarbeiten. Vermag er diese nicht zu durchgeistigen, so hat er doch immer einen Halt, der ihn wenigstens mit Handwerker-Geschick etwas schaffen lässt. Ich möchte vergleichsweise auf die alten Künstlerschulen hinweisen : nicht jeder, der in eines Meisters Werkstatt trat, ward selbst ein Meister seiner Kunst, aber er half als ehrlicher Handwerker eine gesunde Tradition weiter tragen, und für die Begabteren war die technische Grundlage, die in der Werkstatt gelegt wurde, sicher von hohem Wert. Beklagen wir es in der Kunst heute doch gerade, dass unsern Künstlern diese handwerksmässige Grundlage fehlt. Ich denke die Lehrer erhalten sie jetzt. Es hängt hier natürlich alles von der Person des Leiters der Uebungen ab, und auch das muss selbstverständlich eingeräumt werden, dass Naturen, die nicht zum Lehrer berufen sind, durch alle Unterweisung nicht dazu werden: wer die Gabe Disziplin zu halten nicht hat, der wird auch nie zum

Disziplinator gedrillt werden können. Aber gerade hier bietet die engere Berührung mit den Kandidaten den leitenden Beamten Gelegenheit, solche Elemente zu erkennen und auszuscheiden.

Sehr viel schwerer scheint es mir, die Frage zu beantworten, ob diese Uebungen wirklich *ein* Jahr für sich in Anspruch nehmen müssen, oder ob man sie — wie z. B. in Sachsen — mit der Universität verbinden kann. Ich wage bei meiner geringen Erfahrung keine Antwort zu geben. Theoretisch lässt sich natürlich vieles für die Trennung sagen, ich neige aber der Ansicht zu, dass die Frage vorwiegend praktischer Natur sei. So lange ein Ueberschuss an jungen Lehrern da ist, kann man diese Zeit sicher opfern, um so eher, als das Opfer Nutzen bringt. Sobald Lehrermangel eintritt, wird man die Forderung kaum aufrecht erhalten können...

B

Encore le Séminaire pédagogique de Magdebourg.

Da ich im folgenden nur meine persönlichen Eindrücke wiedergeben kann, so darf ich voranschicken, dass ich im Ganzen die Einrichtung der Seminarübungen für vorteilhaft halte und selbst mancherlei dabei profitiert habe. Doch wird das Urteil der Herren im einzelnen günstiger lauten, die, wie es mir unerlässlich scheint, ihre Sitzungen unter Leitung desselben Direktors abhielten, der ihre ersten praktischen Uebungen anordnete und leitete. In Magdeburg führte uns ein Provinzialschulrat in die Theorie, ein Direktor in die Praxis ein. Wenn aber irgendwo, so musste hier das Auseinanderhalten von Theorie und Praxis nachtheilig wirken Vielleicht ist eine Folge davon, dass wir — ich darf hier im Plural reden, wenn ich einen für Paedagogik sehr begeisterten Herrn ausnehme — die Theorie wenig schätzen lernten und in der Praxis wenig Segen davon spürten. Wenigstens flösste mir die Paedagogik, soweit sie sich als Wissenschaft geberdete und, in den Spuren Wundtscher Psychologie wandelnd, aus der Erkenntniss der Ganglienzellen, der motorischen und sensorischen Nervenfasern u. s. w. paedagogische Axiome abzuleiten sucht, wenig Vertrauen ein. Immerhin halte ich selbst dieses so gewonnene Urteil für einen Gewinn; denn irgend ein Urteil über Paedagogik muss der angehende Oberlehrer doch gewinnen.

In die Geschichte der Paedagogik gewannen wir zwar keine neuen Einsichten, befestigten aber durch allgemein verpflichtendes Referieren über Abschnitte aus Schiller's «Geschichte der Paedagogik» die zum Examen erworbenen.

Erfreulicherweise kargte der Leiter des Seminars, Herr Provinzial-Schulrat B., nicht mit lehrreichen Mitteilungen aus dem reichen Schatze seiner paedagogischen Erfahrungen. Diese praktischen Ratschläge für Einzelfälle waren uns dienlicher als die an Handbücher der Paedagogik angeknüpften Erörterungen, eben weil sie nicht aus Praemissen abgeleitet, sondern aus eigener Erlebniss geschöpft waren. Hierdurch und durch Referate über didaktische Themata aus den einzelnen Fächern, die einem jeden nahe lagen, wurde die Kluft zwischen Theorie und Praxis wenigstens zeitweise überbrückt. Bei der Beschäftigung mit solchen Spezialthemen spürte man, — wenn es mir gelang, aus dem Wust der Litteratur das wenige Tüchtige herauszufinden, — recht deutlich Anregung und bleibenden Gewinn. Während mich bei der Arbeit über der theoretischen Paedagogik nie das Gefühl des Unbehagens verliess, als triebe ich eine recht zweifelhafte Wissenschaft, stieg hier ein Vergleich mit der vergangenen akademischen Thätigkeit gar nicht auf.

Eine reichhaltige Bibliothek machte uns mit der einschlägigen Litteratur ausgiebig bekannt.

Zusammengefasst also :

1. Ueber Paedagogik als Wissenschaft gewannen wir ein Urteil;

2. Für die praktische Paedagogik aus erfahrenem Munde (nebenbei gesagt, meist in Jaeger's Sinne) manchen trefflichen Wink;

3. Für unsere Lehrthätigkeit, jeder in seinem Fache, Kenntniss der Probleme und der Litteratur darüber.

Alles in Allem möchte ich die Stunden nicht missen.

C

Aux Francke's Stiftungen *de Halle.*

Ich bin Mitglied des paedagogischen Seminars der Frankeschen Stiftungen zu Halle a. d. S. gewesen.

Vorschrift ist hier an den Stiftungen eine zweijährige Dauer der Seminarzeit. Ohne Zweifel ist jedoch *ein* Jahr völlig ausreichend. Der Wert der theoretischen Uebungen lag vor allem darin, dass man auf Grund einer gut ausgewählten Seminarbibiliothek die wichtigste Litteratur über allgemeine Paedagogik wie über die Didaktik der einzelnen Gegenstände kennen lernte und ein selbstständiges Urteil in diesen Fragen gewann. Das Nachdenken über die Anforderungen der Paedagogik und Didaktik bewahrt man sich dann auch für später, und es bleibt immer von Nutzen, sich das Ideal der Kunst der Erziehung und des Unterrichts vor Augen zu halten. Eine Ueberschätzung der Theorie ist wohl bei keinem der Mitglieder eingetreten : die harten Ansprüche der Praxis sind schon während dieses Unterrichtsjahres und erst recht später ein genügendes Gegengewicht.

Wichtiger als die allgemein paedagogischen Erwägungen sind dabei die über die Didaktik der einzelnen Gegenstände; am wichtigsten ist endlich die praktische Einführung durch selbstständigen Unterricht in ein bestimmtes, besonders zu diesem Zwecke ausgewähltes Fach, die Gliederung und Verteilung des in den Lehrplänen nur in allgemeinen

Umrissen gegebenen Stoffes, die gewissenhafte Vorbereitung auf jede einzelne Stunde, wie sie in dieser Weise später nicht mehr möglich ist, das Hospitieren bei den andern Lehrern des Kollegiums, insbesondere aber bei den andern Mitgliedern der Seminars. Aus dem Streben einer Mehrzahl junger Leute nach verwandten Zielen entwickelt sich mannigfach gegenseitige Anregung und Förderung.

Als Resultat möchte ich bezeichnen : eine gewisse Klarheit über die Aufgaben des Lehrerberufes, Sicherheit in der Auswahl und Verwertung des Stoffes und in der Behandlung der Schüler, — lauter Dinge, die in diesem Grade und in so kurzer Zeit sich schwerlich auf anderem Wege besser erreichen lassen.

D

Seminarjahr *et* Probejahr *dans un Séminaire gymnasial.*

Sie fragten nur nach der Seminarzeit, ich darf jedoch wohl gleich auch das Probejahr berücksichtigen, denn auch dieses wird ja zur praktischen Ausbildungszeit gerechnet. Es lässt sich wohl nicht bestreiten, dass diese lange Ausbildungszeit von grossem Nutzen ist, und zwar sowohl nach der theoretischen wie praktischen Seite. Es ist auch unausbleiblich, dass die jüngere Generation, die diese Ausbildung genossen hat, dadurch eine gewisse Ueberlegenheit über die älteren Herren erlangt hat, wobei ja allerdings nicht an die Haupterfordernisse eines guten Unterrichts zu denken ist. Diese Ueberlegenheit zeigt sich wohl am meisten — ich denke dabei an die Stunden, in denen ich hospitierte — in einer methodischen Anlage der einzelnen Stunden oder in einer übersichtlichen Gliederung des Unterrichts.

Andererseits jedoch scheint mir diese Ausbildungszeit von zwei Jahren etwas reichlich bemessen und bei der ganzen Art der Anleitung der Kandidaten ein etwas reichliches Mass von Vorsicht angewandt zu werden, jedenfalls macht die «Ordnung» einen derartigen Eindruck; *in praxi* ist es ja oft anders. Hat man früher vielleicht gewissermassen die Kandidaten gleich in's Wasser geworfen und das Schwimmen-Lernen ihnen im Grossen und Ganzen selber überlassen, so könnte man das jetzige Vorgehen eher mit der Methode vergleichen, dass man jemand erst in der Stube die Schwimmstösse beibringt.

§ 5, Mitte, schreibt vor : im ersten Vierteljahr nur Besuche in andern Lehrstunden, dann erst beginnen die eignen Versuche des Kandidaten, wöchentlich 2-3 Stunden, und dabei soll es dem Wortlaut nach das ganze erste Jahr bleiben. Dazu fortwährend besondere Anweisung des beaufsichtigenden Lehrers, stete Leitung des Direktors, Anwesenheit dieser beiden und der übrigen Seminaristen bei den Lehrversuchen eines Seminaristen. Zum Glück kenne ich diese Forderungen nur aus der «Ordnung», nicht aus eigner Erfahrung. Ich hatte alsbald nach Semesteranfang, in der zweiten Woche, Geschichte in Quarta und bekam sehr rasch noch mehrere Stunden dazu, sodass ich gleich im Anfang des ersten Quartals sechs Stunden wöchentlich gab. Gleich nach Pfingsten, wenn ich nicht irre, verdoppelte sich diese Anzahl durch Uebernahme von Vertretungen, die sich ebenso lange bis in's zweite Quartal erstreckte. Aehnlich ging es den meisten andern Gliedern des Seminars. Unsere theoretische Ausbildung hat darunter nicht gelitten, eher ist sie dadurch befördert worden, und Zeit hatten wir daneben noch genug übrig.

Würden jene Bestimmungen durchgeführt, so müsste man das einfach Zeitverschwendung nennen, denn eine so schwere Kunst ist das Unterrichten doch wohl nicht.

Derselbe Vorwurf würde dann freilich auch das Probejahr treffen : 8-10 Stunden wöchentlich (§ 9), Leitung des Dirigenten, der Ordinarien und Fachlehrer; nur wo die Verhältnisse es dringend erheischen, können Kandidaten bis zu 20 Stunden herangezogen werden. Ich hatte in B*** wöchentlich 24 Stunden, jetzt im zweiten Theil meines Probejahres 18 und bin damit auch voll beschäftigt, da ich noch eine ganze Reihe von Inspectionspflichten zu versehen habe.

Ich meine also, das beste ist es immer, einen Kandidaten möglichst früh praktisch zu beschäftigen, im ersten Semester etwa mit 2-6 Stunden, im zweiten mit ca. 10. Diese Ausbildung möchte genügen, wenn ich natürlich auch nicht übersehe, dass man später immer weiter lernen kann. Doch will ich offen gestehen, dass die sogenannte Ausbildung bei mir während des Probejahres ziemlich unwesentlich war. Was ich gelernt habe, ist mehr die unterrichtliche Routine, also etwa fliessender Vortrag, ein schärferer Blick in der Klasse, u. ä. Verlangt die Behörde noch ein besonderes Probejahr, so mag dies als ein wirkliches Probejahr gelten, und die weitere Ausbildung nur als Ergänzung etwaiger Lücken hinzutreten; damit würde sich Vollbeschäftigung des Kandidaten und eine angemessene Entschädigung ergeben.

Hiermit hätte ich die Geldfrage berührt; es ist nicht für jeden leicht, zwei Jahre — abgesehen von einem etwaigen Stipendium (ich habe keins bekommen) — aus eigner Tasche oder durch Unterstützung der Eltern zu leben, und Nebenbeschäftigung ist keine angenehme Sache, wenn man seine beste Zeit und Kraft ohne Entschädigung aufwenden muss. Ich habe ja gleich im Probejahr Hülfslehrergehalt bekommen; aber der augenblickliche Mangel an Lehrkräften wird vielleicht bald verschwinden. Es wäre für mich sehr deprimirend gewesen, wenn ich etwa jene 10 Stunden (§ 9) hätte unentgeltlich geben müssen und im Uebrigen auf Neben-Einnahmen hätte sehen müssen. Jedenfalls ist das aber früher die Regel gewesen und könnte es wohl bald wieder werden.

Für die Behörde ist natürlich auch die Geldfrage wichtig, und man kann von ihr nicht verlangen, dass sie jeden Kandidaten beschäftigt und unterhält, doch hat, wie ich fürchte, die Forderung unentgeltlicher

Verwendung von Kandidaten im Schuldienst keinen guten Einfluss auf deren Entwickelung.

E

Souvenirs d'apprentissage dans un Séminaire gymnasial [1].

Pendant ses études universitaires, M. M** s'est inscrit (et a payé) pour un cours de pédagogie, qu'il n'a jamais suivi. Il a acquis ses connaissances théoriques sur l'histoire générale de la pédagogie, en vue de l'examen d'État, dans un Manuel.

En quittant l'Université avec la *facultas docendi* en latin et en grec pour les classes supérieures, en allemand pour les classes moyennes, en histoire et en géographie pour les classes inférieures, M. M. entra au Gymnase classique de W*** comme *Seminarcandidat.*

Les candidats se présentent chez le directeur. Celui-ci convoque ses collègues, les professeurs-instructeurs, et les candidats pour une séance d'ouverture. Dans cette séance on dresse un programme et les candidats s'engagent par une poignée de main à observer le secret professionnel.

Pendant les cinq ou six premières semaines, les candidats assistent en auditeurs à toutes sortes de classes afin d'avoir une idée générale des exercices de l'école. Ils prennent des notes qu'ils communiquent (oralement) au directeur dans la réunion hebdomadaire. Il va de soi que toute critique du professeur dont le candidat a écouté la leçon est interdite.

Le candidat fait ensuite ses premiers essais d'enseignement en commençant par les classes inférieures. Il se peut que le professeur-instructeur du candidat soit l'*Ordinarius* de la classe où celui-ci débute. Si ce n'est pas le cas, le professeur-instructeur assistera autant que possible aux leçons du candidat. Si l'instructeur ne peut assister, le professeur suppléé est là et communiquera à l'instructeur son appréciation.

Le candidat enseigne successivement dans toutes les classes (deux heures par semaine). Enfin il est chargé, d'une façon continue, de l'enseignement d'une matière de sa compétence dans une classe (pendant deux, trois ou quatre mois, selon les circonstances ou selon les aptitudes acquises); la somme totale des heures exigées ne dépasse pas alors trois ou quatre heures.

D'autre part, dès le début de l'année scolaire, le directeur de l'établissement réunit une fois par semaine, pendant deux heures, les candidats. Les professeurs-instructeurs n'assistent à ces réunions que si le directeur juge leur présence nécessaire. C'est là que, pendant les premières six semaines, les candidats présentent leurs remarques, comme il a été dit, sur les leçons auxquelles ils ont assisté en auditeurs. — Le

[1] Interview recueillie, ainsi que la suivante (F), par M. V. H. Friedel.

directeur cause avec eux de ce qui leur a paru curieux ou intéressant; il contrôle ainsi l'assiduité et l'application des candidats. — A partir du moment où le candidat fait ses premiers essais d'enseignement, un de ses collègues (tous les séminaristes sont tenus d'assister aux essais les uns des autres) est désigné pour critiquer, en conférence, ce qu'il a fait. De son côté, le candidat communique, à la séance hebdomadaire, les observations que lui a présentées au sujet de ses leçons soit le professeur-instructeur (s'il était là), soit le professeur suppléé.

Chaque candidat est tenu de préparer par écrit le plan qu'il suivra en faisant sa leçon. Ce plan doit être communiqué avant la leçon à celui des maîtres (directeur, professeur-instructeur ou professeur ordinaire de la classe) qui doit y assister. Ces documents sont apportés à la réunion hebdomadaire et servent de base à la discussion critique. — Il y a des directeurs qui exigent que toute la leçon leur soit remise, *avant* d'être délivrée, écrite par questions et réponses : le candidat apprend alors par cœur et s'expose à être complètement dérouté par les observations inattendues d'un élève.

La direction des candidats est ainsi entièrement entre les mains du directeur. Il arrive, en conséquence, que le rôle des professeurs-instructeurs et, en général, des anciens est plutôt effacé.

Dans les réunions, chaque candidat présente à tour de rôle un rapport oral (certains directeurs exigent des rapports écrits) d'abord sur un point de l'histoire de la pédagogie, puis sur la méthodologie de chaque matière d'enseignement (latin, grec, etc.); ces rapports sont discutés en commun; le directeur demande l'avis des autres candidats et conclut; ce genre d'exercices a lieu pendant toute la durée de l'année scolaire. Enfin le directeur traite lui-même des questions d'intérêt général (punitions, psychologie de l'enfance, etc.).

Vers Noël, un grand travail écrit est remis au directeur pour être transmis au Collège scolaire provincial. Le sujet de ce travail est une leçon écrite par demandes et réponses, ou un chapitre de l'histoire de la pédagogie, une question de psychologie, l'étude de ce qui convient à un enseignement déterminé dans une des classes du gymnase (par exemple : *Le latin en II*[e]). C'est le candidat qui choisit le sujet; le directeur approuve ou refuse. Le professeur-instructeur auquel le candidat est spécialement attaché est appelé le premier à apprécier ce travail. Son jugement est inscrit en marge. Le directeur ajoute le sien, et transmet le tout à l'autorité scolaire. Parfois, le directeur conserve par devers lui ces travaux jusqu'à l'arrivée de l'inspecteur (*Provinzialschulrat*).

Ce travail n'est pas décisif pour l'admission du candidat au *Probejahr*. L'exercice à la suite duquel il est prononcé pour ou contre cette admission est une *Probelection* (leçon d'épreuve) faite par le candidat en présence du *Provinzialschulrat*, du directeur, des professeurs-instructeurs et des candidats, sorte de jury où les candidats ne figurent, naturellement, qu'à titre de spectateurs. La critique générale du directeur sur le travail, pendant toute l'année, et sur les aptitudes du candidat est également un élément essentiel de la décision du Collège provincial.

Le candidat n'est pas indemnisé. Il peut obtenir (s'il est sujet prussien) une bourse de subsistance, laquelle, aux termes de l'arrêté du 22 mars 1895, ne doit, en aucun cas, dépasser 300 marks par semestre.

Il est défendu qu'un candidat soit laissé seul maître d'une classe (il n'a pas le droit de punition). Par conséquent, un candidat ne saurait être chargé de suppléances rétribuées. Cependant, en cas d'urgence, le directeur prend sur lui toute la responsabilité. Mais il est toujours permis aux candidats de donner des leçons particulières (dont le tarif habituel est de 3 à 4 marks).

F

Autres souvenirs d'apprentissage.

M. H***, Oberlehrer (*facultas docendi* pour les classes de latin, grec et français), qui a fréquenté trois Universités, estime que la grande majorité des étudiants qui se préparent à l'examen « für das Lehramt an höheren Schulen » ne font que très peu de cas de la pédagogie théorique; les seuls étudiants qui s'y intéressent peut-être sont des étudiants en théologie (parce que les pasteurs sont, en Prusse, les inspecteurs nés des écoles primaires). S'ils s'inscrivent pour le cours de pédagogie — une fois et pour un semestre — ils payent, mais n'y vont guère. A l'examen, pendant cinq minutes environ, le professeur de philosophie se contente de poser quelques questions générales, presque exclusivement sur l'histoire de la pédagogie. Les professeurs eux-mêmes, sauf quelques spécialistes, sont assez indifférents. Depuis la création du *Seminarjahr*, on a proposé, de différents côtés, de rayer la pédagogie des sujets d'examen. L'impression générale parmi les étudiants est que la pédagogie à l'Université est un hors-d'œuvre, et que le profit en est nul. Les rares connaissances que les candidats consciencieux acquièrent en vue de l'examen sont tirées d'un manuel très sommaire.

Un des deux travaux écrits que le candidat est tenu de faire en vue de l'examen d'État doit porter sur un sujet général. Le professeur examinateur peut choisir et donner un sujet de pédagogie, mais il ne le fait pas, à moins que, chose très rare, le candidat manifeste le désir de traiter un sujet de cette espèce.

M. H***, après avoir quitté l'Université, a été envoyé dans un Gymnase classique pour y faire son année de séminaire. Il y avait dans l'établissement trois autres « philologues classiques » en apprentissage comme lui.

Le directeur qui, avec deux professeurs (en général des *Oberlehrer* ayant reçu le titre honorifique de «professeur» après douze années de services), dirige le séminaire, fixe à la fin de chaque semaine les classes que devront suivre les candidats pendant la semaine suivante. Un des deux professeurs-instructeurs les accompagne. Il écoute, comme eux, la classe. — Pendant les trois premiers mois, M. H*** a suivi les classes de presque tous les professeurs de la maison, depuis la VI^a jusqu'à la I^a. Assis derrière les élèves ou sur des chaises à part, les *Seminarcandidaten* prenaient des notes.

Il y avait une réunion hebdomadaire où les candidats faisaient un résumé des leçons entendues pendant la semaine, en y joignant leurs observations; ils y présentaient aussi des «travaux pédagogiques», tantôt d'un caractère historique, tantôt sur un point de méthode. Exemples de sujets traités oralement ou par écrit: «Quels sont les plaidoyers de Cicéron à expliquer en II^a? «L'usage du tableau noir dans l'enseignement des classiques». On se contentait souvent d'interpréter un chapitre d'un Manuel de Pédagogie. Lorsque la critique des leçons occupait les deux heures de la conférence, la critique des travaux était remise à la séance suivante.

Après ces trois premiers mois commencent les exercices pratiques.

Le directeur désigne à chaque candidat les classes qu'il aura à faire pendant la semaine. On commence par les classes inférieures; on reste en général deux à trois semaines dans chaque classe avant d'aller dans celle qui est immédiatement supérieure [1].

Le candidat s'arrange avec le professeur de classe qui lui indique le point où il en est resté et le sujet à traiter au jour et à l'heure fixés.

Le professeur-instructeur accompagne le candidat et assiste à la classe, ainsi que les collègues du candidat.

Avant la leçon, le candidat remet au professeur-instructeur un plan détaillé, contenant jusqu'aux questions que le candidat se propose d'adresser aux élèves.

En général, le professeur n'usait pas de son droit de modifier ce plan (dressé d'accord avec le professeur ordinaire), mais il s'en servait pour la critique finale; jamais une critique n'était faite pendant ni immédiatement après la classe.

A la fin de la semaine, dans la réunion hebdomadaire, critique générale. D'abord le candidat fait part de ses observations sur ses propres leçons; il communique ses impressions, indique des difficultés et propose des modifications; il dit pourquoi il croit ne pas avoir réussi comme il l'aurait voulu, etc.

Ensuite la parole est aux collègues du candidat. Chacun produit les

[1] La prima étant généralement la classe du directeur, les candidats n'étaient guère admis à y assister ni à y enseigner.

notes qu'il avait l'ordre de prendre. La discussion n'est pas très vive, en général, entre les candidats eux-mêmes.

Le professeur-instructeur exprime alors son opinion. Il blâme ou loue, explique les fautes, indique la façon de faire et donne une appréciation générale. Les critiques sont souvent amères; parfois les professeurs, suivant leur tempérament, traitent les candidats avec trop peu d'égards, et des difficultés en peuvent résulter.

Procès-verbal du tout est dressé par un des candidats à tour de rôle; à la fin de l'année, ces procès-verbaux remplissent un cahier de papier écolier. On échange parfois ces cahiers contre ceux d'un séminaire voisin [1].

Chaque candidat doit faire, en outre, un travail plus considérable qui est remis à la fin de l'année. M. H*** a traité, par exemple, « Vergilunterricht in der Secunda ». Le directeur transmet ce travail au Collège scolaire de la province avec son appréciation et son jugement sur le travail du candidat pendant l'année.

Chaque candidat a son dossier, dont lui-même ignore ou doit ignorer le contenu. Mais des indiscrétions sont commises. On a pu constater, parfois, que le directeur exprimait sa manière de voir en quelques mots.

La pédagogie théorique est réservée à la deuxième partie des réunions hebdomadaires (correction des travaux). Dans la première (critique des leçons), on communique plutôt les *trucs* du métier. Par exemple : la tenue du maître, ne pas se balancer en parlant, ne jamais poser de questions grammaticalement incorrectes (« Wann wurde Hannibal geschlagen? » et non pas : « Hannibal, wann wurde er geschlagen? »), etc. C'est dans la transmission de ces trucs professionnels que notre interlocuteur voit l'avantage principal de cette année de séminaire. Il croit que cela constitue un gain considérable, mais il lui semble possible d'atteindre le but en moins de temps. Ses collègues, dit-il, partagent, pour la plupart, cette opinion.

Quant au reproche, si souvent fait, que la critique rend l'enseignement trop uniforme (*schablonenhaft*) et tend à effacer la personnalité du futur maître, notre interlocuteur ne le croit pas fondé, à condition que le professeur-instructeur ne critique que des points secondaires de tenue, etc., qui pourraient mettre en danger l'autorité du débutant. Si l'instructeur cherche à imposer *sa* méthode d'enseignement, ce danger peut exister *et existe*. Il y a certainement des instructeurs d'un esprit étroit et chicaneur.

L'institution semble bonne, en résumé, à notre interlocuteur. Ceux qui la subissent la maudissent souvent, pendant qu'ils la subissent. Il semble cependant que les professeurs qui n'ont pas bénéficié de cet entraînement le regrettent; ils ont eu à se frayer le chemin tout seuls.

[1] Cette pratique a été officiellement recommandée (*Centralblatt für die gesamte Unterrichtsverwaltung in Preussen*, 1892, p. 812).

On établit ces séminaires dans des écoles qui passent pour très bonnes. Les candidats croient que les professeurs appelés à fonctionner comme instructeurs dans les séminaires sont de futurs directeurs, et les directeurs de futurs membres du Collège scolaire provincial.

Pendant le *Probejahr*, les candidats sont assimilés davantage à leurs collègues titulaires, aussi bien dans le gymnase que dans la vie sociale. Vers la fin de cette seconde année (et à n'importe quelle époque, si les besoins du service l'exigent), le professeur de classe ou le directeur confie au candidat l'ordinariat d'une classe afin de l'initier à ces importantes fonctions.

Les *Probekandidaten* sont également appelés, en pays protestant, à diriger la cérémonie religieuse (prière, chant d'un cantique, allocution biblique) au début et à la fin de la semaine.

G

Communication de M. G. Wissowa, professeur à l'Université de Halle.

Mein Urtheil über die paedagogischen Seminare kann ich mir nur auf Grund zahlreicher Gespräche mit praktischen Schulmännern und besonders der Erzählungen meiner früheren academischen Zuhörer bilden. Danach ist es wohl zweifellos, dass die paedagogischen Seminare insofern Gutes gewirkt haben, als sie für die früher zu sehr vernachlässigte Kunst des Lehrens einen gewissen Grundstock anerkannter und praktisch erprobter Regeln zum Allgemeingut gemacht haben und diesen dem jungen Lehrer gleich von Beginn seiner Thätigkeit an mit auf den Weg geben. Der Schwerpunct ihrer Wirksamkeit liegt in der Uebermittelung eines Schatzes von praktischen Lehrerfahrungen (denn ein Ueberblick über die Geschichte der Paedagogik kann leicht auch auf anderm Wege gewonnen werden und die theoretische Paedagogik mit ihrer Lehre von der Aufmerksamkeit und den Ermüdungscoefficienten u. s. w. wird so ziemlich von allen Berichterstattern als für die Gestaltung des Unterrichts unfruchtbar angesehen), sie werden also ihren Zweck um so besser erfüllen, je sorgfältiger die Person des Leiters ausgewählt ist, in je höherem Masse dieser über eine reiche und vielseitige Lehrerfahrung verfügt und deren Ergebnisse den Mitgliedern des Seminars unter Berücksichtigung ihrer persönlichen Individualität zu übermitteln das Geschick und die Musse besitzt. Denn eine Gefahr der Seminare liegt ohne Zweifel darin, dass bei der Aufstellung allgemein verbindlicher paedagogischer Regeln die Persoenlichkeit des Lehrenden zu wenig in Rechnung gezogen und eine gewisse Nivellirung vorgenommen wird: wenn man sagen kann, dass es in Folge der paedagogischen Seminare so (im paedagogischen Sinne) schlechte

Lehrer, wie sie früher jedes Gymnasium in einigen Exemplaren besass, nach einiger Zeit nicht mehr geben wird, so ist andererseits zu besorgen, dass auch die ganz guten Lehrer mehr und mehr verschwinden werden, weil es ihnen an Raum zur Bethätigung ihrer Eigenart fehlt. So sehr die Herstellung eines gewissen paedagogischen Gleichmasses für alle Lehrer einen Fortschritt der Ausbildung bedeutet, so liegt doch auch wieder gerade darin eine der Ursachen für die Ueberbürdung der Schüler : früher lernte man bei den guten Lehrern viel, bei den schlechten wenig oder nichts, indem man ihre Stunden und Lehrfächer zum Ausruhen benutzte; jetzt, wo alle Lehrer mit im Grossen und Ganzen gleichem Geschick die vollen Anforderungen ihres Faches durchzusetzen sich bemühen, fehlt dieser zwar illegitime, aber heilsame Ausgleich. Eine andere mit der Institution der paedagogischen Seminare verbundene Gefahr tritt gerade dem Universitätslehrer besonders deutlich entgegen. Es ist nicht zu verkennen, dass die höhere Werthung der Fähigkeit des Lehrens und damit der paedagogischen Ausbildung stellenweise eine geringere Schätzung der Bedeutung der wissenschaftlichen Fachkenntnisse des Lehrers im Gefolge gehabt hat; über der Vervollkommnung der Lehrtechnik ist der Erfahrungssatz, dass erste Vorbedingung für eine fruchtbare Lehrthätigkeit die volle Herrschaft des Lehrenden über den Stoff ist, nicht immer ausreichend gewürdigt worden. Dass die active Betheiligung der Gymnasiallehrer an der wissenschaftlichen Forschung in den letzten Jahrzehnten sehr stark zurückgegangen ist, ist eine bedauerliche Thatsache, die mit der von oben her planmässig betriebenen Umwandlung des Gymnasiallehrerstandes aus einem Stande von Gelehrten in einen solchen von Lehr-Beamten zusammenhängt; das Streben aber, mit der wissenschaftlichen Forschung receptiv und reproductiv in Verbindung zu bleiben, hat die grosse Mehrzahl der Gymnasiallehrer in ausgeprägter Weise. Die Einrichtung aber, dass gerade die ersten Jahre nach dem Universitätsstudium, in denen es den jungen Lehrern noch am leichtesten sein würde, mit der Wissenschaft Fühlung zu halten, ausschliesslich der Erwerbung der paedagogischen Technik gewidmet werden müssen, gefährdet die Continuität zwischen Universität und Schule, Wissenschaft und Lehre, und thatsächlich bedeuten Seminar-und Probejahr jetzt für manchen jungen Lehrer Zerreissung von Fäden, die später nur sehr schwer wieder angeknüpft werden können.

Verschärft wird dieser Missstand durch die Bemessung der paedagogischen Vorbereitungszeit auf zwei Jahre, die wohl jetzt bereits in weiten Kreisen als eine verfehlte Massregel anerkannt wird; eingeführt zu einer Zeit, wo in allen Gymnasialfächern Ueberfluss an Candidaten herrschte, sollte sie mit dazu helfen, der Ueberfüllung zu steuern; sie wird undurchführbar, sobald in einem Lehrfache Mangel an Bewerbern eintritt, wie schon jetzt eine grosse Zahl der jungen Lehrer (alle Mathematiker und Naturwissenschaftler und die Mehrzahl der klassischen

Philologen) thatsächlich nur das eine Seminarjahr als paedagogische Vorbereitungszeit absolvirt, im zweiten (Probejahre) aber bereits den vollen Dienst eines Hilfslehrers versieht. Die allgemeine Herabsetzung der Vorbereitungszeit auf die Dauer nur *eines* Jahres würde sich aus Gründen der Sache und der Gerechtigkeit empfehlen.

H

Communication de M. Eduard Meyer, professeur à l'Université de Halle.

Die gegenwärtige Einrichtung der paedagogischen Seminare in Preussen wird zwar ohne Zweifel auf in der Erfahrung begründete Forderungen der praktischen Paedagogik zurückgehen; aber mitgewirkt hat bei ihrer Einführung im Jahre 1890 notorisch eine vorübergehende Nothlage, in der sich damals die Unterrichtsverwaltung befand. In den achtziger Jahren war die Zahl der Studirenden der Schulfächer weit über das Bedürfniss der Praxis hinaus angewachsen. Nun bahnte sich allerdings damals bereits ein ebenso starker Rückgang unter das Normalmaass an (der Tiefstand wurde um 1895 erreicht, seitdem beginnt die Zahl langsam zu wachsen); aber in der Zahl der Lehramtscandidaten, welche nach vollendetem Studium und bestandenen Examen eine Anstellung an den höheren Schulen suchten, kam die vorhergehende Ueberfüllung der Universitäten erst jetzt zu voller Geltung. Selbst solche Candidaten, welche vorzügliche Zeugnisse aufzuweisen hatten und zum Lehrerberuf hervorragend befähigt waren, konnten damals auf Jahre hinaus keine Anstellung finden. So suchte die Regierung sich zu helfen, indem sie die bisherige Vorbereitungszeit (das *eine* Probejahr) verdoppelte und vor der Zulassung zum Probejahr einen einjährigen Cursus in dem dafür neu begründeten paedagogischen Seminar einschob.

Dass dieser zweijährige Vorbereitungscursus im wesentlichen nur eine, in practischen Bedürfnissen nicht begründete, Verlegenheitsmaassregel war, ist kaum zweifelhaft. Jetzt ist derselbe in der Praxis schon fast in allen Fällen auf ein Jahr reducirt, da die Ebbe, welche in den neunziger Jahren an den Universitäten herrschte, sich jetzt in der geringen Zahl der Candidaten geltend macht, welche zur Besetzung der vacanten Stellen nicht mehr ausreichen. Daher werden jetzt die meisten Candidaten während des zweiten Jahres, des sogenannten «Probejahres», bereits als Hilfslehrer mit Gehalt und mit voller Stundenzahl angestellt, und voraussichtlich wird das in den nächsten Jahren in noch grösserem Umfange der Fall sein, ja man wird in das erste Jahr hinübergreifen müssen, da noch geraume Zeit vergehen wird, bis das langsame Anwachsen der Studirenden der Lehrfächer sich in der Zahl der Candidaten fühlbar macht und bis diese ausreicht, um die Zahl der vacanten Stellen in vorschriftsmässiger Weise zu besetzen. Alsdann wird aller Voraussicht nach derselbe Kreislauf von neuem beginnen.

Damit ist indessen über die Einrichtung der paedagogischen Seminare an sich noch nichts weiter ausgesagt, als dass es das richtigste sein dürfte, diese in der Weise wie es jetzt schon thatsächlich geschieht, dauernd mit dem Probejahr zu verbinden, mithin die practische Vorbereitungszeit auch gesetzlich wieder von zwei auf ein Jahr herabzusetzen. Die Einrichtung der paedagogischen Seminare an sich dagegen hat sich, soweit ich nach den mir zugekommenen Aussagen urtheilen kann, allerdings bewährt, natürlich im einzelnen nach den Umständen in verschiedenem Maasse, je nach der Befähigung des Directors für diese Aufgabe, und, was nicht zu übersehen ist, je nachdem ihm seine sonstige amtliche Thätigkeit genügende Zeit lässt, sich der Seminarthätigkeit mit voller Hingebung zu widmen.

In den Kreisen der Universitätslehrer herrscht, im Gegensatz zu den Schulmännern, vielfach eine Abneigung gegen die neue Einrichtung. Wir halten von der Paedagogik meist nicht allzuviel und glauben, dass ihre Bedeutung, wenigstens für den Unterricht an den höheren Schulen, in der Gegenwart vielfach arg überschätzt wird. Der Glaube ist ja zweifellos weit verbreitet, dass es gelingen müsse, in der Paedagogik eine Wünschelruthe zu finden, welche all den Beschwerden abhilft und all die Wünsche erfüllt, welche ein jeder von seinem Standpunct aus an die höheren Schulen stellt. Mit den Volksschulen mag das anders stehen, aber die höheren Schulen und vor allem das Gymnasium — von dem allein ich eine lebendige Anschauung habe, die mir bei dem Realgymnasium und der Oberrealschule vollständig fehlt — soll eben keine Volksschule sein. Was nach meiner und vieler meiner Collegen Ueberzeugung unseren Gymnasiallehrern fehlt, ist weit weniger ein mehr an paedagogischer Vorbildung, als vielmehr grössere Bewegungsfreiheit in ihrem Beruf, welche dem einzelnen Lehrer ermöglicht, seinen Beruf unter voller eigner Verantwortung so anzufassen, wie er es seinem Naturell und seiner wissenschaftlichen Vorbildung nach am besten vermag, und welche ihn daher auch in ständigem Contacte mit der Wissenschaft erhält und zu einem Fortarbeiten in dieser Zeit und Lust lässt. In dem fortwährenden Reglementiren und Eingreifen von oben sehen wir den schlimmsten Schaden unserer höheren Schulen, und weil die paedagogischen Seminare doch auch damit in Connex stehen, weil sie Form und Technik über den Inhalt des Unterrichts zu stellen scheinen, desshalb können wir ein unwillkürliches Misstrauen gegen sie nicht ganz überwinden.

Doch gebe ich vollständig zu, dass ich in den practischen Fragen nicht sachverständig bin, und dass eine practische Vorbereitung für den Beruf dem angehenden Lehrer ohne Zweifel heilsam ist und manche argen Missstände und Missgriffe beseitigen wird, die in früherer Zeit unseren Schulen anhafteten. Nur soll man die Kehrseite, auf die Professor Wissowa in seinem Gutachten hinweist, auch in der Praxis nicht unterschätzen. Es ist in keinem menschlichen Verhältniss gut, und in der Jugenderziehung am wenigsten, wenn alles absolut correct und vorschriftsmässig verläuft und die Freiheit und damit die Individualität der Regel und dem gleichförmigen Schema erliegt. Die Gymnasien sollen keine Normalmenschen erziehen.

Im letzten Grunde hängen allerdings alle diese Fragen mit der grossen Frage des höheren Schulwesens überhaupt zusammen, die gegenwärtig in Deutschland in vollem Fluss ist. Ehe hier nicht irgend eine feste Lösung erreicht ist, die aus dem zur Zeit herrschenden Chaos und aus der tastenden Unsicherheit herausführt, wird auch die Frage der richtigen Gestaltung des Gymnasialunterrichts und der richtigen Vorbildung der Gymnasiallehrer bei uns nicht wirklich gelöst werden können.

III

LISTE DES TRAVAUX PROPOSÉS AU SÉMINAIRE PÉDAGOGIQUE DU LESSING-GYMNASIUM DE BERLIN (1899-1902) (1).

Communiqué par M. L. Reynaud.

L'enseignement pédagogique comprenait les matières suivantes : 1. *Pédagogie générale*, enseignée par le directeur. — 2. Explication détaillée des programmes (*Lehrpläne*) pour chaque branche d'enseignement (par le directeur ou les professeurs-instructeurs). — 3. Conférences ou leçons faites par les candidats à propos d'ouvrages pédagogiques.

I. PÉDAGOGIE GÉNÉRALE. — Les exercices religieux à l'école.

Les écoles préparatoires (*Vorschulen*).

Que doit et peut faire l'école pour développer le sentiment patriotique?

L'ambition et le sentiment de l'honneur dans l'enseignement secondaire public.

La tenue extérieure du maître en classe.

Comment le maître doit se comporter vis-à-vis des élèves.

La tenue qu'on doit exiger des élèves.

La façon d'interroger. Comment l'élève doit répondre.

Des moyens d'éveiller et de retenir l'intérêt, l'attention des élèves.

Avantages et inconvénients des exercices oraux d'ensemble (*Chorsprechen*).

(1) Ce séminaire, où étaient reçus des philologues classiques et modernes, des historiens et des théologiens, a cessé d'exister à Pâques 1902, faute de candidats.

Les questions d'ordre sexuel (*Behandlung des Sexuellen*).

Distribution de livres comme récompenses scolaires.

L'enseignement préparatoire de la philosophie (*Ueber den Unterricht in der philosophischen Propädeutik*).

Punitions. Examens de passage. Jeux scolaires.

II. L'ORGANISATION DE L'ENSEIGNEMENT. — A. LES PROGRAMMES DE CLASSE EN GÉNÉRAL : 1° Dans les gymnases; 2° Dans les Realgymnases; 3° Dans les Oberrealschulen; 4° Dans les Realschulen.

Programme de la Realschule de Berlin (où l'enseignement des langues étrangères ne commence qu'avec la troisième année).

L'école nouvelle (*Reformschule*), d'après les types de Francfort et d'Altona; jusqu'à quel point se justifient les tendances de ces écoles nouvelles ?

B. LES PROGRAMMES DE CLASSE POUR LES MATIÈRES SPÉCIALES :

α. Cathéchisme protestant (evangelisch).

(Ouvrages utilisés : Trosien, Zange. Chapitres correspondants des Encyclopédies de Schmidt et de Rein.)

Questions traitées spécialement :

Le catéchisme fait aux élèves qui se préparent à la confirmation n'est pas un surrogat de l'instruction religieuse qu'ils doivent recevoir dans leur cours.

De l'emploi des « livres de lectures bibliques » à la place des Bibles complètes.

On doit éviter de donner un enseignement religieux sans tendance confessionnelle, comme étant imprécis et incolore.

β. Allemand.

(Outre les Encyclopédies déjà citées, on s'est servi de Jäger, *L'art d'enseigner;* Wendt, *L'enseignement de l'allemand.* De plus, une série de monographies.)

Questions traitées spécialement :

De l'emploi des termes techniques dans l'enseignement de la grammaire.

Choix et utilisation des morceaux en prose.

Fixation d'un plan pour l'étude des morceaux poétiques.

La lecture des morceaux poétiques.

La lecture des morceaux dramatiques.

La lecture avec distribution de rôles.

Métrique. La construction de la phrase allemande.

La part à faire au moyen haut-allemand.

Sujets à traiter oralement distribués aux élèves.

Comment doivent être faites ces leçons orales.

Les compositions écrites.

γ. Langues classiques.

(Livres utilisés, outre les précités : Dettweiler, *L'enseignement du latin* [dans le *Manuel* de Baumeister].)

Questions traitées spécialement :

Utilité d'un livre de thèmes.

Lectures d'Horace en I^a.

De l'emploi d'une Chrestomathie dans les classes moyennes.

Exercices improvisés.

La lecture d'Homère; les limites.

δ. *Français et anglais.*

(Livres utilisés en outre des précédents : Walther, *L'anglais.* Ohlert, *Méthode de l'enseignement du français.*)

Étude spéciale des «nouvelles méthodes» pour l'enseignement des langues vivantes.

ε. *Histoire et géographie.*

(Ouvrages utilisés en outre des précédents : Jäger, *L'enseignement de l'histoire* [Baumeister]. Oberländer, *L'enseignement de la géographie.*)

Questions spéciales :

Doit-on faire servir les lectures en classe exclusivement à l'enseignement de l'histoire ?

L'histoire de Rome doit-elle commencer avec la fondation de la ville ou, par exemple, avec la guerre de Tarente ?

Comment doit-on répartir l'enseignement si complexe de l'histoire allemande entre les différentes classes ?

Le dessin de cartes.

L'atlas scolaire.

Faut-il partir de la géographie de notre pays ?

L'enseignement économique dans les cours d'histoire.

ζ. *Mathématiques et histoire naturelle.*

Il n'y avait qu'un candidat. On ne traita cette matière que superficiellement. Le candidat fit une leçon sur l'ouvrage de Keferstein : *Les mathématiques dans l'enseignement secondaire.*

η. *Gymnastique.*

La valeur éducative de la gymnastique.

Qui peut le mieux donner cet enseignement : le professeur de classe ou un maître spécial ?

III. Ouvrages qui ont été l'objet de leçons orales. — D'abord les ouvrages déjà cités. Puis : Rousseau, l'*Émile.* — Schleiermacher, Œuvres pédagogiques. — Frédéric le Grand, idem. — Jean-Paul, *Levana.* — Dörpfeld, *La pensée et la mémoire.* — Schiller, *Horaire des études* (*Stundenplan*). — Richter, *Cours d'enseignement* (*Formalstufen*). — Münch, *Sur le seuil du professorat.* — Matthias, *Comment élever mon fils Benjamin?* — Kretschmann, *Droit scolaire prussien.* — Pestalozzi, Œuvres. — Basedow, Œuvres. — Paulsen, *Histoire de l'enseignement classique.* — Kern, *La construction de la phrase.* — Muff, *La construction de la phrase.* — Wetzel, *Rôle de la poésie allemande dans les classes moyennes.* — *Évangile de saint Mathieu* (Böttcher). — Koch, *Examens d'histoire dans les classes moyennes.* — Münch, *L'art de traduire du français en allemand.*

— Kirschoff, *Méthode de l'enseignement géographique.* — Montaigne, *La pédagogie.* — Matthias, *Pédagogie pratique.* — Schiller, *Histoire de la pédagogie* et *Manuel de pédagogie.* — Lehmann, *L'enseignement de l'allemand.* — Herbart, *Métaphysique et psychologie; Esquisse d'une pédagogie.* — Willmann, *La Didactique et son enseignement.* — Diesterweg, *Le principe suprême de l'éducation.* — Francke, Œuvres pédagogiques. — Rotfuchs, *L'art de traduire en allemand.* — Cauer, *L'art de traduire.* — Rotfink, *Contributions à la méthodique de l'enseignement des langues anciennes.* — Lange, *Aperception.* — Salzmann, Œuvres choisies. — Heussner, *L'allemand, centre de l'enseignement* (*Lehrproben u. Lehrgänge*, XXVII) [1].

SAXE.

LES INSTITUTS PÉDAGOGIQUES DE LEIPZIG.

Communiqué par M. le professeur M. Hartmann.

An der Universität Leipzig gibt es 3 verschiedene pädagogische Seminare :

1. Das pädagogische Seminar Prof. Rud. Hofmanns.
2. Das philosophische pädagogische Seminar Prof. Volkelts.
3. Das königliche praktische pädagogische Seminar Rektor Pro-

[1] Comparer les sujets traités à la *Franckesche Stiftung* de Halle, au cours des deux derniers semestres :

A. *Travaux remis par les membres du Séminaire pédagogique :*

1° L'étude des matières à enseigner. 2° Rapports de l'enseignement de l'allemand et de l'enseignement des langues étrangères. 3° Utilité et emploi des représentations figurées dans l'enseignement de l'histoire naturelle. 4° L'élément géographique dans l'enseignement des mathématiques et de la physique. 5° Les exercices oraux dans l'enseignement des langues modernes.

B. *Leçons faites par les membres du Séminaire pédagogique et discutées dans les réunions :*

1° Points de vue pour la critique des leçons d'essai; explications détaillées et marche à suivre. 2° Förster, Prescriptions générales; les paragraphes concernant la «question» et la «réponse». 3° Matthias, Pédagogie pratique; Schiller, Manuel de pédagogie pratique. (Choisir quelques chapitres et les comparer.) 4° Willmann, *Didaktik.* (Choisir quelques chapitres et les expliquer en se reportant aux ouvrages suivants : Wigel, Les degrés dans la formation intellectuelle [*die formalen Stufen*]; Lange, L'aperception.) 5° Danzmann, Dissimulations de langage et de fait (*Sprach-und Sachverstellungen*). 6° Münch, Les droits de la personnalité dans l'enseignement et la vie scolaire. 7° Menge, Les côtés supérieurs de la carrière professorale. 8° Jäger, L'art et le métier dans l'enseignement. 9° Kannengiesser, Conférences sur l'enseignement éducatif. 10° Fries, Préparation des maîtres à l'enseignement.

fesssor Jungmanns (früher Rektor Prof. Richter, bis zu dessen Tode, Mai 1901).

Was das Hofmann'sche Seminar anlangt, so ist dessen Organisation in der Schrift von W. Fries, *Die Vorbildung der Lehrer für das Lehramt*, p. 39-40, richtig dargestellt, und etwas wesentliches wäre dazu nicht hinzuzufügen. Es wird weniger von den eigentlichen künftigen Gymnasiallehrern besucht, als vielmehr besonders von den sogenannten Pädagogen, d. h. von denen, die sich für den höheren Volksschullehrerberuf ausbilden wollen, und von Theologen, wo ja der Leiter selbst Theolog ist.

Das Volkelt'sche Seminar hat einen wesentlich theoretischen Charakter, insofern als hier von eigenen pädagogischen Lehrversuchen der Mitglieder keine Rede ist. In den Uebungen derselben wechselt von Semester zu Semester regelmässig die Philosophie mit der Pädagogik ab. Die Uebungen bestehen besonders aus mündlichen Verhandlungen, durch die der Studierende zu selbständigem philosophischen Denken angeleitet werden soll, namentlich über die ethischen und psychologischen Grundlagen der Erziehung. Den Ausgangspunkt der Verhandlung bildet meist ein philosophisches oder pädagogisches Werk. In der Wechselrede zwischen Leiter und Mitgliedern, die sich gern an das schriftliche Referat eines Mitgliedes über einen gewissen Abschnitt des gewählten Werkes anschliesst, soll die philosophische oder pädagogische Auffassung der Studierenden geklärt und zugleich die Fähigkeit zusammenhängenden mündlichen Gedankenausdrucks gefördert werden.

Die Aufnahme der Mitglieder erfolgt nicht nach einer bestimmten Zahl von Semestern, sondern bei ausreichend erscheinender Vorbildung nach persönlicher Vorstellung bei dem Leiter...

Praktische Einführung in die Arbeit des Unterrichts wird den künftigen höheren Lehrern besonders durch das Kgl. Praktisch-pädagogische Seminar geboten, dessen Uebungen bis zu Rektor Richters Tode (1901) am König-Albert-Gymnasium abgehalten wurden, und zwar in 3 Abtheilungen, die abwechselnd Sonnabends und Mittwochs stattfanden. Die Abteilung Rektor Richters, die Sonnabends 2-4 ihre Sitzungen hatte, war für die alten Sprachen, Deutsch und Geschichte bestimmt. Die Abteilung Prof. Lehmanns, die ihre Sitzung ebenfalls Sonnabends 2-4 hielt, war für Mathematik und die verschiedenen Zweige der Naturwissenschaften bestimmt. Endlich die Abteilung Prof. Hartmanns hatte ihre Sitzungen Mittwochs 2-4 Uhr und umfasste Französisch und Englisch.

Die Wahl des Mittwochs und Sonnabends erklärt sich daraus, dass an diesen Tagen Nachmittags in Sachsen kein Unterricht stattfindet und daher Schüler für die Uebungen in das Gymnasium hereinbestellt werden können.

Seit Rektor Richters Tode ist insofern eine Aenderung in der Organisation des Seminars eingetreten, als die Direktion des Ganzen dem Rektor des Thomasgymnasiums übertragen wurde, und ebenso die Leitung der Uebungen in den alten Sprachen, Deutsch und Geschichte. Diese finden seit Sommer 1901 im Thomasgymnasium statt, während die andern 2 Abteilungen ihre Sitzungen nach wie vor im König-Albert-Gymnasium abhalten. Im Uebrigen aber ist die seit 1894 bestehende Organisation aufrecht erhalten geblieben.

Diese ist im wesentlichen wie folgt:

Charakteristisch ist die Verbindung mit einem vollen Gymnasium, an dem jede Klasse wenigstens zweimal vertreten ist, und das daher ein reiches Uebungsfeld für die pädagogischen Versuche der Studierenden bildet.

Die Uebungen bestehen in Musterlektionen, die von den Leitern der 3 Abteilungen in der Regel zu Beginn jedes Semesters gehalten werden, in eigenen Lehrversuchen der Mitglieder, in der unmittelbar darauf folgenden gemeinsamen Besprechung dieser Versuchsstunden sowie in sonstigen pädagogischen Erörterungen.

Die Schüler werden von irgend einer Klasse des Gymnasiums gestellt, und zwar pflegt man für die Unterrichtsversuche der Mitglieder in der Regel nicht mehr als 20 Schüler hereinzubestellen, wenn der Klassenbestand diese Ziffer überschreitet. Die Schüler werden bei ihrer Aufnahme in das Gymnasium nicht ausdrücklich darauf verpflichtet, die Seminarstunden mit zu besuchen, aber man kann doch sagen, dass die Ausführung keine besonderen Schwierigkeiten gemacht hat, und die Eltern haben meines Wissens niemals Einspruch erhoben gegen die Heranziehung ihrer Söhne zu Seminarübungen an den schulfreien Nachmittagen. Bei der Auswahl der 20 Schüler hat man auch immer auf besondere Verhältnisse billige Rücksicht genommen, insofern man solche Schüler dispensierte, die in sehr grosser Entfernung von der Schule wohnten oder die an dem Nachmittage eine besondere Abhaltung hatten. Ausserdem hat man den betreffenden Klassen gewisse Kompensationen geboten, insofern man sie an einem Seminartage von der letzten Vormittagsstunde dispensierte. Für das ganze König-Albert-Gymnasium hat Rektor Richter vom Kgl. Unterrichtsministerium die Kompensation erwirkt, dass die grossen Ferien einen Tag früher anfingen, als die der übrigen Schulen der Stadt Leipzig; so war es wenigstens bis zum Jahre 1900. Dieser Extraferientag erschien den Schülern des Gymnasiums natürlich besonders schätzenswert, und nicht minder ihren Eltern, die so in der Lage waren, ihre Ferienreise einen Tag früher anzutreten und dadurch dem grossen Andrang, der am ersten Ferientage auf den Eisenbahnen stattfindet, aus dem Wege zu gehen.

Seit Rektor Richters Tode ist diese Vergünstigung für das König-Albert-Gymnasium weggefallen und wird auch wohl nicht mehr eingeführt werden, da infolge der Verteilung der Seminarübungen auf 2 verschiedene Gymnasien die Belastung für jedes einzelne desselben natürlich bedeutend abgemindert worden ist. Vom Gesichtspunkte der Belastung der Schüler ist die jetzige Einrichtung sogar vorteilhafter als die frühere.

Wenn wir uns für die Seminarübungen der Studierenden mit je 20 Schülern begnügen, so erklärt sich das so, dass man den jungen Anfänger nicht gleich von vornherein vor die Schwierigkeit stellen will, eine allzu grosse Schülerzahl zu unterrichten. Anderseits erscheint eine Klasse von 20 Schülern als eine solche, mit der ein normal veranlagter junger Mensch wohl fertig werden kann.

Der Gegenstand einer jeden Uebungslektion wird von dem betreffenden Mitgliede selbst gewählt, nach vorausgegangener Beratung mit dem Leiter seiner Abteilung. Nachdem der Student seine Lehraufgabe überdacht hat, hält der Leiter eine Besprechung darüber mit ihm ab, bei der er ihm Winke für die Ausführung der Lektion giebt, ihn auf eine etwa vorhandene irrige Auffassung aufmerksam macht, ihn auch auf das oder jenes Buch verweist, das ihm nützlich sein kann.

Am Tage vor der Uebungslektion reicht der Studierende beim Leiter der Abteilung eine schriftliche Präparationsskizze ein. Solche Mitglieder, die noch gar keine eigene Lehrerfahrung haben, machen diese Skizze ausführlicher, geben wohl auch die ganze Reihe der beabsichtigten Fragen an, während solche Herren, die schon unterrichtet haben, sich kürzer fassen, immer aber eine klare Disposition des Stoffes angeben.

Die Uebungen selbst finden in einem Klassenzimmer des Gymnasiums statt, also in einer für die Schüler gewohnten Umgebung. Diese versammeln sich in dem Klassenzimmer, während die Studenten in einem benachbarten Raume zusammenkommen.

Da die von den Studenten besuchten Vorlesungen allemal eine Viertelstunde nach dem Schlage beginnen, mit dem sogenannten akademischen Viertel, so fangen auch die Uebungslektionen des Seminars erst 2 1/4 Uhr an und dauern bis um 3 Uhr. Der Leiter betritt mit den Mitgliedern das Seminarzimmer, und diese nehmen in möglichster Nähe der Schüler Platz. Vor Beginn stellt der Leiter die erschienenen Schüler dem Praktikanten namentlich vor, und übergiebt diesem ein Blatt, auf dem die Namen der Schüler verzeichnet sind, genau in der Ordnung, wie sie vor dem Katheder sitzen, so dass der Praktikant keine Mühe hat, die einzelnen Schüler mit ihren Namen aufzurufen. Der Leiter der Abteilung selbst pflegt während der Uebungslektion vor der Klasse zu sitzen, greift aber nicht in den Unterricht ein, sondern überlässt die Ausführung ganz dem Praktikanten.

Uebrigens besitzt dieser, in dem Augenblicke, wo er seine Uebungslektion beginnt, schon eine gewisse Kenntnis der fraglichen Klasse. Denn wenigstens einmal hat er in einer Unterichtsstunde desselben hospitiert, und dabei Gelegenheit gehabt, sowohl den eigentlichen Lehrer an der Arbeit zu sehen, als auch die Persönlichkeiten der verschiedenen Schüler einigermassen zu beobachten, was ihm bei seinem eigenen Versuche natürlich zu Statten kommt. Viele Praktikanten hospitieren zweimal in der Klasse, die sie sich für ihre Lektion gewählt haben, manche sogar dreimal.

Nach Beendigung der Uebungslektion entfernen sich die Schüler, und es beginnt nun die gemeinsame Besprechung der Lektion nach bestimmten Gesichtspunkten, wobei nicht bloss das weniger Gelungene oder das Misslungene hervorgehoben wird, sondern auch das Gelungene. Hierbei werden die Studenten kräftig zur Mitteilung ihrer Beobachtungen nach der günstigen oder ungünstigen Seite angeregt, und man ruft sie auch namentlich zum Sprechen ein, wenn sie sich nicht selbst zum Worte melden.

Wird die Stunde nicht ganz von der Besprechung ausgefüllt, so bespricht der Leiter im Anschluss an das Gehörte die eine oder andere Frage der Methodik, nicht sowohl in der Form des zusammenhängenden Vortrags, als in dialogischer Form, oder wenigstens so, dass die Mitglieder dabei öfters auf Fragen antworten müssen.

Der Besuch des Seminars ist für die Studenten nicht obligatorisch, aber die meisten der künftigen höheren Lehrer benutzen doch gern die hier sich bietende Gelegenheit zu einer ersten Einführung in den praktischen Unterricht, durch die eine Art Brücke geschlagen wird zwischen dem akademischen Studium und dem Lehramt, und die meisten besuchen das Seminar 2 Semester lang, manche sogar 3 oder 4 Semester hindurch. Wenn sie auch zum Besuche der Sitzungen nicht gezwungen werden können, so lassen sie es doch in der Regel an thätigem Interesse nicht fehlen, und sogar an heissen Sommernachmittagen sind die Sitzungen gut besucht. Die Mitglieder sind ja auch in ihrer überwiegenden Mehrzahl ältere Studenten, die mit ihrem wissenschaftlichen Studium beinahe zu Ende sind und so begreiflicherweise sehr geneigt sind, sich im Geiste mit ihrer künftigen Thätigkeit zu beschäftigen. Im Ganzem sind die 3 Abteilungen jetzt von etwa 60-70 Mitgliedern besucht.

Das Leipziger Seminar ist nicht eine so voll entwickelte Einrichtung wie das preussische Gymnasialseminar, aber es kann und will dies auch nicht sein, da es von den Studenten eben noch *vor* der Staatsprüfung besucht wird, deren wissenschaftliche Anforderungen nicht gering sind und die Zeit der Studenten gehörig in Anspruch nehmen. Darum werden hier auch von den Studenten im Seminar, ausser der schriftlichen Präparationsskizze für die Uebungslektion, keine besonderen schriftlichen Arbeiten verlangt. Es ist hier auch nicht möglich, von dem einzelnen Mitgliede eine zussammenhängende Reihe von Uebungslektionen halten zu lassen; mehr als einmal kann ein Mitglied in einem Semester kaum an die Reihe kommen. Aber jeder Einzelne hat doch auch seinen praktischen Gewinn, wenn er den Lehrversuchen der übrigen Mitglieder und der darauf folgenden Besprechung beiwohnt. Und es ist schon etwas wichtiges, wenn es gelingt, das pädagogische Interesse der Studierenden zu wecken und ihn von der Nothwendigkeit der Selbstkritik zu überzeugen. Wer die praktischen Uebungen des Seminars fleissig benutzt hat, bietet immerhin die Gewähr, dass er weiss, worauf er bei der praktischen Lehrthätigkeit zu achten hat, und wird daher weniger der Gefahr ausgesetzt sein, auf Kosten seiner Schüler zu lernen.

W. Fries hat Recht, wenn er p. 75 seiner Monographie sagt, dass es in Sachsen «an einer planmässigen, eingehenden Organisation der pädagogischen Ausbildung nach der Universitätszeit» noch fehlt. Das war 1896 so, bei Erscheinen seines Buches, und das ist auch jetzt nicht anders. Immerhin gibt es in Sachsen manche Rektoren und Lehrer, die sich die Beratung und Belehrung der ihnen zugewiesenen Lehramtskandidaten eifrig angelegen sein lassen. Nur haben eben die jungen Leute in Sachsen seit 1894 schon eine propädeutische Einführung in das Lehramt durch den Besuch des praktisch-pädagogischen Seminars erhalten, und unsere Behörde hat daher wohl das Vertrauen, dass die jungen Leute, nachdem einmal ihr pädagogisches Interesse geweckt worden ist, selbst in der Lage sein werden, von der im Organismus einer öffentlichen Schule ihnen gebotenen Gelegenheit zur pädagogischen Weiterbildung Gebrauch zu machen, auch wenn sie nicht mehr im Einzelnen gegängelt werden. In Sachsen lässt man überhaupt der einzelnen Individualität einen grösseren Spielraum, eine grössere Freiheit der Bewegung als in Preussen. Dass die junge Generation der sächsischen Gymnasiallehrer schlechter ist als die in Preussen, wird man kaum sagen können. Eine gewisse natürliche Begabung zum Lehrberuf muss von vornherein vorhanden sein, und wenn diese fehlt, kann kein Seminar der Welt, kann keine, noch so fein ausgeklügelte Organisation der Behörde sie ersetzen.

Es möge noch hinzugefügt werden, dass dem Kgl. Praktisch-pädagogischen Seminare in Leipzig eine jährliche Geldsumme von 1650 M. zu Verfügung steht. Davon werden 500 M. auf die Erweiterung der mit dem Seminar verbundenen Bibliothek verwandt, 1000 M. auf Stipendien an solche Mitglieder, die sich mit Fleiss und Erfolg an den Uebungen beteiligt haben, und 150 M. für verschiedene andere sachliche Ausgaben. Die Stipendien werden im Betrage von je 100 M. oder 50 M. verliehen.

Der Direktor des ganzen Seminars, der zugleich pädagogische Vorlesungen an der Universität hält, bezieht 1500 M. jährlich; Prof. Lehmann und Prof. Hartmann je 600 M. für ihre Mitwirkung am Seminar. Die Zahl der Unterrichtsstunden am Gymnasium, zu der die letzteren verpflichtet sind, ist seit ihrem Eintritt in das Seminar auf wöchentlich 16 im Höchstfall beschränkt worden, während die gesetzliche Höchstzahl der sonstigen sächsischen Gymnasiallehrer 24 Wochenstunden beträgt, eine Ziffer die sich allerdings wenigstens in der Praxis der staatlichen Anstalten auf durchschnittlich etwa 20 ermässigt.

AUTRICHE.

I

EXTRAIT DU RÈGLEMENT RELATIF AUX EXAMENS DES CANDIDATS AUX FONCTIONS DE PROFESSEUR DANS L'ENSEIGNEMENT SECONDAIRE, 7 FÉVRIER 1884[1].

1. L'examen [scientifique à l'Université] subi avec succès, chaque candidat doit demander à être occupé, pendant une année, dans un gymnase classique ou dans une école réale, afin de perfectionner par un stage pratique ses aptitudes à enseigner.

2. L'année d'épreuve (*Probejahr*) ne peut être subie que dans un établissement public (gymnase classique ou école réale), qui correspond à celui pour lequel le candidat a acquis la *facultas docendi* scientifique.

Le candidat peut choisir le pays de la Couronne, mais l'établissement est désigné par l'autorité scolaire de ce pays. L'autorité scolaire visera avant tout le but pédagogique de l'année d'épreuve, c'est-à-dire le perfectionnement pratique du candidat ; elle ne tiendra compte qu'en deuxième ligne des besoins de chaque établissement et des désirs raisonnables des candidats.

3. Le stagiaire est placé sous la direction spéciale et compétente d'un professeur. Le même professeur ne peut être chargé de plus de deux candidats à la fois.

4. Pendant le premier semestre de l'année d'épreuve, le candidat ne fera d'abord qu'assister purement et simplement aux classes de son professeur-instructeur ; si cela est possible et si le directeur le juge bon, il assistera aussi aux classes d'autres professeurs ; ensuite il prend une part active à quelques leçons en présence et sous la surveillance de son instructeur, et cela dans autant de classes que possible. — S'il est tenu à suivre les conseils de son instructeur, celui-ci, de son côté, devra éviter, pendant les leçons, tout ce qui pourrait nuire à l'autorité du stagiaire vis-à-vis des élèves.

5. Toute question relative à la vie scolaire qui se présente; les matières traitées ou à traiter dans les leçons; la méthodologie des diverses parties d'un sujet par rapport au degré de la classe ; la distribution de

[1] Traduction, d'après le texte inséré dans le recueil de E. de Marenzeller *Normalien für die Gymnasien und Realschulen in Œsterreich* (Vienne, 1884), p. 460, n° 322 *a*.

toute la matière d'enseignement selon le plan d'études et l'emploi du temps ; l'organisation et l'usage des moyens d'enseignement (bibliothèques, collections) ; la discipline scolaire; la littérature scolaire relative à tel ou tel sujet d'enseignement ; des traités remarquables de pédagogie et de didactique; surtout aussi le plan d'organisation des gymnases classiques (et des écoles réales), ainsi que les questions qui s'y rattachent ; tout cela sera l'objet de discussions soit occasionnelles, soit régulières — par exemple hebdomadaires — entre le professeur-instructeur et le candidat, en dehors des heures de classe et pendant les deux semestres ; selon les circonstances, on fera aussi traiter ces questions sous forme de rapports écrits.

Le directeur devra s'assurer par lui-même, de temps à autre, de l'instruction spéciale du candidat et de la régularité de cette instruction.

6. Le directeur a le droit, en sauvegardant soigneusement les intérêts de son établissement, de charger le candidat de la direction d'une classe, mais de façon à ce que le candidat ne soit pas soustrait complètement à la surveillance de son guide, et qu'il demeure, surtout en vue de la classification semestrielle des élèves, sous le contrôle de celui-ci, afin qu'il soit possible d'apprécier d'une façon égale les progrès des élèves pendant les deux semestres. Cependant, si cette pratique souffre trop de difficultés, on s'en tiendra, même pendant le deuxième semestre, aux exercices ci-dessus prescrits pour le premier (§ 4), surtout s'il y a plus d'un stagiaire dans l'établissement.

Mais s'il y a des suppléances à faire qui dépassent les forces du collège des professeurs ordinaires, les candidats dont les aptitudes sont hors de doute peuvent être employés même dans plus d'une classe. Dans ce cas, le professeur qui a été chargé de la direction de chaque candidat reste tenu de le conseiller et de le guider. — Le corps enseignant tout entier devra considérer comme son devoir de faciliter et d'affermir par son attitude à l'égard des candidats la situation dans l'établissement de leurs futurs collègues.

7. Du reste, le stagiaire doit, comme tout professeur, obéissance aux lois scolaires, au règlement spécial de l'établissement et aux ordres du directeur ; il doit notamment assister à toutes les assemblées des professeurs, où il a le devoir et le droit, dès qu'il enseigne lui-même, de donner son opinion (avec voix délibérative) sur les progrès et la conduite des élèves, aussi bien au cours de l'année scolaire qu'au moment de la classification et de la promotion. Dans tous les autres cas, le candidat n'a que voix consultative dans l'assemblée des professeurs.

8. Dans le cas où les fautes didactiques ou pédagogiques ou la conduite générale du stagiaire menacent de faire du tort à l'établissement auquel il est attaché, le directeur a le droit, dans les cas urgents, de le remercier immédiatement. Il doit prendre l'avis du collège des professeurs, et décider ensuite d'après sa conviction, et notifier aussitôt

sa décision à l'autorité scolaire du pays en joignant le procès-verbal qui contient l'avis des professeurs. Selon la nature des raisons qui ont motivé le renvoi, l'autorité scolaire enverra le candidat dans un autre établissement pour qu'il y continue son stage, en lui donnant les instructions que comporte sa situation; le cas échéant, elle proposera au Ministère l'expulsion définitive de la carrière.

9. A la fin de l'année d'épreuve, le directeur consultera, selon les circonstances, le professeur-instructeur ou les professeurs des classes dans lesquelles le candidat aura été occupé, et délivrera au candidat un certificat signé par lui et par le professeur-instructeur ou par les professeurs de classe; dans ce certificat, mention sera faite de l'activité du candidat, c'est-à-dire des sujets qu'il a enseignés et des classes dans lesquelles il a suppléé temporairement ou tout à fait le professeur, et un jugement exact sera porté sur le degré d'aptitude qu'il a montré à enseigner et à maintenir la discipline. Une copie de ce certificat sera jointe au rapport annuel de l'établissement. Ce certificat sera nécessaire pour être admis à briguer les fonctions de professeur titulaire.

10. Pendant l'année d'épreuve le stagiaire n'a droit à une rémunération que lorsqu'il a été employé plus de six heures par semaine.

II

LE STAGE AMPLIFIÉ (*ERWEITERTES PROBEJAHR*).

*Le 21 juin 1893, l'Administration supérieure permit, en ces termes, d'expérimenter au Maximilians Gymnasium de Vienne un nouveau mode de préparation, perfectionné, qui reçut le nom d'*Erweitertes Probejahr [1] :

Les candidats qui se présentent pour faire leur année d'épreuve seront attachés, comme par le passé, à des professeurs spécialistes, suivant leur qualification, mais ils seront placés sous la direction de M. le Dr J. Loos, chef dudit gymnase. C'est au chef d'établissement, comme directeur, et aux professeurs spécialistes qu'incombe le devoir d'introduire les candidats à la pratique du professorat.

Les moyens seront : 1° visites dans les classes; 2° essais d'enseignement et leçons d'essai; 3° enseignement personnel; 4° conférences et discussions.

1° *Visites dans les classes.* — Pendant les premières semaines, les candidats assistent aux leçons de leur professeur-instructeur (si le directeur le juge bon, ils assisteront aussi aux leçons d'autres maîtres),

[1] Traduction, d'après le texte inséré dans le *Vademecum für Candidaten des Mittelschullehramtes in Œsterreich* (Vienne, 1894), I, p. 3.

pour observer; ils rédigeront leurs observations sous forme de « tableaux ».

2° *Essais d'enseignement et leçons d'essai.* — Les essais d'enseignement ont lieu ensuite une ou deux fois par semaine en présence du professeur-instructeur et d'après une esquisse préparée. Si un professeur-instructeur a charge de deux stagiaires, chacun d'eux est tenu d'assister aux essais de son camarade. Plus tard, ces exercices sont étendus et varient de façon à ce qu'il y en ait au moins deux par semaine et que, une fois toutes les trois semaines, tous les candidats attachés à l'établissement, ainsi que le directeur, y assistent. (Leçons d'essai.)

3° *Enseignement personnel.* — Au début du deuxième semestre, le candidat peut être chargé, si le directeur le juge bon, de l'enseignement, total ou partiel, dans une classe (pour le semestre tout entier ou une partie du semestre). Pendant ce temps, les leçons d'essai ont lieu au moins une fois par mois.

4° *Conférences et discussions.* — Les candidats prennent part à toutes les assemblées du corps enseignant de l'établissement, et ils ont le droit de vote, dès qu'ils sont chargés personnellement d'un enseignement, lorsqu'il s'agit des progrès et de la conduite de leurs élèves. Autrement, ils n'ont que voix consultative.

Une fois par semaine, des conférences de tous les candidats et de leurs professeurs-instructeurs ont lieu sous la présidence du directeur; dans ces conférences, on discutera des questions générales relatives à l'enseignement et aux écoles, le statut d'organisation de l'enseignement secondaire, les instructions, les dispositions relatives au professorat, le règlement scolaire et disciplinaire, l'hygiène scolaire, des ouvrages remarquables de la littérature pédagogique. Dans ces conférences, on arrêtera aussi les dates des leçons d'essai; on les appréciera et on constatera les résultats; s'il y a lieu, on y discutera des travaux écrits des candidats. On tiendra des procès-verbaux de ces conférences.

A côté de ces conférences générales, ont lieu, une fois par semaine, des échanges de vue entre les candidats et leur professeur-instructeur sur la méthodologie spéciale de leur sujet, sur les projets de leçons et sur les essais, sur l'organisation et l'emploi des collections d'objets auxiliaires de l'enseignement, etc. Les candidats doivent suivre les conseils et les avis de leur guide.

Les inspecteurs conservent leur influence sur la préparation des candidats comme par le passé.

Le directeur, en sa qualité de président, de concert avec les professeurs spécialistes, fait un compte rendu annuel circonstancié au Conseil scolaire du pays, qui le transmettra au Ministère.

L'année de stage terminée, il sera délivré au candidat un certificat exactement conforme aux prescriptions du paragraphe 9 de l'Ordonnance ministérielle du 7 février 1884 sur le *Probejahr* ordinaire. En outre, le directeur de l'établissement donnera un certificat spécial de participation aux exercices susdits; le candidat aux fonctions de professeur devra joindre ces pièces à sa demande de nomination[1].

III

LA PRÉPARATION PÉDAGOGIQUE DES MAÎTRES DE L'ENSEIGNEMENT SECONDAIRE À L'UNIVERSITÉ DE GRAZ.

Communication de M. le Dr. E. Martinak.

Auf Ihre freundliche Anfrage will ich gerne über das berichten, was ich an der Grazer Universität für die Ausbildung der künftigen Gymnasiallehrer thue, muss aber vor allem ausdrücklich bemerken, dass hier meiner Wirksamkeit einige Schranken gezogen sind : ich verfüge nicht über eine eigene Lehrkanzel, sondern bin, als Privatdozent, gänzlich aus eigener Initiative vorgegangen und nebstbei durch mein Hauptamt, jetzt Gymnasialdirector, zeitlich sehr in Anspruch genommen, so dass ich auf der Universität nicht so viel thun kann als ich für nützlich hielte. Doch immerhin habe ich schon erfreuliche Anfänge zu verzeichnen.

Was ich thue ist zweierlei : 1° Vorlesungen ; 2° Sogenannte Uebungen im philosophisch-paedagogischen Seminar der Universität.

Ich gehe hierbei von dem Grundsatze aus, dass, da die Einrichtung des «Probejahrs» ohnehin besteht, auf der Universität vor allem nicht so sehr auf praktische Uebung als auf das paedagogische Wissen, paedagogisches Verständniss, und paedagogisches Interesse der jungen Leute eingewirkt werden muss, wobei ich letzteres für das allerwichtigste halte ; denn die Gefahr ist gross, dass die Studenten über ihrer Wissenschaft die Aufgaben und Probleme ihres künftigen Lebensberufes ganz vergessen.

In den Vorlesungen behandele ich in der Regel in vierjährigem Turnus die Hauptgebiete : 1° Erziehungslehre ; 2° Unterrichtslehre ; 3° Geschichte der Paedagogik ; 4° (meinem eigenen Fache entsprechend) Psychologie der Sprache und des Sprachunterrichts u. ä.

In allen diesen Vorlesungen suche ich, wenn irgend thunlich, durch Ausblicke auf die lebendige Praxis und auf moderne, actuelle Fragen das Interesse zu heben und kann mit Genugthuung darauf hinweisen, dass diese Collegien sich stets des allerlebhaftesten Zudranges erfreuen, und dass die zahlreichen hierüber abgelegten Einzelprüfungen (Colloquien) meist sehr guten Erfolg zeigen. In den Uebungen habe ich bis jetzt folgendes durchgenommen : 1896-1897 : Lectüre und Discussion von O. Willmanns «Didaktik als Bildungslehre» ; 1897-1898 : Paeda-

[1] Cf. les rapports de M. Loos sur l'application de ce régime, à partir de 1894, dans la *Zeitschrift für österr. Gymnasien*, 1895 et suiv. Cf. la collection des *Jahresberichte des k. k. Maximilians Gymnasium in Wien.*

gogische Uebungen, anknüpfend an Rud. Hildebrand's Buch «Vom deutschen Sprachunterricht»; 1898 : Lectüre und Discussion von Alex. Bain's «Education as a Science»; 1898-1899 : Lectüre und Discussion ausgewählter Partien aus A. Comenius «Didactica Magna»; 1899 : Einführung in die Hauptströmungen der gymnasial-paedagogischen Litteratur unserer Tage; 1900 : Psychologische Fragen der Unterrichtstechnik mit Discussion und Versuchen über die Technik des Erzählens, des Beschreibens, des Erklärens oder Beweisens und des Uebersetzens; 1901 : Technik und Psychologie des Fragens.

Hierbei müssen in der Regel die einzelnen Theilnehmer Referate erstatten, die dann nach Form und Inhalt einer Kritik unterzogen werden; hierbei wird insbesondere auch sein Vortrag, seine Sprechweise, kurz seine didactische Fertigkeit besprochen.

Dermalen noch Project ist gemeinsames Hospitieren in verschiedenen Schulen mit nachfolgender Kritik.

Lehrversuche selbst lasse ich aus mehrfachen Gründen dem Probejahre vorbehalten.

DANEMARK.

Extr. de *Le Danemark* (Copenhague, 1900), p. 134.

En vertu d'une ordonnance royale du 28 juin 1799, il fut établi une «École normale supérieure pédagogique», dépendant de l'Université de Copenhague. Cette école avait quatre sections, affectées respectivement à la philologie, à la religion et à l'anthropologie, à la géographie et à l'histoire, enfin aux branches mathématiques et aux sciences naturelles; mais les cours de pédagogie et de méthodologie étaient communs pour tous. On entreprit de préparer 25 étudiants à la fois; on leur donna des bourses de 155 à 280 francs par an, et ils eurent quatre années d'enseignement. Ensuite ils obtinrent la permission d'assister, comme auditeurs, aux exercices au lycée Notre-Dame. L'école avait un directeur, le professeur en théologie D.-G. Moldenhauer, qui, en même temps, dirigeait les exercices philologiques. D'autres professeurs de l'Université étaient chargés de contrôler les autres sections, mais l'âme de toute l'entreprise, c'était le professeur et poète Chr. Sander (1756-1819), enseignant lui-même la pédagogie. Mais l'œuvre était à peine viable : organisation fautive en certains points, refroidissement de l'enthousiasme pour l'enseignement et, pour comble, les calamités nationales devinrent autant de motifs et, en 1810, on ferma l'école. Il n'en restera pas moins comme un grief permanent contre notre système scolaire que les âges suivants n'aient vu établir pour former les futurs professeurs des lycées aucune école au niveau de l'époque. On ne peut méconnaître la grande habileté de certains professeurs des lycées, mais le niveau général de l'éducation n'a pas été fort élevé. Cependant on a constaté une hausse considérable durant ces vingt dernières années; l'habileté spéciale et les connaissances sont en moyenne plus considérables, mais sous le rapport pédagogique l'instruction laisse encore beaucoup à désirer. Tel qu'il est actuellement en vigueur, l'examen prescrit en date du 25 octobre 1883 pour l' «admission au professorat» (Skoleembedsexamen) offre de fortes garanties en faveur des connaissances étendues des professeurs des lycées danois. Ledit examen comprend les branches de la linguistique et de l'histoire, les mathématiques et les sciences naturelles qui sont représentées aux lycées et collèges. Le programme comporte l'une de ces spécialités comme question principale et deux ou trois autres comme secondaires, mais n'accorde qu'une liberté de choix très restreinte. Il faut ajouter que «le laboratoire philologique-historique» et d'autres exercices universitaires enseignent à l'étudiant cette indépendance, cette individualité des opérations qui peuvent être aussi fort utiles à l'instituteur, et qu'en 1899, les professeurs de l'Université J.-L. Heiberg et Otto Jespersen ont commencé à enseigner la méthodologie de l'enseignement des langues. Mais, avec tout cela, où trouve-t-on l'élément pédagogique proprement dit de l'instruction?

Il est dit dans l'ordonnance qu'avant d'être admis au professorat dans un lycée tout professeur doit avoir suivi un cours d'essai qui achève de le préparer théoriquement et pratiquement aux fonctions du professorat.

Quant à cette pratique de l'enseignement, elle est limitée à une visite de six mois dans un lycée ou bien à quelques leçons que ledit instituteur donnera suivant les cas, et encore, en réalité, elle n'est exigée que sur le papier; et dans les quelques heures que prennent chaque semaine les conférences de pédagogie à l'Université durant un semestre, on ne saurait voir l'équivalent d'une vraie éducation pédagogique; en plus, le futur professeur de lycée peut être exempté même de ce petit cours. De fait, il ne reçoit ou donne aucune instruction qui représente la pratique du professorat; c'est donc laisser presque carte blanche à l'inexpérience avec tous les tâtonnements et bévues ordinaires chez le maître qui débute. En 1897, la «Société pédagogique» a adressé au Ministère de l'Instruction publique des propositions pour que les futurs professeurs des lycées soient attachés à certaines écoles et y reçoivent une préparation qui corresponde aux cours pédagogiques des professeurs des collèges ou lycées suédois. Cette adresse a eu pour résultat que le Ministère a nommé une commission pour examiner cette affaire : mais on en est resté là [1]. On devrait sans doute donner à l'éducation pédagogique des professeurs une forme plus solide et stable en l'attachant à une École normale supérieure pédago-

[1] L'auteur de cette note, M. Hans Olrik (*Forstanderen for Statens Lærerkursus*, Copenhague) nous a fait savoir, au commencement de 1902, qu'il n'avait rien à y ajouter : «La commission nommée pour examiner la question de la préparation pédagogique des professeurs a fait son rapport au Ministère de l'Instruction publique; mais, jusqu'à présent, aucun résultat ne s'en est suivi, vraisemblablement parce que les luttes politiques ont détourné l'attention de ce sujet». — M. H. Olrik observe, du reste, que les cours supplémentaires (à l'usage des professeurs en fonctions), «qui sont la force du Danemark», et particulièrement l'établissement dont il est le directeur, comptent parmi leurs auditeurs «un très grand nombre de professeurs employés dans les écoles secondaires» [a].

[a] L'établissement dirigé par M. Olrik (*Forstanderen for Statens Lærerkursus*, «École normale supérieure») a un budget de 85,000 francs et compte 180 étudiants de 19 à 50 ans. On y enseigne, entre autres choses, la pédagogie. «Vous ne pouvez imaginer le zèle et l'assiduité des instituteurs, des institutrices et des professeurs à tous les cours. Les élèves viennent volontairement, animés par l'intérêt pédagogique, et s'en retournent pleins d'enthousiasme pour travailler mieux qu'auparavant. Si les étrangers pouvaient constater les fruits de l'enseignement supplémentaire chez nous, je crois qu'ils ne tarderaient pas à établir des cours analogues...»

gique qui, en même temps, se chargerait de préparer les professeurs des écoles à un enseignement secondaire inférieur et des institutions supérieures des jeunes filles.

On peut comparer, sur l'état de la question en Danemark, l'excellent exposé de M. Olrik à celui qui a été publié dans la *Zeitschrift für Philosophie und Pädagogik*, IX (1902), p. 54 et suiv. Cf. aussi *Proceedings of the international Conference on Education, London, 1884*, t. IV, p. 86.

ESPAGNE.

En Espagne, les maîtres de l'enseignement secondaire, recrutés parmi les simples licenciés ès lettres ou ès sciences, ne reçoivent aucune espèce de préparation pédagogique.

On s'en plaint depuis longtemps. — Le professeur D. Francisco Giner s'exprimait, dès 1892, en ces termes :

Por complejo y delicado que sea el problema de la organización del profesorado secundario, parecen hoy ya fuera de duda (al menos, en la opinión de los pedágogos más autorizados y, en gran parte, aun en la práctica de los pueblos que nos preceden en este orden de cosas) los siguientes puntos :

1° Que, lo mismo tratándose de este profesorado que del de otras esferas de enseñanza, no hay motivo para desatender su preparación pedagógica y que debe entrarse resueltamente en el camino por que han comenzado á entrar otras naciones. La creación de cátedras de Pedagogía en las Universidades — á semejanza de las que existen en casi todos los países — sería, sin embargo, una reforma insuficiente (aunque preferible al actual abandono). La formación de un maestro, de cualquier orden y grado que éste sea, no se alcanza con una enseñanza pura y exclusivamente teórica, ni con sólo los principios generales de aquella ciencia; sino que ha de ser á la vez, como la de todo arte, doctrinal y práctica, por lo cual requiere ejercicios con una sección, grupo ó escuela de alumnos, análogos á los que luego ha de tener á su cargo el futuro profesor. Á esto obedecen las prácticas en los liceos, recientemente introducidas para los alumnos de la Normal superior de Paris, aspirantes, como es sabido, al profesorado secundario. Además, se necesita conocer la Pedagogía y Metodología especiales de los diferentes órdenes y estudios; y sobre esto tampoco puede dar información suficiente (aunque fuese puramente teórica) una sola cátedra de Pedagogía general.

Tal vez seria una solución acertada, en las condiciones de nuestra enseñanza, la constitución, en el Doctorado de las Facultades de Filosofía y de Ciencias, de una verdadera Escuela Normal para el profesorado secundario, á semejanza de la de París, ó de la que, inspirada en ésta, se organizó en 1847 entre nosotros, para ser suprimida pocos años después; por más que, en rigor, formando una serie continua la primera y la segunda enseñanza, bastaría reorganizar, ampliar y elevar les Escuelas Normales que hoy poseemos y que, por su viciosa y deficiente constitución, son ineficaces para el mismo Profesorado primario, cuya obra es más elemental [1].

La question de la préparation pédagogique des maîtres de l'enseignement secondaire n'a pas cessé, depuis 1892, d'être à l'ordre du jour en Espagne. Une chaire de pédagogie vient d'être fondée en l'Université de Madrid; mais cette mesure est généralement considérée comme insuffisante. On réclame des chaires analogues dans toutes les Universités, l'institution d'un stage professionnel, la fondation de bourses de voyage «pour faire étudier aux futurs professeurs l'organisation et les méthodes de l'enseignement secondaire à l'étranger», etc. Une des «conclusions» adoptées par la dernière Asemblea nacional de los Amigos de la Enseñanza (*Madrid, janvier 1902*) *est ainsi conçue :*

Debe exigirse á todo profesor, de cualquier orden y grado que sea, el estudio teórico y práctico de la pedagogía, para lo cual ha de llevarse esta disciplina á las Universidades, siendo comun á las Facultades de Ciencias y Letras. Y mientras no se establezca esta enseñanza, será obligatorio su estudio á los aspirantes al profesorado en las Escuelas Normales.

[1] *Boletin de la Institución libre de Enseñanza*, févr. 1893, n° 385, p. 52. Cf. Rafael M. de Labra, *El Congreso pedagógico de 1892* (Madrid, 1894), p. 63; et la revue *La Escuela moderna*, juillet 1902, p. 22.

ÉTATS-UNIS.

I

TEACHERS COLLEGE, COLUMBIA UNIVERSITY, N. Y.

Extr. de *The organization and administration of Teachers College*, par James E. Russell, Dean of Teachers College, dans *Teachers College Record*, I (1900), p. 46.

Courses of Study in Teachers College. — The courses of study offered in Teachers College fall naturally into three groups :

A. *Graduate Courses :*

I. A course for teachers in normal schools, and for principals, supervisors, and superintendents of schools. This course is intended to fit teachers of superior ability and of special academic attainments for the work of training teachers in colleges and normal schools, and for positions in the public-school service requiring a high degree of professional insight and technical skill. It leads to the Higher Diploma, the highest honor granted in the College. Candidates for the Higher Diploma must spend at least one year in residence and pursue courses in one major and two minor subjects. The choice of subjects is entirely optional, except that at least the major subject must be education. Candidates for the higher diploma must be graduates of an approved institution of learning — a college, engineering school, or normal school, or the equivalent of one of these — and must present satisfactory evidence of a high degree of professional ability, as a result of the study of education or experience in teaching. The real test of fitness, however, is the ability of the candidate to undertake research and investigation. No definite course, therefore, is prescribed. The minimum period of residence is fixed at one year; but the necessity of completing some special task, in line with the major subject, and putting the results in form for publication makes it difficult for the student, however well prepared, to secure the diploma in the minimum time.

The graduate courses are designed not only to give advanced professional training, but also to promote research and investigation in the field of education. Hence certain courses in Teachers College properly fall within the jurisdiction of the University Faculty of Philosophy, under which Education holds a co-ordinate place with other philosophic and linguistic subjects. Graduate students of Teachers College, therefore, who conform to the general regulations of the University Council, may thus pursue at the same time, with no additional expense, courses leading to a Teachers College diploma and to a University degree. Teachers College students who thus become candidates for the degree of Master of Arts or Doctor of Philosophy must make Education their major subject; their minor subjects may be selected in any other department of the University, subject to the approval of the Dean of Teachers College.

2. A course for teachers in secondary schools and instructors in colleges.

Candidates for admission to this course must hold a Bachelor's degree from some American college in good standing, except that, under the general regulations of Columbia University, students in Columbia College and Barnard College may enter this course in their senior collegiate year. It leads to a diploma in one or more of the subjects commonly taught in secondary schools and colleges. Candidates for the diploma in secondary teaching must spend at least one year in residence, devoting themselves exclusively to academic and professional study of the subjects which they intend to teach. Students who have already taken the baccalaureate degree may combine the work of this course, according to the regulations above-mentioned, with the requirements for the degrees of Master of Arts or Doctor of Philosophy.

The course of study designed for intending teachers in secondary schools is one to which Teachers College can point with pride. Despite the fact that in the popular mind any one of the above-named qualifications suffices for eligibility to teach in the American high school, we have planned a course which requires as much in each respect as is generally required in any one. For example, in the State of New York about thirty-two per cent. of the teachers in secondary schools have a college degree, approximately thirty-nine per cent. are normal-school graduates, and the remainder, it is to be presumed, have been selected because of their special scholarship or success in teaching. Candidates for the Teachers College diploma in secondary teaching must, first of all, be college graduates (at least when they complete the course); they must be able to demonstrate a high degree of special scholarship in every subject in which the diploma is sought — at least the equivalent of three years of university work, three hours par week; they must pass satisfactory examinations in the history and principles of education and in psychology and its applications in teaching; and, finally, they are required to pursue courses specially designed to afford practice in the selection and arrangement of materials for instruction and in the actual teaching of the subjects which they elect.

However one may question the expediency of a university's undertaking the training of teachers for the elementary grades, no doubt can arise as to the desirability of bringing such immediate and direct support to higher education. This is work that cannot well be done outside of a college or a university. The general culture demanded is that which colleges aim to supply; the special scholarship must be the product of university study; and the professional knowledge which should be acquired differs, both in degree and in kind, from that which properly pertains to the teaching of infants and children. The instinct of self-preservation, therefore, should lead the university to do all in its power to support the secondary schools, and especially to provide them with teachers capable of intelligent service.

B. *General Undergraduate Courses :*

1. A course for teachers in elementary schools.
2. A course for teachers in the kindergarten.

C. *Departmental Undergraduate Courses :*

1. A two-year course for teachers and supervisors of art and drawing.
2. A two-year course for teachers and supervisors of domestic art.
3. A two-year course for teachers and supervisors of domestic science.
4. A two-year course for teachers and supervisors of manual training.

Departments of Instruction in Teachers College. — The educational administration of Teachers College is by departments, each of which has its own director (generally of professorial rank) and a full corps of instructors. The departments are as follows : education, english, french, german, greek, latin, history, biology, geography and geology, physics and chemistry, mathematics, kindergarten, fine arts, domestic art, domestic science, manual training, music and voice training, and physical training.

In a sense all departments in Teachers College are departments of education, but the distinction is kept mainly for the supervision and direction of instruction in the Horace Mann School. No department, however, undertakes work that is done adequately in other faculties of the University. In history, the languages, natural sciences, and mathematics, therefore, few collegiate courses are offered in Teachers College; and in systematic and experimental psychology, philosophy, ethics, anthropology, economics, and social science the resources of the University are amply sufficient for all needs.

The work peculiar to Teachers College is that which is technically educational. This consists of courses in the history and philosophy of education, in school economy, in the theory and practice of teaching, and in genetic psychology and hygiene.

Psychology, physiology and child study stand first in order among the required subjects of a technical nature. The special aim in these courses is to know the child; to become familiar with the physical characteristics of infancy, childhood, and youth; to gain some insight into the influences of heredity and environment; and to understand the processes of the normal adult mind. The course in child study is supplementary to the prescribed courses in systematic and applied psychology.

It is designed to present the facts, so far as they have been scientifically determined, concerning the nature and the development of the mind during childhood and adolescence, with special reference to the meaning of these facts to the teacher. It seeks to provide the student with sound criteria for estimating theories about the child's mind and to give practice in right methods of observation and experiment.

The general course in the history of education aims to ascertain what standards of culture — what ideals of life and what methods of training the young to assume the duties of life — have prevailed in the past or now exist among various peoples. It shows the growth of civilization and discloses some of the causes of progress; it reveals instances of arrested development and suggests means of obviating it. In the first half-year of this course the chief types of ancient education — Egyptian, Chinese, Hebrew, Greek, and Roman — are presented in the light of the history of civilization; the continuation of the course in the second half-year gives special attention to the interaction of Greek, Roman, and Christian influences, in forming the educational ideals and shaping the school systems of mediæval and modern times. A part of the course is devoted to the reading and discussion of selections from the classics and the works of later writers on education.

The course on the principles of education aims to lay the basis for a scientific theory of education, considered as a human institution. The process of education is explained from the standpoint of the doctrine of evolution, and the fundamental principles thus arrived at are applied from the threefold standpoint of the history of civilization, the developing powers of the child, and the cultivation of individual and social efficiency. The courses in the history and philosophy of education thus seek to establish reliable foundations for all educational practice.

The prescribed courses in the theory and practice of teaching are concerned with both the science and the art of education — with the science, so far as it is dependent upon the laws of mental development; with the art, so far as it involves the application of these laws in observing, planning, and teaching a series of lessons. The introductory course, which grows directly out of the course in general psychology, has at its special aim the development of a scientific method of the recitation and the application of the principles of method to various studies of the elementary school. Then follows a period of training, under actual classroom conditions, for all students who are not experienced teachers.

The classes of the Horace Mann School, from the kindergarten up through the high school, are open to students who are qualified to undertake systematic study of the courses of instruction or to engage in actual teaching under the guidance and criticism of the school instructors. It is not the purpose of the Horace Mann School, however, to provide means for practice and experimentation except along lines already demonstrated as safe and reliable. The proving ground, both for pupil-teachers and for untried methods of instruction, is a series of special classes, under the immediate supervision of the Professor of the Theory and Practice of Teaching, organized as an Experimental School.

All other courses of the department are either optional or required only of candidates for diplomas in special subjects. Under the head of the Theory and Practice of Teaching the following courses are offered : kindergarten methods, primary teaching, critic teaching, and the principles and methods of teaching english, french, german, greek, latin, history, mathematics, biology, geography and geology, chemistry, physics, art and drawing, domestic economy, and manual training. In speaking of these courses as "method courses", I am using the term in its broadest sense. In dealing with mature students, there is little need of putting exceptional stress upon technical devices and formal classroom procedure. The main thing for them is to see the relation of each particular subject to other subjects of the curriculum, to appreciate its educational value, to fix the principles that shall govern its presentation, to select and arrange the materials of instruction, to devise ways of illustration and application, and to construct systematic and scientific courses of study. The broader a teacher's general culture and the deeper his special scholarship, the greater his need of giving particular attention to ways of doing his work. The person who has only a meagre knowledge of his subject may be able to summon all his forces at any moment; his greatest concern is to hide his own defects. The master, however, knows that he has a vast storehouse to draw from; he realizes the seriousness of his task, and the physical limitations imposed upon himself and his pupils; his main thought must be to discover the best instruments at his command and the most effective manner of using them. Such training, whether self-imposed or gained from others, is essentially professional.

Students who are prepared to do graduate work have the opportunity of pursuing advanced courses in all the lines above mentioned. The course in school supervision and management is especially intended for those who will enter upon administrative work. It includes school criticism and discipline, observation and study of typical school conditions, school organization, departments, classification, examinations, promotions, curricula, appliances, architecture, and sanitation. Allied to this is the course of school hygiene, which deals with the hygienic construction of school buildings; the heating, lighting, ventilation, and equipment of classrooms; the hygiene of instruction and fatigue; school diseases and defects of sense; and practical tests of physical and mental ability. Then follows a course on foreign systems of education, as compared with our own — chiefly the national systems of Germany, France and England, in respect to their administration and supervision of educational affairs, kinds of schools, school curricula, methods and scope of instruction, and the training, certification, remuneration, and duties of teachers. Three seminars are also open to graduate students who desire training in methods of research in the history, theory, and practice of education. The topics selected for the present year are : «The administration of public education in the United States», «The development of the secondary school in Europe and America», and «The curriculum of the elementary school».

II

LES ENSEIGNEMENTS PÉDAGOGIQUES À L'UNIVERSITÉ DE MICHIGAN.

Extr. du *Calendar of the University of Michigan* (Ann Arbor, Mich., 1901.)

The aims of the University in providing instruction in the Science and Art of Teaching are as follows :

1. To fit the University students for the higher positions in the public school service.
2. To promote the study of educational science.
3. To teach the history of education and of educational systems and doctrines.
4. To secure to teaching the rights, prerogatives and advantages of a profession.
5. To give a more perfect unity to our State educational system by bringing the secondary schools into closer relations with the University.

Teacher's Diploma : The Teacher's Diploma is given to a student in connection with his bachelor's degree, provided he has complied with the following conditions :

1. He must have taken courses 1 and 2 and some three-hour course, or its equivalent in time, in the Science and Art of Teaching.
2. He must have taken such teacher's course or courses as may be prescribed in some one of the other departments of instruction that offer such courses.
3. He must have shown such ability in his work as will, in the judgment of the professors interested, entitle him to receive such diploma, it being distinctly understood that work good enough to count towards fulfilling the requirements for a degree is not of necessity good enough to count for this purpose.

. . . .

Students who wish to prepare themselves for ordinary class-room duties, are advised to pursue courses 1 and 1 *a*, if they can take but four hours ; those who propose to assume the management of high schools or graded schools should take course 5 in connection with these courses.

In both cases, however, it is desirable for them to pursue course 2. — Students are recommended to take courses 1, 1 *a* and 2 before the historical courses.

The Pedagogical Society holds regular meetings throughout the entire year. The meetings are conducted largely by the students, though, at some of them, addresses are given by members of the Faculty or by other persons.

FIRST SEMESTER. 1. *Practical Pedagogy.* The arts of teaching and governing; methods of instruction and general schoolroom practice; school hygiene; school law; the methodology of the language-arts, geography and history. Hinsdale's Teaching the Language-Arts and How to study and teach History. Four hours.

1 *a. The Art of Study.* Text-book : Hinsdale's Art of Study. Two hours.

3. *History of Education.* Ancient and medieval. Recitations and lectures. Text-book : Compayré's History of Pedagogy. Three hours.

5. *School Supervision.* General school management, the art of grading and arranging courses of study, the conduct of institutes, etc. Text-book : Payne's Chapters on School Supervision. Three hours.

9. *Child Study.* Historical sketch; a discussion of the factors which influence intellectual development; methods of child-study; psychology and physiology of childhood; study of special problems, such as the education of the nervous system, the hygiene of studies, motor ability, temperament, period of adolescence, children's drawings, interests, litterature, fears, anger, etc. The aim throughout is to treat each topic from a distinctly pedagogical point of view. Two hours.

10. *Social phases of education.* A consideration of the school as a social factor in its relations to the child, to the home, to the church, and to the State. Also a discussion of the relation of education to vocation and to crime. Text-book : Dutton's Social phases of education. Two hours.

SECOND SEMESTER. 2. *Theoretical and critical Pedagogy.* The principles underlying the arts of teaching and governing. Four hours.

4. *History of modern education.* Text-book : Compayré's History of Pedagogy. The topics dealt with in the lectures are the movement of modern educational thought and practice. Three hours.

6. *The comparative study of educational systems, domestic and foreign.* Two hours.

7. *History of Education in the United States.* One hour.

GRANDE-BRETAGNE.

Extrait de *The Educational Times*, 1er mars 1902, p. 136.

TABULAR ANALYSIS OF CLAUSES IN THE ORDER IN COUNCIL FOR REGISTRATION OF TEACHERS RELATING TO QUALIFICATIONS FOR REGISTRATION IN COLUMN *B*.

After 1st of April, 1905.

I. GENERAL EDUCATION.	II. TRAINING.	III. PROBATIONARY EXPERIENCE.
One of the following (1) : Degree Examination of any University of the United Kingdom. Higher Local Special Honours. A. R. C. S. A. C. T. C. F. C. P. *Some other approved standard of general education.*	EITHER : 1. A year's residence and training at a recognized institution for the Training of Secondary Teachers (*i. e.*, the institutions named in the Schedule, Appendix D (2), or any other institution approved by the Board); and 2. *One of the following Certificates in Theory and Practice of Teaching :* Oxford University, Cambridge University, London University, Victoria University, Durham University, Birmingham University (Higher Diploma), Edinburgh University (Secondary School Diploma), Aberdeen University (Diploma with Distinction), Glasgow University (Diploma with Distinction), University of Dublin, Royal University of Ireland, College of Preceptors (Fellowship and Licentiateship, together with the Certificate of Ability to Teach).	One year as Teacher at a recognized school (not being an elementary school); and Evidence of fitness for the teaching profession.
	OR : 1. A year's training as Student-Teacher under supervision at a recognized school (not being an elementary school); 2. Evidence of fitness to teach; and 3. An approved examination in the Theory of Teaching.	

(1) C'est ici le résumé de l'Appendice A, dont voici le texte complet :

APPENDICE A. — A tripos certificate granted by the University of Cambridge to women.

A diploma or certificate showing to the satisfaction of the Registration Authority that the applicant, if a woman, has fulfilled all the conditions which, if the University of Oxford granted degrees to women, would entitle her to a degree in that University.

A diploma or certificate showing to the satisfaction of the Registration Authority that the applicant, if a woman, has fulfilled all the conditions which, if the University of Dublin granted degrees to women, would entitle her to a degree in that University.

The Associateship of the Royal College of Science, London.

The Associateship of the Central Technical College, London.

The Fellowship of the College of Preceptors.

A Special Honours Certificate of the Higher Local Examinations (Oxford and Cambridge), granted under that following conditions : (i.) That the holder has passed in four groups or sections and obtained First of Second Class in at least two of them; and (ii.) that the certificates includes at least a pass in two languages and at least a pass either in mathematics or in logic.

(2) APPENDICE D. *Institutions, etc., for the Training of Secondary Teachers.* — Course of training for secondary teachers at Oxford for the Oxford University Diploma (this training would be accepted, provided that students stayed for a year); University of Cambridge (Day Training College), Secondary Department; Durham University; Birmingham University; Owens College, Manchester; University College, Liverpool; Yorkshire College, Leeds (provided the training were of one year's duration); University College of North Wales, Bangor; University College of South Wales, Cardiff; University College of Wales, Aberystwith; Cambridge Training College; Maria Grey College, London; Cheltenham Ladies' College; Bedford College for Women, University of London; Mary Datchelor College, London; St. George's Training College, Edinburgh; Catholic Training College, Cavendish Square, London; St. Mary's Hall, Mount Pleasant, Liverpool.

NOTA. The Registration Authority may place on Column B of the Register the name of any person who does not fulfil all the conditions of registration, but who, in their opinion, would have fulfilled all the necessary conditions but for the fact : (*a*) That part of the period of his study or training was spent in an approved course of study or training at a foreign University, college, or school; or (*b*) That part of the period of his study, training, or probation was spent in original research certified to have been conducted under proper supervision and to the satisfaction of the Registration Authority (1).

(1) Quelques modifications ont déjà été apportées à ces dispositions : c'est ainsi que le «Higher Certificate» délivré par la National Frœbel Union a été ajouté à la liste des diplômes acceptés comme attestant l'aptitude pédagogique (*The Educational Times*, 1er sept. 1902, p. 379).

FINLANDE.

Extr. de *L'enseignement secondaire et primaire en Finlande*, par G. Lönnbeck (Helsingfors, 1900), p. 17.

Les deux lycées classiques de Helsingfors servent d'établissements pour former les professeurs et sont appelés *lycées normaux*. Pour obtenir d'y entrer en qualité d'élève-maître (lärarekandidat), il faut avoir suivi à l'Université le cours scientifique et passé les examens (celui de candidat de philosophie et, pour les professeurs de religion, certains examens à la faculté de théologie) prescrits comme conditions de compétence pour les postes dans l'enseignement. L'élève-maître doit pendant deux semestres suivre l'enseignement dans les matières choisies par lui, et s'exercer à donner lui-même cet enseignement. Un crédit de 10,000 marks est assigné pour des bourses aux élèves-maîtres; il est réparti entre les deux lycées normaux au prorata du nombre de ces élèves. Toutes les semaines on les réunit en conférences dans les divers groupes de matières. Dans ces conférences, on fait la critique de leurs leçons d'épreuve, on examine et compare diverses méthodes ou livres d'enseignement, on discute des questions pédagogiques et didactiques, etc. Une fois par mois, le professeur de pédagogie de l'Université, qui est en même temps inspecteur des lycées normaux, réunit en conférence tous les élèves-maîtres. Leur période de stage terminée, ceux-ci passent devant ce même professeur l'examen de pédagogie et de didactique requis également pour l'obtention de postes de professeurs ordinaires dans les écoles; enfin, vient un examen pratique passé au lycée normal. Pendant l'année scolaire 1898-1899, le lycée normal suédois fut suivi par 14, le lycée finnois par 33 élèves-maîtres [1].

[1] Cf. E. Böök, *Ueber die Ausbildung von Lehrern an höheren Schulen in Finnland*, dans *Lehrproben und Lehrgänge aus der Praxis der Gymnasien und Realschulen*, XXVI (1892), pp. 1-9.

HONGRIE.

I

ORGANISATION DU COLLÈGE EÖTVÖS, À BUDAPEST.

I. *But du Collège.* — Le Collège Eötvös a été fondé pour procurer aux étudiants des Écoles supérieures et Université de Budapest, qui se destinent à la carrière professorale, tous les moyens de se préparer, théoriquement et pratiquement, à leur profession spéciale.

II. *Direction du Collège.* — Le Collège est placé sous l'autorité immédiate du Ministre de l'Instruction publique.

A la tête du Collège se trouve un «curateur», qui est le mandataire spécial du Ministre et est chargé de l'administration générale.

Le directeur a la charge des études, de la discipline et, provisoirement, de l'économie du Collège.

Il représente l'institut devant les autorités et le public.

Il adresse ses rapports concernant les affaires de l'institut au Ministre de l'Instruction publique.

Ces rapports sont revêtus de la signature du curateur.

Il dirige et contrôle, avec la coopération des professeurs de l'Université et des professeurs attachés à l'institut, les études des élèves.

Au commencement de chaque semestre, il indique à chaque élève, dans un entretien particulier, un programme d'études, soit à l'Université, soit au Collège. De temps en temps, il s'enquiert des progrès des élèves dans leurs études.

Il dirige et contrôle les études faites dans le Collège, qui ont pour but d'appliquer ou de compléter celles de l'Université et de fournir une instruction générale propre à la future profession des élèves.

Il surveille le développement moral et social des élèves, et veille à la bonne discipline du Collège.

Il est chargé de l'entretien des locaux et du mobilier, du ménage; surveille l'ordre intérieur et dirige provisoirement les comptes de l'institut.

Le directeur rédige un règlement concernant la direction et l'administration intérieure de l'institut, lequel est soumis à l'approbation du Ministre par le curateur.

III. *Professeurs spéciaux et études faites dans le Collège.* — Sur la proposition du curateur, le Ministre désigne, pour une période de trois années, au moins quatre professeurs spéciaux chargés de diriger les études spéciales des élèves. Pendant ce temps, les professeurs sont ordinairement exemptés de leurs fonctions antérieures. Le devoir des professeurs spéciaux est d'être présents dans le Collège pendant les études particulières et d'aider les élèves dans leurs études, soit séparément, soit par groupes, de tenir des conférences et des cours.

Les études et exercices faits dans le Collège ont pour but de faire connaître aux élèves les conditions et les idées fondamentales de leur branche spéciale dans leur ensemble systématique, de les exercer dans l'emploi des connaissances nécessaires dans l'enseignement secondaire et de les préparer à leurs examens.

Le directeur, de concert avec les professeurs spéciaux, fixe, au commencement de chaque semestre, le programme des études après un court examen des élèves.

Le Collège veille au développement des connaissances littéraires des élèves, à ce qu'ils puissent apprendre les langues vivantes, en première ligne le français et l'allemand.

Il veille à leur santé, à leur développement physique, et leur procure l'occasion de s'exercer dans le dessin, la musique, le chant, la gymnastique.

A la fin de chaque année, sous la présidence du curateur, le directeur et les professeurs spéciaux se réunissent en conférence, examinent les résultats des études, dressent pour chaque élève un rapport sur son travail et ses aptitudes et décident s'il peut continuer à faire partie du Collège.

Le temps du séjour dans le Collège est limité à quatre années.

A la fin de l'année, le directeur adresse au Ministre un rapport sur les résultats obtenus et les études faites dans le Collège.

IV. *Membres du Collège.* — Les membres du Collège sont :

α) Les boursiers de l'État (boursiers et demi-boursiers);

β) Les boursiers d'autres écoles ou fondations;

γ) Les internes payant pension et agréés par le Ministre sur la proposition du curateur.

Le Ministre accorde les places de boursier d'État à la suite d'un concours public ou sur la recommandation directe des professeurs, sous leur responsabilité personnelle, mais, en tous cas, sur la proposition du curateur de l'institut [1].

[1] En fait, on entre dans le Collège *au choix,* mais la note «excellente» dans le certificat de maturité est nécessaire pour être «proposé» par le directeur. Il y a actuellement 50 pensionnaires, dont 36 ont une bourse complète; 5 payent quatre cents couronnes par an, 2 huit cents; 2 sont entretenus aux frais de l'Église réformée et 5 aux frais de l'Ordre Prémontré. — Le cours d'études est de quatre ans; mais des élèves distingués obtiennent de prolonger leur séjour en qualité de surveillants ou répétiteurs, même pendant qu'ils font leur stage pratique au Gymnase-Modèle de Budapest.

Les élèves sont divisés en groupes, par spécialités (philologues classiques,

Le Ministre de l'Instruction publique fixe le nombre des autres internes, sur le rapport du curateur et sous la condition qu'on puisse surveiller suffisamment leurs travaux.

Outre les internes et selon les locaux du Collège, un certain nombre d'élèves externes peuvent prendre part aux cours et conférences avec l'autorisation du directeur.

Les cours sont gratuits.

Budapest, le 31 août 1895.

Le Ministre de l'Instruction publique,
WLASSICS.

II

DAS UEBUNGSGYMNASIUM DER PROFESSORENBILDUNGSANSTALT IN BUDAPEST.

Communiqué par M. le Dr J. Waldapfel, professeur au Gymnase-Modèle de Budapest.

Ungarn hat an seinem Uebungsgymnasium in Budapest eine in ihrer Art einzig dastehende Einrichtung. Das Gymnasium wurde vor 30 Jahren ins Leben gerufen und zwar gleich mit dem Zwecke, Candidaten für das höhere Lehramt in die Praxis des Gymnasiums einzuführen. Moriz Kármán, der bedeutendste Pädagoge des modernen Ungarn, hatte zu Beginn der 70-er Jahre des vorigen Jahrhunderts die Idee, dass ein solches Gymnasium gegründet werde, und die Minister Eötvös und Pauler verwirklichten den Gedanken Kármáns. Das Gymnasium war nicht nur als Uebungsschule für die Candidaten, sondern auch in gewissem Sinne, um ein Wort Kant's zu gebrauchen, als Experimentalschule oder sozusagen als pädagogisches Laboratorium gedacht. Es sollte eben auch in der Anwendung moderner pädagogischer Principien auf Lehrstoff und Lehrverfahren bahnbrechend wirken.

Die Anstalt hat im Grossen und Ganzen während der 30 Jahre ihres Bestandes — innerhalb welches Zeitraumes sie nahezu 700 Candidaten für den Gymnasial-resp. Realschullehrerberuf vorbereitet hat — ihre ursprüngliche Organisation beibehalten. Vor Kurzem hat sich wohl auf Grund der gesammelten Erfahrungen eine Umarbeitung, resp. Ergänzung ihrer Organisationsstatuten als nöthig erwiesen, und das Professorencollegium der Anstalt arbeitete auch einen neuen Statutenentwurf aus, der aber noch der ministeriellen Genehmigung harret. Eigentlich

historiens, langues vivantes, scientifiques, etc.). Chaque groupe a sa bibliothèque, sa salle de travail, son dortoir en commun.

Les élèves qui échouent aux examens (universitaires) de deuxième année ou de fin d'études sont exclus.

werden diese neuen Statuten nur in manchem Détail der äusseren Administration das fixieren, was der Usus mit sich gebracht hat; Geist und inneres Leben der Anstalt werden durch die wenigen Modificationen, die der neue Statutenentwurf enthält, nicht berührt werden; und so können wir auf Grund der alten Statuten und der 30 jährigen Tradition folgenden Umriss der Organisation des Uebungsgymnasiums geben.

Was vor allem den Namen «Uebungsgymnasium der Professorenbildungsanstalt[1]» betrifft, haben wir folgendes zu bemerken : Ungarn hat in Budapest eine «Professorenbildungsanstalt» (tanárképzó-intézet) benannte Institution (auch in Klausenburg ist eine ähnliche Einrichtung), die eigentlich nur in dem Functionieren einer Körperschaft besteht, welche die Aufgabe hat die Studien der Candidaten an der Universität und technischen Hochschule in entsprechender Weise zu leiten und durch Veranstaltung gewisser Uebungen und vorbereitender Curse ihre Universitätsstudien zu ergänzen[2]. Die Lehramtscandidaten sind also eigentlich inscribierte Hörer der Universität oder der technischen Hochschule, sind auch durchaus nicht gezwungen, sich unter die Leitung der Professorenbildungsanstalt zu stellen, jedoch thut es ein grosser Theil. Die Agenden der Professorenbildungsanstalt versieht ein aus Professoren der Universität und der technischen Hochschule bestehender Senat, an dessen Spitze ein Präsident und ein geschäftsführender Direktor stehen.

Das einzige selbständige Organ, über das die Professorenbildungsanstalt verfügt, ist eben das Uebungsgymnasium, dessen unmittelbare Oberbehörde also die Direction der Professorenbildungsanstalt ist.

So unterscheidet sich dieses Gymnasium auch seiner äusseren Stellung nach von den übrigen Gymnasien. Während diese den betreffenden Districts-Oberdirektoren untergeordnet sind, steht das Uebungsgymnasium unter der Aufsicht der Direction der Professorenbildungsanstalt.

Das Uebungsgymnasium dient in erster Reihe der praktisch-pädagogischen Vorbildung der Lehramtscandidaten und nimmt zu diesem Behufe die Candidaten erst dann auf, wenn sie ihr vierjähriges Uni-

(1) Der allgemein verbreitete populäre Name der Anstalt ist wohl «Muster-Gymnasium» (Minta-gymnasium). Dieser Name ist jedoch nicht officiell.

(2) Den Zwecken der Professorenvorbildung (Bildung der Lehrer für höhere Schulen) dient auch das Baron Eötvös-Collegium, ein Internat für ausgezeichnete Candidaten, das sie während der Zeit ihrer Hochschulstudien beherbergt, verpflegt, mit einer reichhaltigen Bibliothek versorgt und durch von hervorragenden Mittelschulprofessoren und Universitätsdocenten geleitete Curse in ihren Studien fördert. Der Curator dieser Anstalt ist wohl derzeitig zugleich Präsident der Professorenbildungsanstalt, aber sonst besteht kein organischer Zusammenhang zwischen den beiden Anstalten.

versitätsstudium hinter sich haben, ja Stipendiaten können nur solche sein, die ihr sogenanntes Fachexamen schon abgelegt haben. Das Examen unserer Candidaten des höheren Lehramtes besteht nämlich aus drei Stufen : dem sogenannten Fundamentalexamen zum Schlusse des 4-ten, dem Fachexamen zum Schlusse des 8-ten Semesters und dem pädagogischen Examen nach einem Jahre der Praxis, das der Candidat nach freier Wahl entweder am Uebungsgymnasium oder an einer anderen höheren Schule (Gymnasium oder Realschule) des Landes zubringt [1].

Das Uebungsgymnasium rechnet also darauf, dass die Candidaten als geschulte Fachleute an die Anstalt kommen, die sich hier in erster Reihe ihrer praktischen Vorbildung und der Pflege ihres pädagogischen Interesses zu widmen haben. Für diese Zwecke sorgt sie in folgender Weise.

Die Anstalt selbst als Mittelschule ist ein Gymnasium mit allen Rechten eines vollständigen 8-klassigen Gymnasiums. Da jedoch das Gymnasium als solches nicht, wie bei anderen Schulen, alleiniger Selbstzweck ist, sondern zugleich Mittel zum Zwecke der Professorenvorbildung, und es somit nothwendig wird, dass die auf die Gymnasialschüler bezüglichen erzieherischen und administrativen Agenden vermindert werden, hat es in jedem Jahre nur vier der 8 Klassen, und zwar auf die Weise, dass es in einem Jahre die 1-te, 3-te, 5-te und 7-te, im darauffolgenden die 2-te, 4-te, 6-te und 8-te Klasse hat, so dass das Gymnasium nur in jedem zweiten Jahre Incipienten aufnimmt und ebenso nur in jedem zweiten Jahre Abiturienten entlässt. Auch ist die Schülerzahl jeder Klasse im Verhältnisse zu den anderen hauptstädtischen Gymnasien eine beschränkte (Maximalzahl : 36), und die wöchentliche Stundenzahl der Professoren ist auch eine verminderte (an anderen Schulen 18, hier 12). Sonst ist das Gymnasium, was Lehrplan und Schulordnung betrifft, im Grossen und Ganzen an dieselben Gesetze und Verfügungen gebunden, wie die übrigen höheren Schulen im Lande, nur in den Einzelheiten und der Methode hat es sich seinem inneren Berufe und seiner äusseren Sonderstellung entsprechend eine grössere Freiheit und Selbständigkeit gewahrt.

In Verbindung mit dieser Mittelschule wird nun für die praktische Ausbildung der Lehramtscandidaten [2] gesorgt. Sie besteht aus folgenden Theilen :

[1] Erst nach diesem letzten, dem pädagogischen Examen erhält der Candidat sein Befähigungsdiplom, und kann dann angestellt werden, und zwar vor allem auf 1-3 Jahre in der Eigenschaft eines Supplenten, und dann erst als ordentlicher Professor.

[2] Die Candidaten bestehen aus sogenannten ordentlichen und ausserordentlichen Mitgliedern der Anstalt. Jene unterscheiden sich von diesen eigentlich nur darin, dass sie Stipendien (jährlich 1,000 Kronen) bekommen, und diese nicht; etwa auch noch darin, dass sie fast immer zum Unterrichte zugelassen

1. Hospitieren und Theilnehmen an allen Functionen des inneren Schullebens (Aufsicht der Schüler, Schulferien, Ausflüge und Schulreisen, u. s. w.).

2. Eigenes Unterrichten mit einer sogenannten Probelection.

3. Theilnehmen an den Besprechungen der Lehrmethode und sonstigen auf die Schüler bezüglichen Conferenzen.

4. Theilnehmen an den pädagogisch-theoretischen Conferenzen, dem sogenannten Theoreticum.

Das Hospitieren ist bei allen Lectionen und in allen Klassen gestattet und eigentlich nicht beschränkt. Als Minimum wird wohl gewünscht, dass es sich wenigstens auf *einen* Lehrgegenstand in *einer* Klasse regelmässig erstrecke. Empfohlen wird den Candidaten, ihr Hospitieren recht vielseitig einzurichten, damit ihr Sinn für das Ganze des Gymnasialunterrichtes rege werde. Die Hospitanten schreiben dann ihre Namen in das officielle, im Conferenzzimmer aufliegende Diarium (Journal) ein, in das Stunde für Stunde der behandelte Lehrstoff gebucht wird.

Wenn ein Candidat bei einem Gegenstande in einer Klasse längere Zeit hindurch regelmässig hospitiert hat, und der betreffende Professor, unter dessen Leitung er sich zu stellen wünscht, aus dem persönlichen Verkehre und dem auf die angehörten Lectionen bezüglichen Meinungsaustausch den Eindruck gewonnen hat, dass der betreffende Candidat schon dazu geeignet ist, selbst zu unterrichten, so kann er zur Ausübung des Unterrichtes zugelassen werden. Diese Zulassung wird damit eingeleitet, dass der Candidat auf eingehende Weisung des leitenden Professors hin sich mit dem ganzen Stoffe des betreffenden Gegenstandes für die betreffende Klasse und seine Gliederung in methodische Einheiten vertraut macht. Die methodischen Einheiten, die der Candidat dann selbst unterrichtlich behandeln soll, werden im Vorhinein in einer schriftlichen Präparation ausgearbeitet, und diese dann dem leitenden Professor behufs Gutheissung resp. Verbesserung vorgelegt. Den Unterricht gibt der Candidat immer in Anwesenheit des leitenden Professors. Dieser greift während der Stunde nur selten und in geringem Masse in den Gang der Lection ein; nach der Stunde bespricht er diese eingehend mit dem Candidaten, macht ihn auf Mängel oder auch nur auf seine abweichende Auffassung einer sachlichen Einzelheit oder eines methodischen Schrittes aufmerksam, wobei natürlich den begründeten eigenen Anschauungen oder individuellen persönlichen Eigenschaften der Candidaten nach Möglichkeit Rechnung getragen wird. Schonung der sich offenbarenden Lehrerindividualität ist ein wichtiges Princip der Uebungs-

werden, während die ausserordentlichen Mitglieder nur, insoweit noch von den ordentlichen Mitgliedern nicht besetzte Lectionen frei sind. Sonst sind die Rechte und Pflichten der ordentlichen und ausserordentlichen Mitglieder dieselben. Die Bedingung für das Erlangen eines Stipendiums ist ein guter Erfolg im Fachexamen.

schule, und die wertvollen Persönlichkeiten unter ihnen haben sich auch nie über das Einpressen in eine Schablone beklagt. Bei den regelmässigen Besprechungen nach der Stunde sind gewöhnlich auch die übrigen Hospitanten anwesend. Auf diese Weise führt dann der Candidat den Unterricht gewöhnlich bis zum Schlusse des Jahres fort oder wenigstens einige Monate hindurch, gibt selbst während dieser Zeit den Schülern Aufgaben, besorgt die Correctur der schriftlichen Arbeiten, die nöthigen Eintragungen in das Klassenbuch u. s. w., und steht überhaupt den Schülern gegenüber als eigentlicher Lehrer da, während der leitende Professor bloss passiv im Hintergrunde bleibt, nur in den Augen des Candidaten eine leitende und prüfende Macht.

Einmal im Jahre hält dann der Candidat eine sogenannte Probelection, d. i. eine sich ganz dem regelrechten Lehrgange einfügende Unterrichtsstunde, die sich von den übrigen Stunden nur darin unterscheidet, dass bei der Probelection alle leitenden Professoren sammt dem Direktor, wie auch alle Candidaten als Hospitanten anwesend sind. (In den ersten Monaten des Jahres halten auch einige leitende Professoren ähnliche öffentliche Lectionen in Anwesenheit des ganzen Professorencollegiums und sämmtlicher Candidaten.)

Die Besprechung dieser Probelectionen geschieht nun nicht, wie die der gewöhnlichen Lectionen, nach der Stunde in engem Kreise, sondern zwei Tage später in öffentlicher Conferenz, die gewöhnlich folgenden Verlauf hat. Der Candidat, der einen Tag vor Abhaltung der Probelection die Präparation im Conferenzsaal zu allgemeiner Besichtigung aufgelegt hatte, begründet nun in der Conferenz in einem schriftlich ausgearbeiteten Berichte seine Präparation, indem er sich des weiteren über die Stellung der Lection im Ganzen des Klassenpensums auslässt, bespricht dann den Verlauf der Stunde und trachtet namentlich, sich und der Conferenz die etwaigen, durch die Reaction der Schüler nothwendig gewordenen Abweichungen von dem im Vorhinein bestimmten Ziele und Wege in allen Einzelheiten klar zu stellen. Hierauf liefert ein durch den Direktor bestellter Referent ein ausführliches Bild der Stunde, dem natürlich kritische Randbemerkungen nicht fehlen. An den Bericht des Candidaten, der die Probelection gegeben hat, und die Kritik des Referenten knüpft sich dann gewöhnlich ein längerer Meinungsaustausch, der sich nicht nur auf die Probelection beschränkt, sondern von dieser ausgehend sich auf die Methodik des betreffenden Lehrgegenstandes im allgemeinen erstreckt. Diese Besprechungen gehören zu den lehrreichsten Partieen in der pädagogischen Bildungsarbeit der Candidaten und dienen unter anderem auch dazu, in dem gesammten Lehrercollegium das Interesse für das Ganze der Schularbeit wachzuhalten. Nebst diesen Besprechungen erledigen die Conferenzen auch die sonstigen laufenden Angelegenheiten der Schule (z. B. die Eintragung des détaillierten Lehrstoffprogrammes für 1-2 Wochen im Vorhinein), und auch hiebei sind die Candidaten natürlich anwesend, ja regelmässig führt auch ein

Candidat das Protokoll der Conferenz. Probevorträge und ihnen folgende Besprechungen sind ungefähr 20 im Jahre.

Ausser diesen auf die unmittelbare Unterrichtspraxis bezüglichen Besprechungen gibt es noch in zwei Stunden wöchentlich theoretisch-pädagogische Conferenzen, sogenannte Theoretica, mit deren Leitung der Unterrichtsminister einen der leitenden Professoren betraut. Sie bestehen zum grössten Theile aus den Vorträgen des leitenden Professors, der auf Grund der in der Uebungsschule erwachsenen Tradition die für die Praxis wichtigsten Kapitel der Gymnasialpädagogik, die Lehrpläne, Lehrtechnik, etc., behandelt, zum Theile auch aus Referaten der Candidaten über gewisse auf Gymnasialpädagogik bezügliche Themata, über actuelle Artikel aus pädagogischen Zeitschriften, etc. Sie ergänzen durch theoretische Zusammenfassung und Einführung in die pädagogische Literatur die pädagogische, namentlich didaktische Vorbildung der Candidaten.

Die Candidaten verbringen gewöhnlich ein Schuljahr in der Anstalt, können aber auch länger bleiben. Viele verbringen schon darum zwei Jahre dort, damit sie Gelegenheit haben den Lauf des Unterrichtes in allen 8 Klassen des Gymnasiums zu beobachten. Zum Schlusse des Jahres liefern die leitenden Professoren einen Bericht über ihre betreffenden Candidaten, der sich namentlich auf die Fortschritte in Methode und Lehrtechnik bezieht. Diese Berichte werden vom Direktor dem Unterrichtsministerium unterbreitet, und ein Auszug aus denselben wird in das Abgangszeugniss der Candidaten eingetragen.

In dem Vorhergehenden wären die wichtigsten Punkte der Candidatenvorbildung am Uebungsgymnasium zusammengestellt, soweit diese durch feststehende Einrichtungen gesichert ist. Dass der wichtigste Theil der Erziehung der Candidaten vielleicht nicht in den statutenmässig geregelten Einrichtungen liegt, sondern in den freien Bethätigungen der Anstalt, ist wohl nicht ganz unwahrscheinlich. Das eifrige Mitthun bei allen Bewegungen der Schule, das innige Mitleben mit reiferen, gewiegten Professoren, die den jungen Anfängern nicht nur sorgsame Führer, sondern auch warmherzige Freunde zu sein bestrebt sind, haben gewiss grossen, wenn nicht den grössten Theil an der geistigen Förderung der jungen Lehrer.

Mögen noch folgende Zahlen über den äusseren, namentlich den wirtschaftlichen Stand der Schule Aufschluss geben (Sämmtliche Zahlen beziehen sich auf das Schuljahr 1900-1901).

Die Anzahl der Gymnasialschüler in vier Klassen (I, III, V und VII) war 145. Das Schulgeld beträgt 132 Kronen jährlich. Unter den Eltern der Schüler waren 10 Grossgrundbesitzer und Grosspächter, 4 Grossindustrielle, 15 Grosshändler, 53 öffentliche, 12 privat-Beamte, 42 sonstigen Intelligenzberufen angehörige Personen (Advocaten, Aerzte, Professoren, Ingenieure), und 9 Privatiers. Das Professorencollegium bestand aus 9 ordentlichen und zwei Hilfs-Professoren für die obligaten Gegenstände.

Ausserdem gab es noch 8 Lehrer für Religion und für die ausserordentlichen (wahlfreien) Gegenstände. Das Gehalt eines ordentlichen Professors beläuft sich auf 3,600-4,800 Kronen Grundgehalt, 1,000-1,200 Kronen Wohnungsgeld und Quinquennalzulagen von je 200 Kronen. Lehramtscandidaten waren an der Anstalt 65, darunter 11 ordentliche, d.i. solche, die ein Stipendium von 1,000 Kronen innehatten. (Alle Candidaten geniessen natürlich unentgeltlich die ihnen von der Anstalt gebotenen Beneficien.) Die Anstalt, die in ihrem eigenen, auf 300,000 Kronen geschätzten Hause wohnt, bekam im Berichtsjahre 63,138 Kronen aus der Staatscasse; die übrigen Ausgaben werden aus anderen Einnahmen, darunter vor allem 12,475 Kronen Schulgeld gedeckt. Das Gesammtbudget der Anstalt machte 104,262 Kronen aus. Hiervon entfielen 58,953 Kronen auf persönliche, 33,094 Kronen auf sachliche und 2,270 Kronen auf transitorische Ausgaben. An Stipendien vertheilte die Anstalt 9,945 Kronen. Die Sammlungen (Bibliothek, Naturaliencabinet, etc.) der Schule hatten einen Wert von nahezu 100,000 Kronen.

ITALIE.

I

REGOLAMENTO PER LE SCUOLE DI MAGISTERO PRESSO LE FACOLTÀ DI FILOSOFIA E LETTERE E DI SCIENZE MATEMATICHE E NATURALI.

1. Prezzo le facoltà di filosofia e lettere e presso quelle di scienze matematiche e naturali designate dal ministro, udito il parere del Consiglio superiore di pubblica istruzione, saranno istituite scuole di magistero. Queste scuole possono essere di una sola sezione o di più, secondo che sarà deliberato dal ministro dopo il parere del Consiglio.

2. Le scuole di magistero hanno per fine di rendere gli alunni esperti nell'arte d'insegnare le discipline che secundo le vigenti leggi, sono insegnate nei licci, nei ginnasi, nelle scuole tecniche e normali e negli istituti tecnici.

3. Nelle scuole di magistero istituite presso le facoltà di filosofia e lettere le conferenze versano sulle seguenti materie : 1° Letteratura italiana; 2° Letteratura latina; 3° Letteratura greca; 4° Storia antica; 5° Storia moderna; 6° Geografia; 7° Filosofia; 8° Pedagogia.

In quelle facoltà nelle quali manchi l' insegnamento di grammatica greca et latina, alle suddette conferenze possono essere aggiunte conferenze di grammatica greca e latina.

4. Nelle scuole di magistero instituite presso la facoltà di scienze le conferenze versano sulle seguenti materie : 1° Fisica; 2° Chimica; 3° Storia naturale; 4° Matematica.

5. A proposta dei consigli delle due scuole, od anche di uno solo di essi, possono essere istituite conferenze di didattica generale.

Queste conferenze riguardano la disciplina scolastica, l'ordinamento, l'indole e gli uffici dei vari instituti d' instruzione secondaria, gl' insegnamenti che vi si impartiscono e i metodi. Potranno essere affidate solo a chi abbia avuto una lunga pratica dell' insegnamento secondario.

6. Le conferenze di cui agli art. 3 e 4 hanno uno scopo strettamente didattico. In esse il professore dovrà quindi :

1° esporre il metodo da seguirsi nelle scuole secondarie per l'insegnamento della materia a lui affidata, determinandone l'estensione ed i limiti;

2° fare eseguire agli alunni opportune esercitazioni che valgano ad abituarli alla applicazione del metodo insegnato. Fra queste esercitazioni sono anche saggi di lezioni date nelle scuole di magistero, e, quando si possa, anche in una scuola secondaria;

3° far conoscere ed esaminare i migliori libri di testo per le scuole secondarie.

7. Le materie di queste conferenze sono di regola affidate ciascuna ad un professore. I professori vengono proposti dalle facoltà e nominati dal ministro per un triennio.

Saranno preferiti nella nomina quei professori che abbiano insegnato nelle scuole secondarie.

8. I professori chiamati ad insegnare nella scuola di magistero costituiscono il consiglio della scuola, che sarà presieduto dal preside della facoltà.

I professori danno le loro conferenze una volta alla settimana. Queste conferenze dureranno non meno di un'ora, e verranno retribuite con lire 500 all'anno, quando saranno regolarmente date.

9. La scuola di magistero presso la facoltà di filosofia e lettere è divisa in tre sezioni: 1° Sezione letteraria; 2° Sezione di filosofia; 3° Sezione storico-geografica. Conferisce quindi tre diplomi: Diploma di magistero in lettere, in filosofia, in storia e geografia.

10. Gli studenti che aspirano al diploma in lettere debbono seguire le conferenze di letteratura italiana, latina e greca. Inoltre seguiranno il corso, o le conferenze di grammatica latina e greca, dove esista questo insegnamento speciale.

11. Gli aspiranti al diploma di filosofia debbono frequentare le conferenze di filosofia e quelle di pedagogia.

12. Gli aspiranti al diploma di storia e geografia frequentano le conferenze di storia antica, quelle di storia moderna, e quelle di geografia. Essi debbono seguire per due anni il corso e le conferenze di geografia. Queste conferenze verseranno principalmente sul metodo da seguire nell' insegnamento della geografia, sull' etnografia, e sulle altre cognizioni di scienze naturali necessarie allo studio della geografia. Quando il professore lo proponga ed il consiglio dei professori lo approvi, l' alunno può essere obbligato a seguire quel corso della facoltà di scienze naturali.

13. Le conferenze di didattica generale, nelle scuole in cui vengono istituite, sono obbligatorie per tutti gli studenti.

14. Nelle scuole di magistero della facoltà di scienze conferiranno quattro diplomi: 1° in fisica; 2° in chimica; 3° in storia naturale; 4° in matematica.

15. Gli studenti inscritti alle scuole, di cui all'articolo precedente sono obbligati a frequentare soltanto le conferenze di quella materia nella quale vogliono conseguire un diploma.

16. Un studente non può, nello stesso tempo, inscriversi in più di

due sezioni, nè aspirare a più di due diplomi. Volendone un terzo, dovrà prolungare di un anno il corso dei suoi studi.

17. Le conferenze delle scuole di magistero sono private. Le condizioni di ammissione vengono determinate dai consigli delle scuole.

18. Ciascun professore di magistero riferisce annualmente, per iscritto, al preside, sulla diligenza e sul profitto di ogni alunno. Nessuno di questi può richiedere il diploma, se non ha riportato per ogni materia e per ogni anno prescritto, l'attestazione di diligenza e di profitto.

19. Il consiglio della scuola, esaminate le indicate attestazioni, delibera se l'alunno debba essere ammesso all'esame di magistero. Quest' esame consisterà in una lezione sopra una delle materie che s' insegnano nelle scuole secondarie. Il candidato sarà inoltre interrogato su questioni di metodo attinenti all' insegnamento nelle dette scuole.

Il consiglio della scuola determina la forma e le norme da seguire in questi esami.

20. La scuola di magistero non dura per ciascuno degli studenti iscritti meno di due anni. Spetta al consiglio della scuola il determinare l'ordine, l'orario delle conferenze e gli anni di corso in cui debbono essere frequentate. Lo stesso consiglio determina il tempo nel qual le conferenze di didattica generale, di cui all' articolo 13, si dovranno essere seguite dagli studenti nelle varie sezioni.

21. I diplomi di magistero possono essere conferiti solo ai laureati nelle facoltà di lettere e di scienze.

I diplomi di magistero in lettere e in storia e geografia possono essere conferiti solo ai dottori in lettere. Il diploma di magistero in filosofia ai dottori in filosofia. Il diploma di magistero in storia naturale può essere conferito solo ai dottori in scienze naturali ed ai dottori in chimica; quello di fisica ai dottori in fisica; quello di chimica ai dottori in chimica e ai dottori in scienze naturali; quello di matematica ai dottori in matematiche pure ed ai dottori in fisica.

22. I diplomi, di cui negli articoli precedenti, saranno titoli di preferenza per conseguire la nomina di professore nelle scuole secondarie.

23. I diplomi di magistero saranno firmati dal preside della facoltà e dal rettore dell'università.

Roma, il 29 nov. 1891.

Visto, d'ordine di Sua Maestà,
Il Ministro della Pubblica Istruzione,

P. Villari.

II

REGOLAMENTO SPECIALE PER LA SCUOLA DI MAGISTERO ANNESSA ALLA FACOLTÀ DI FILOSOFIA E LETTERE[1].

1. La Scuola di Magistero annessa alla Facoltà di Filosofia e Lettere ha per fine di rendere gli alunni esperti nell'arte di insegnare le discipline litterarie, storiche e filosofiche, che, secondo le vigenti leggi sono prescritte per le Scuole secondarie classiche, tecniche, normali e complementari. Essa dovrà considerarsi come preparazione pedagogica all'insegnamento che si impartisce nella Scuole secondarie.

2. La Scuola avrà possibilmente una sede propria o comune colla analoga Scuola di Scienze, con biblioteca, una dotazione di almeno 250 lire e tavoli di lavoro per gli alunni.

3. La Scuola si compie in due anni. Al primo saranno ammessi gli studenti del IV anno di Facoltà, coloro che lo avranno già compiuto avendone superati tutti gli esami speciali, ed i già laureati.

Le domande di iscrizioni si rivolgono al Direttore della scuola.

La Scuola concede un «Diploma di Magistero» firmato dal Direttore della scuola o dal Rettore, ed un certificato dei punti ottenuti nelle singole prove.

4. La Facoltà di Filosofia et Lettere propone al Ministero l'elenco degli Insegnanti della Scuola.

Essa dovrà proporli preferendo :

a. Professori ufficiali ed i liberi docenti che esercitino od abbiano esercitato l' insegnamento, almeno per un triennio, nelle Scuole secondarie ;

b. Presidi di Liceo o direttori delle Scuole normali ;

c. Provetti insegnanti delle Scuole secondarie;

d. Professori dell'Università.

Gli insegnanti della Scuola che non abbiano titolo sia ufficiale, sia privato per l'insegnamento nelle Università non saranno mai più di due. Vi sarà sempre compreso un Preside di Liceo o Direttore di Scuole normali.

5. La Scuola è diretta da un Consiglio, costituito da tutti gli insegnanti. Il Consiglio è presieduto da un Direttore nominato dal Ministro fra gli insegnanti della Scuola.

[1] Extrait de *Relazioni e RR. decreti continenti i Regolamenti speciali per le Facoltà e Scuole Universitarie*, dans le supplément au n° 15 (11 avril 1902) du *Bollettino ufficiale del Ministero dell'Istruzione pubblica*, p. 105. Cf. ib., p. 72, le Règlement spécial des Scuole di Magistero annexées aux Facultés des Sciences physiques, mathématiques et naturelles.

Il Direttore della Scuola curerà di prendere, d'accordo col Direttore della analoga Scuola di scienze, tutte quelle disposizioni che valgano a facilitare il comune compito pratico.

Riunioni dei Consigli delle due Scuole avranno luogo ogni qualvolta uno dei due Direttori lo ritenga opportuno e dovranno aver luogo non meno di una volta al principio ed una alla fine di ciascun anno scolastico.

Queste riunioni saranno presiedute dal Rettore.

Le nomine così degli insegnanti come del Direttore sono fatte per tre anni.

6. Gli insegnanti della Scuola sono nove.

Sono retribuiti con lire seicento annue.

Essi si dividono fra loro i seguenti insegnamenti da compiersi in non meno di due ore settimanali per ciascun anno.

Didattica generale, storia delle istituzioni scolastiche, legislazione scolastica comparata, filosofia, lingua e grammatica greca e latina, stilistica italiana, storia antica, moderna e geografia.

Al Preside di Liceo o Direttore di Scuola normale rimane affidata la direzione del tirocinio.

7. La Scuola di Magistero è divisa in quattro sezioni : 1. Sezione filosofico-pedagogica; 2. Sezione di filologia classica; 3. Sezione di lettere italiane; 4. Sezione storico-geografica.

Nell' Università di Roma potrà istituirsi, con Regolamento speciale, una sezione di Filologia moderna. Ad essa potranno iscriversi i laureati di qualunque Facoltà.

Ciascuna di queste sezioni conferisce un diploma speciale.

8. Sono obbligatori per tutti i gruppi :

a. I corsi di pedagogia professati nella Facoltà di Lettere;

b. Le conferenze di didattica generale, di istituzioni e legislazione scolastica e quelle di tirocinio, professate nella Scuola.

9. Nella sezione di filosofia si danno conferenze ed esercizi di filosofia.

Nella sezione di filologia classica si danno conferenze ed esercitazioni di lingua latina e di lingua greca.

Nella sezione di lettere italiane si danno conferenze ed esercitazioni di stilistica italiana.

Nella sezione storico-geografica si danno conferenze ed esercitazioni di storia antica, moderna e di geografia.

10. Nessuno studente può iscriversi a più di una sezione contemporaneamente.

11. Il Consiglio della Scuola determina, caso per caso, quali corsi il giovane iscritto al secondo anno della Scuola debba frequentare nella Facoltà di Lettere od in altra a complemento delle conferenze. Terrà conto speciale degli insegnamenti di storia antica, moderna e geografia, per consigliarli a quei giovani che non avessero frequentato tali corsi negli anni di Facoltà.

12. Gli insegnamenti della Scuola di Magistero si svolgono in conferenze generali per tutti i gruppi riuniti di scienze e lettere; in conferenze speciali per ogni singolo gruppo, in esercitazioni orali e discussioni, in esercitazioni scritte, e nell'assistentato o tirocinio.

13. La Scuola, compatibilmente colle esigenze locali, si organizzerà per semestri, sul seguente indirizzo :

Nei primi due semestri i giovani assisteranno alle conferenze comuni a tutti i gruppi ed a quelle speciali al ramo da essi prescelto e terranno per turno essi stessi delle esercitazioni di correzione di temi, passati dal ginnasio, e di lezioni della estensione di quelle delle scuole secondarie.

A queste seguirà una discussione fatta dai compagni e diretta dall' insegnante.

Nel 3° et 4° semestre si alterneranno il tirocinio presso una Scuola secondaria, la frequentazione delle conferenze, gli esercizi di gruppo e la preparazione della memoria scritta per l'esame finale.

14. L'assistentato si compie dagli alunni iscritti alla Scuola presso un liceo-ginnasio, una scuola tecnica, una scuola complementare o normale.

Il direttore di tirocinio, previo accordo coi presidi e direttori delle Scuole secondarie, designa al candidato il professore presso cui esso dovrà fungere da assistente, e lo sorveglia durante il tirocinio.

L'alunno, senza turbare l'andamento della scuola di cui è ospite, e sulla guida del professore di essa, interrogherà gli scolari sulle lezioni precedentemente assegnate, lo aiuterà nella correzione dei temi, nelle registrazioni e pratiche relative all'insegnamento secondario e terrà, in sostituzione del professore, quel numero di lezioni compatibili col numero degli assistenti e con le necessità didattiche e disciplinari.

Il professore dopo ogni lezione farà le sue osservazioni all'assistente.

L'assistentato del gruppo di filosofia si compirà di regola presso un professore di filosofia al liceo o di pedagogia presso le scuole normali.

Tuttavia per mettere gli alunni di fronte alle difficoltà massime dell' arte didattica, il tirocinio potrà compiersi anche presso una scuola di sordomuti o di deficienti.

15. Al termine dell'assistentato il giovane dovrà presentare al direttore del tirocinio un certificato del professore presso cui fu assistente ed una relazione dell'ufficio compiuto.

16. Nel semestre lasciato libero dall'assistentato, lo studente, sotto la guida dell'insegnante della sezione, preparerà una memoria, sia d'indole pedagogica, sia di critica dei testi scolastici adottati per le scuole secondarie, sia di storia e legislazione comparata di una materia del gruppo cui è iscritto, senza trascurare la frequentazione degli esercizi della sezione.

17. Le conferenze e le esercitazioni della scuola sono private, nè possono essere considerate come corsi o parte di corsi di Facoltà.

18. Ciascun professore della Scuola riferisce annualmente al direttore sulla diligenza e sul profitto di ogni alunno.

Nessuno di questi potrà essere ammesso all'esame di magistero, se non abbia riportato per ogni materia all'attestazione di frequenza alle conferenze, e di diligenza e profitto nelle esercitazioni pratiche, nei lavori scritti e dell assistentato.

19. L'esame complessivo durerà non meno di un'ora e consisterà in una lezione di non meno di 20 minuti sopra una delle materie che s'insegnano nelle scuole secondarie ed in una discussione sulla memoria di cui all'art. 16. Il candidato sarà inoltre interrogato su questioni di metodo, attinenti all'insegnamento nelle dette scuole, sulla storia delle istituzioni scolastiche e legislazione scolastica comparata.

Il Consiglio della Scuola determina la forma e le norme de seguire in questi esami.

20. La Commissione d'esame è costituita dal direttore della scuola, dal direttore di tirocinio, dai professori della sezione, dall'insegnante di storia delle istituzioni scolastiche e da tanti membri estranei scelti fra i professori delle scuole secondarie, quanti sono necessari a raggiungere il numero di 7.

21. Per ottenere il diploma lo studente pagherà L. 35 a titolo di propine, da ripartirsi tra gli esaminatori.

22. I giovanni potranno ottenere il diploma di magistero nella sezione corrispondente al ramo di studi da loro prescelto; un secondo diploma potranno ottenere frequentando le conferenze e gli esercizi di un'altra sezione per un altro anno.

23. I diplomi saranno titoli di preferenza per conseguire la nomina di professore nelle scuole secondarie classiche, techniche, normali e complementari.

24. Alla fine di ciascun anno il direttore della Scuola invia al Ministero una relazione approvata dal Consiglio della Scuola. Essa oltre all'esame dei dati statistici e dei risultati ottenuti, potrà contenere proposte relative alla sistemazione ed ai miglioramenti da introdursi nella Scuola.

Roma, il 13 marzo 1902.

Visto, d'ordine di Sua Maestà,
Il Ministro della Pubblica Istruzione,
N. Nasi.

NORVÈGE.

I

Lettre de M. P. Voss, Aars og Voss' latin og realskole, Christiania.

Vous désirez être renseigné sur deux questions : 1° quels sont les projets qui sont ici sur le tapis pour établir une préparation pédagogique au professorat de l'enseignement secondaire, et 2° quelle est l'opinion dans le pays et spécialement parmi les hommes d'Université concernant ces projets.

Pour la première de ces questions, je suis heureux de pouvoir vous renvoyer à un document émanant de la meilleure source. Lesdits projets ont été élaborés par une commission gouvernementale, composée de deux représentants de l'Université de Christiania et de trois professeurs de l'enseignement secondaire, ayant pour double tâche de réformer les examens spéciaux (des lettres et des sciences), depuis longtemps conditions nécessaires pour l'entrée dans la carrière de professeur, et d'établir en même temps, ce qui, dans le domaine de l'enseignement secondaire, sera une nouveauté chez nous, une préparation pédagogique avec un examen correspondant pour les professeurs de cet enseignement. La dernière partie de cette tâche ayant été accomplie par mon ami, M. Otto Anderssen, chef d'institution à Christiania, je me suis adressé à M. Anderssen lui-même, avec prière de vous faire un résumé succinct de cette partie du travail de la commission [1].

Quant à la deuxième question, celle qui concerne l'opinion dans le pays, je crois vous en donner la meilleure idée en esquissant, en quelques mots, le mouvement pédagogique qui, de nos jours, enfin, semble devoir aboutir à un résultat pratique sur ce terrain. Il importe de noter à ce propos que chez nous c'est l'opinion éclairée, représentée par le Storting, à laquelle revient, en dernière instance, la décision définitive dans toutes les questions touchant à l'organisation de l'enseignement public, la formation des professeurs, etc.

Ce mouvement ne date pas d'hier. Depuis 1850 environ, les gouvernements d'alors ont plusieurs fois présenté au Storting des propositions de loi tendant à faire initier les futurs professeurs à la pratique des méthodes d'enseignement et à la science de la pédagogie. L'échec réitéré de ces propositions a été dû, selon moi, en premier lieu à l'inintelligence générale, *intra* et *extra muros*, de l'importance de la chose. En outre,

[1] Voir ci-dessous, p. 186.

le Storting ne s'intéressait que médiocrement aux langues anciennes, basé et couronnement de l'enseignement secondaire de ce temps, et les philologues classiques, seuls membres du corps enseignant ayant fait des études scientifiques, découragés par le courant d'opinion peu favorable à tous leurs efforts, se renfermèrent pour la plupart dans leurs études spéciales sans s'intéresser beaucoup à ce qui captivait surtout l'intérêt du grand public. Ainsi le monde scolaire, à peu d'exceptions près, continuait à suivre, en général, les voies tracées par les méthodes séculaires des anciens humanistes, et toute pensée tendant à réformer les études préparatoires des maîtres de l'enseignement secondaire sommeilla encore pendant une trentaine d'années.

Le premier signe d'un revirement d'opinion se fit jour dans un Congrès de philologues scandinaves, réuni en 1881 à Christiania. Entre temps, le schisme d'opinion touchant l'éducation scolaire et ses meilleurs moyens, qui, jusqu'alors, avait séparé si profondément les hommes d'État ayant l'oreille du Storting et les gens du métier, allait en diminuant, à la suite d'une nouvelle législation scolaire qui, en 1869, avait donné à l'école réale, basée sur les sciences et sur les humanités modernes, les droits qui, antérieurement, avaient été le privilège de l'école latine. En outre, le Gouvernement avait eu l'heureuse idée de faire voter par le Storting une somme d'environ 12,000 francs (plus tard 20,000 francs) par an, à l'aide de laquelle il pouvait envoyer tous les ans une dizaine de professeurs à l'étranger pour y étudier tantôt quelque branche spéciale de l'enseignement, tantôt les institutions scolaires en général des pays étrangers et les méthodes d'enseignement qui y étaient pratiquées. Inutile de dire que ces voyages d'étude ont beaucoup contribué à élargir l'horizon des voyageurs à ébranler leur foi dans l'excellence de la tradition et de la routine, à leur inspirer la conviction que, pour ne pas être arriéré, il fallait se mettre sérieusement à l'étude de la pédagogie scientifique et pratique, qui, depuis longtemps, surtout en Allemagne, tenait une si grande place dans les préoccupations des hommes compétents. Peut-être une nouvelle revue pédagogique, *Vor Ungdom*, publiée à Copenhague depuis 1879, et dirigée par un pédagogue danois et le soussigné en commun, avait-elle sa part dans l'élan donné à ce mouvement.

Je reviens au congrès de 1881 où la question pédagogique avait été mise à l'ordre du jour sur l'initiative du soussigné. Après une discussion animée de plusieurs jours, et malgré l'opposition énergique de quelques sommités du monde philologique d'alors — entre autres le célèbre I. N. Madvig — le congrès vota à une grande majorité les thèses du préopinant, concluant à demander l'établissement d'une chaire de pédagogie à l'Université et à fixer comme base nécessaire du métier de professeur une étude suffisante de la pédagogie et de ses sciences auxiliaires, la psychologie, la physiologie et l'histoire de l'éducation.

Intervinrent alors chez nous quelques années de vie politique très orageuse, où les passions politiques s'emparèrent de tout l'intérêt public. Les controverses entre le gouvernement du parti conservateur, qui était au pouvoir depuis trente ans, et la majorité d'opposition au Storting s'envenimèrent de plus en plus, jusqu'à ce que l'opposition, comptant sur sa majorité toujours croissante, usât de son droit constitutionnel pour mettre en accusation les ministres conservateurs et les faire destituer par un arrêt de la Cour suprême, composée en majorité de membres élus par et parmi les membres du Storting. Après cela la gauche, arrivée au pouvoir en 1884, fut plus pressée de réformer de fond en comble l'école entière, primaire et secondaire, que de s'occuper de pédagogie. Pour la préparation des maîtres, on se contenta provisoirement d'envoyer le soussigné en mission en Allemagne pour étudier les séminaires pédagogiques de la Prusse et de la Saxe. Il est permis de penser que les besoins les plus urgents d'une nouvelle école seraient de nouveaux maîtres, et qu'en instituant une école sans s'être assuré d'avance qu'elle aura un personnel convenable, on s'expose fort à mettre, comme on dit, la charrue avant les bœufs. Mais l'organisation de l'école préparatoire avait été un des objets de litige qui avaient passionné les esprits — raison suffisante pour qu'on eût hâte d'en finir; on s'en occupa donc d'abord. Puis, comme un principe fondamental de la nouvelle organisation scolaire était de faire de l'école primaire le premier étage, la base nécessaire de toute instruction supérieure, et d'établir, par conséquent, un lien organique entre tous les degrés de l'école, depuis l'école populaire la plus humble jusqu'au gymnase le plus richement doté, il s'ensuivit naturellement qu'après avoir réglé ce qui concernait l'école primaire on se mit à réformer les degrés supérieurs. En outre, nos politiciens du Storting, ne voyant qu'avec défaveur ce qui restait encore des études classiques dans notre enseignement secondaire, avaient hâte d'en faire table rase, à quoi ils réussirent presque entièrement par la loi du 27 janvier 1896.

Maintenant tous les travaux de réorganisation sont finis. Nous sommes entrés dans une période de calme et de tranquillité relative. Le peuple norvégien a l'école qu'il a voulu. Quelque opinion que l'on professe quant aux mérites de cette école, il faut reconnaître que le zèle, l'esprit de sacrifice au profit de l'école, si naturels dans une société démocratique, ont été admirablement stimulés par le nouvel ordre des choses. Tandis que, auparavant, il n'arrivait que trop souvent que les représentants du peuple faisaient la sourde oreille aux demandes les plus raisonnables de l'Administration, maintenant notre nouvelle école secondaire n'a qu'à se louer de la manière bienveillante dont sont acceptées ses propositions par le Storting.

La situation étant telle, je crois avec l'Administration qu'on est bien fondé à croire que cette fois le Storting s'associera aux considérations présentées par M. Anderssen et ses collègues de la commission et votera volontiers les crédits nécessaires pour l'établissement du séminaire pédagogique proposé par eux. Aux raisons concluantes qui, de nos jours, se font valoir ailleurs pour ne pas abandonner plus longtemps l'école aux procédés routiniers de la tradition, s'ajoutent chez nous des raisons spéciales. Nous avons eu le courage, quelques-uns diront la hardiesse, de changer radicalement les programmes traditionnels de l'enseignement, et, par conséquent, bien des méthodes, qui jouissaient d'une autorité séculaire, sont devenues, chez nous, inapplicables. En cherchant de son mieux de nouvelles voies, le corps enseignant a bien conscience, en général, de se trouver dans une période d'hésitations, de tâtonnements, de faux-pas inséparables d'une transition assez brusque. Il est d'autant plus nécessaire, pour nous, de passer en revue les expériences des temps passés, de s'informer de ce qui se fait ailleurs, d'avoir l'esprit ouvert à tout ce que la science nous peut apprendre sur la nature humaine et spécialement sur les lois qui règlent la croissance intellectuelle et morale de l'enfance.

Je crois donc pouvoir vous dire que le corps enseignant accepte en général les propositions de la commission comme un moyen de faire progresser l'école. Il y a des exceptions, on ne saurait le nier, qui préféreraient voir les choses traîner dans les vieilles ornières. A l'Université (au sens allemand du mot) plusieurs professeurs, même quelques savants éminents de la Faculté des sciences, préoccupés surtout de la quantité du savoir qu'ils considèrent comme nécessaire au futur professeur, se sont prononcés contre la pédagogie comme partie obligatoire de la préparation au professorat. Mais, à vrai dire, ici, on ne se soucie guère de cette opposition. Lorsqu'il s'agit de leur province, on estime les savants selon leur mérite; lorsqu'il s'agit des problèmes généraux de l'éducation ou des conditions de la vie intime de l'école, on ne considère pas des spécialistes, émettant des avis très peu documentés, comme assez compétents...

II

Communication de M. O. Anderssen, Christiania.

Voici un court aperçu des traits principaux du projet relatif à l'enseignement pédagogique à donner à nos candidats au professorat dans les écoles secondaires, projet qui a été élaboré par un Comité établi à l'automne de 1900 par le Ministère de l'Instruction publique.

Le projet du Comité a, comme introduction, un exposé général des motifs pour lesquels il considère comme une nécessité impérieuse que les candidats au professorat reçoivent, comme devant compléter leur éducation professionnelle scientifique, une instruction théorique et pratique, méthodiquement arrêtée, de l'art d'enseigner en lui-même. Le Comité prétend que le fait qu'on doit se faire à soi-même, par routine, sa propre éducation pédagogique, est une voie difficile et incertaine à suivre. Cela porte préjudice au développement normal, autant du professeur que des élèves, que celui-là aborde sa tâche, sans connaissance antérieure de la nature et du but général de l'école, sans s'être fait une idée claire des devoirs qui lui incombent dans le travail en commun, et sans qu'il se soit acquis une certaine assurance dans la technique élémentaire de l'enseignement.

Le Comité fait ressortir, en outre, que la nouvelle loi et les nouveaux règlements relatifs à notre enseignement secondaire ont de plus grandes exigences en ce qui concerne la capacité pédagogique des professeurs, vu que, à un tout autre degré qu'antérieurement, ils insistent sur la nécessité de l'unité et de rapports à établir entre les travaux des professeurs dans l'école; et, à ce sujet, ils appuient sur les devoirs des maîtres en ce qui concerne le but d'éducation générale que se propose l'école. Le Comité trouve peu recommandable de s'en remettre exclusivement aux aptitudes pédagogiques innées et aux expériences autodidactiques pour s'acquitter d'une fonction aussi lourde de responsabilité et ayant un champ d'action aussi universel.

Le Comité propose donc que personne ne puisse être nommé professeur dans une des écoles de l'État avant d'avoir suivi un cours de pédagogie d'un an, dont le premier semestre à un séminaire attaché à l'Université de Christiania, et placé sous la direction d'une personne versée dans la science de l'enseignement, et le deuxième semestre à une école secondaire. Le Comité trouve que la préparation au professorat ne peut être considérée comme complète que lorsque les candidats ont eu l'occasion de se familiariser avec les principes généraux de l'art d'enseigner, de voir ces principes appliqués dans la pratique et de faire des essais personnels sous la direction et la critique d'un maître, et enfin lorsqu'ils ont eu à traiter une matière dans les conditions ordinaires où se trouve un professeur. Les deux premiers travaux seront du ressort du séminaire, conjointement avec l'école; le dernier appartiendra à l'école seule. Pour bien des raisons, on trouve qu'il y aurait lieu de souhaiter que les écoles placées hors de la capitale eussent, elles aussi, leur part de ces travaux.

Le Comité donne enfin un aperçu de ce qui a été fait, dans certains autres pays, en vue de l'enseignement pédagogique à donner aux professeurs, ainsi que de la situation historique de la question en Norvège.

...Voici un aperçu des principaux traits contenus dans le projet du Comité, relativement au plan du cours de pédagogie. On prétend que ce projet sera, dans ses parties essentielles, accepté par le Ministère de l'Instruction publique, qui présentera une proposition royale conformément aux dispositions dudit projet. Il est toutefois probable qu'une modification y soit apportée : les aptitudes pratiques des candidats au professorat ne recevront leur jugement définitif qu'à la fin du second semestre d'essai.

Projet de plan d'un cours de pédagogie pour les professeurs de l'enseignement secondaire.

1. Le cours de pédagogie comprendra deux semestres, dont l'un se passera à un séminaire attaché à l'Université, l'autre à l'une des écoles secondaires du pays.

Semestre passé au séminaire.

2. La direction du séminaire est confiée à une personne versée dans la science de l'enseignement, qui, tout en étant chargée de l'administration nécessaire au fonctionnement du séminaire, pourra s'occuper d'une partie de l'enseignement théorique qui devra y être donné.

3. Le séminaire enseignera aux candidats la pédagogie théorique. Ils s'exerceront, en outre, à la pratique de l'enseignement dans une école choisie, à cet effet, par le directeur du séminaire, avec l'approbation du Ministère de l'Instruction publique.

4. L'enseignement de la pédagogie au séminaire comprendra :

a. Les traits principaux de l'histoire de la pédagogie dans les temps modernes, en ayant spécialement égard au développement de l'école secondaire.

On y rattachera un aperçu des points essentiels des théories générales concernant l'éducation et l'enseignement.

Un ouvrage pédagogique important sera expliqué, ou dans son ensemble, ou par chapitres. — 3 heures par semaine.

b. Un court aperçu du développement de notre propre école, spécialement de notre école secondaire, se terminant par une explication approfondie des lois régissant l'administration scolaire actuelle, des plans et règlements d'enseignement.

On passera en même temps en revue les buts généraux et spéciaux que se propose l'école, la méthodologie générale et spéciale, les rapports des professeurs avec l'école, avec les familles et les élèves, la discipline, ses formes et ses exigences, et l'hygiène scolaire. — 3 heures par semaine.

c. Un cours de psychologie traitant d'une manière spéciale de la vie intellectuelle de l'enfant et de son développement.

L'enseignement sera donné en partie à l'aide de cours, en partie à l'aide d'examens, de conférences régulièrement faites et d'exercices écrits... On veillera à ce que tous les candidats traitent leur langue maternelle avec soin, tant par écrit qu'oralement. Des professeurs aptes à ce genre d'enseignement devront s'occuper de la partie de l'enseignement dont le directeur du séminaire ne pourra se charger.

5. L'enseignement pédagogique pratique est confié à des professeurs spéciaux particulièrement aptes à ce travail et voulant bien s'en charger. Le candidat est mis au courant du traitement méthodique des différentes

matières, d'une part en suivant régulièrement l'enseignement oral du professeur, d'autre part en s'exerçant à l'enseignement par des essais indépendants..

....

Pendant ces travaux on apprend au candidat à se familiariser avec l'emploi des moyens d'enseignement propres aux différentes matières : livres, appareils, etc....... ....

....

Le candidat ne doit pas, d'une manière générale, employer plus de deux heures par jour aux exercices d'enseignement. Le directeur du séminaire devra, régulièrement, contrôler ses travaux et en faire, avec le professeur spécial, la critique nécessaire.

La participation à l'enseignement de pédagogie, autant générale que spéciale, est obligatoire.

6. Aucune école ne devra avoir à instruire plus de trois candidats à la fois. Le directeur du séminaire après en avoir conféré avec le directeur de l'école, décidera dans quelles classes et sous quels professeurs le candidat devra suivre l'enseignement et faire lui-même des essais d'enseignement.

7. A la fin de chaque semestre on fera passer un examen écrit et oral, suivant un règlement d'examen dont le détail sera fixé à l'avance. Le candidat ne fera aucune leçon d'épreuve, mais le certificat délivré par le directeur du séminaire et les professeurs spéciaux, relativement aux essais d'enseignement faits par le candidat, aura la même valeur que la note générale obtenue à l'examen de pédagogie théorique,

8. ....

Semestre d'essai.

9. L'examen passé, on indiquera au candidat une des écoles secondaires du pays où il devra, pendant un semestre, enseigner, d'une manière indépendante, les matières qui sont de son ressort, et donner au maximum dix-huit leçons par semaine, sous le contrôle du recteur (directeur)..

....

De cette façon il se mettra au courant des différents côtés de la vie et de l'activité d'une école.

10. Le travail ainsi fourni par le candidat devra, autant que possible, être concentré dans les basses classes. On devra cependant donner au candidat l'occasion de mettre à l'épreuve l'enseignement d'une matière spéciale dans une classe plus élevée.

En dehors de ses propres leçons, on ordonnera au candidat de suivre, de temps en temps, les leçons d'autres professeurs.

11. Le candidat prendra part aux assemblées des professeurs, tout autant aux conférences générales qu'aux conférences spéciales concernant ses matières et ses classes.

12. Une fois ses fonctions d'essai terminées, le candidat en fait un court compte rendu, avec des données exactes sur ce qu'il a expliqué, sur la manière dont il a établi son plan de travail et dont il l'a exécuté, ainsi que sur les observations et les expériences qu'il a eu l'occasion de faire. Ce compte rendu, muni de l'attestation du recteur et accompagné de son jugement, donné d'après un questionnaire établi, sur les épreuves fournies par le candidat, sera adressé au directeur du séminaire, qui l'inscrira sur le diplôme du candidat.

13. Pendant le semestre d'essai le candidat recevra, pour son travail, une rémunération fixée d'avance et aussi, le cas échéant, une indemnité de déplacement.

PAYS-BAS.

Extraits d'une communication de M. le professeur Van Hamel (Groningue).

Il n'existe, dans les Universités néerlandaises, d'enseignement pédagogique que celui de M. Gunning à Utrecht[1].....

Les maîtres de l'enseignement secondaire, pour autant qu'ils sont formés à l'Université, n'ont aucune épreuve de pédagogie à subir. Pas d'examens de pédagogie, donc, pas de programmes.

Pour les professeurs de langues vivantes, d'histoire et d'autres branches qui n'ont pas été préparés à l'Université, et qui obtiennent leur brevet en passant un examen spécial devant un jury, la loi exige une épreuve de pédagogie. Mais cet examen n'a aucune valeur. Il se borne à deux ou trois questions de méthodologie. Personne ne le prend au sérieux. D'ailleurs, il ne saurait être sérieux, puisque la préparation pédagogique fait absolument défaut.

La question de la préparation pédagogique des maîtres est discutée dans toutes les assemblées et réunions de professeurs. Tout le monde en paraît sentir la haute nécessité.....

Nous espérons que le nouveau Ministre de l'Intérieur (Dr Kuyper), lorsqu'il réorganisera en partie notre enseignement secondaire et notre enseignement supérieur, fera à la pédagogie la place qui convient à cette branche importante et vraiment trop négligée parmi nous.....

(1) *Reglement voor het paedagogisch Seminarie te Utrecht*, Utrecht, s. d. — Cf. la *Zeitschrift für Philosophie und Pädagogik*, IX (1902), p. 62-71.

M. J. H. Gunning, ancien étudiant d'Iena, initiateur du mouvement pédagogique dans les Pays-Bas, «a dû abandonner complètement son entreprise d'Utrecht, malgré les facilités dont il disposait pour faire donner des leçons dans le gymnase réformé de cette ville par les membres de son séminaire : un seul participant s'était fait inscrire». Il «reprendra peut-être la chose à l'Université d'Amsterdam», où M. le professeur Van den Es a longtemps dirigé des exercices pédagogiques. «Le vent n'est pas encore à la pédagogie en Hollande.»

La section de pédagogie du Congrès national de philologues, qui s'est réuni à Groningue en avril 1902, avait inscrit à son programme (art. 4) le sujet suivant : «Institution de séminaires en vue de la préparation pratique des professeurs de l'enseignement secondaire.» Nous n'avons pas pu nous procurer le compte rendu de ses délibérations.

PORTUGAL.

Extraits de *Reorganização do Curso superior de letras approvada por decreto de 24 de dezembro de 1901* (Lisbonne, 1902, p. 3 et suiv.).

Attendendo a que entre os fins, a que tem de destinar-se o Curso Superior de Letras, se conta muito em especial, a habilitação para o magisterio de differentes disciplinas do plano dos lyceus, por meio do estudo superior ou major das mesmas disciplinas ou de disciplinas congeneres.....

Attendendo a que importa muito, para effeito do regular e proveitoso exercicio do magisterio secundario, completar o mencionado estudo, e ainda qualquer outro applicado a proposito analogo, com os correlativos conhecimentos pedagogicos, pois, a par de muitos e justos fundamentos que assim o aconselham, — a um lado, é incalculavel o numero de horas que podem malbaratar-se nas classes lyceaes por falta de conhecimentos de pedagogia, sem embargo da vontade e diligencia dos professores, — et a outro, se mostra com evidencia que esta falta é uma das causas mais efficientes, se não a principal, de excesso de fadiga intellectual, quando este excesso occorre nas escolas.....

Usando da auctorização conferida pelo artigo 18° da carta de lei de 12 de junho de 1901, hei por bem decretar o seguinte :

Art. 1. O Curso Superior de Letras tem por fim :

§ 1. Habilitar para todos os direitos e vantagens que as leis e os regulamentos concedam, sem distincção de instituto, aos cursos de instrucção superior.

§ 2. Habilitar para o magisterio do mesmo curso e para o magisterio das seguintes disciplinas do plano los lyceus : — geographia, lingua latina, lingua nacional, lingua francesa, lingua inglesa e lingua allemã, historia e philosophia.....

Art. 6..... § 2. O curso de habilitação para o magisterio do Curso Superior de Letras e para o magisterio das disciplinas mencionadas no n° 2° do artigo 1° distribue-se por quatro annos, do modo seguinte : 1° anno : geographia, philologia latina, lingua et litteratura francesa, lingua inglesa, historia antiga, philosophia; 2° anno : geographia, philologia latina, philologia romanica, lingua e litteratura francesa, linguas e litteraturas allemã e inglesa, historia da idade media e moderna, philosophia; 3° anno : philologia portuguesa, lingua e litteratura francesa, linguas et litteraturas allemã e inglesa, litteratura nacional, historia patria, pedagogia, historia da pedagogia e em especial da methodologia do ensino a partir do seculo XVI em deante; 4° anno :

a. Conferencias por secções de disciplinas, de conformidade com a seguinte distribuição : 1ª secção : philologia latina, philologia portuguesa; 2ª secção : philologia portuguesa, litteratura nacional e suas origens; 3ª secção : philologia portuguesa, lingua e litteratura francesa; 4ª secção : philologia portuguesa, linguas e litteraturas allemã e inglesa; 5ª secção : geographia, historia antiga, da idade media e moderna; 6ª secção : geographia, historia patria; 7ª secção : philologia latina philosophia.

b. Iniciação ao exercicio do ensino secundario.

ART. 7..... § 2. No 4° anno os estudos são de especial applicação e exercitação para o magisterio secundario. Neste anno haverá em cada cadeira, que faça parte de secção, uma conferencia semanal, de hora e meia, sobre assumptos dos capitulos mais importantes da cadeira, com relação ao respectivo ensino secundario, em presença do competente programma lyceal.

A conferencia é dirigida pelo professor da cadeira.

Se a cadeira pertence a mais de uma secção, a conferencia é simultanea para todos os que frequentam as secçãoes que a abrangem. Haverá mais no mesmo anno, para todos os alumnos, quatro exercicios de hora e meia cada um, dois dirigidos pelo professor da cadeira de pedagogia e dois pelo professor da cadeira de historia da pedagogia. Estes exercicios serão de pratica de ensino secundario (modelos das differentes formas de ensino, pelos dois professores; explicações, exposições, interrogatorios; ensaios de lição pelos alumnos; discussão e correcção d'estes trabalhos, etc., etc.).

ART. 15. No curso de habilitação para o magisterio secundario das disciplinas a que se refere o n° 2° do artigo 1°, concluido o 4° anno, os alumnos são admittidos ás seguintes provas :

1.° Um exame vago sobre as disciplinas das cadeiras da secção que o examinando frequentou e sobre as disciplinas das cadeiras de pedagogia e de historia da pedagogia e em especial da methodologia do ensino. Se o exame comprehende uma ou mais linguas estrangeiras modernas, o examinador e o examinando são obrigados ao uso oral da referida lingua, no primeiro caso, — ao de qualquer das duas no segundo. O exame vago dura uma hora.

2.° Um argumento sobre a interpretação critica de um texto litterario, — se o examinando houver cursado uma secção de linguas, — latino, francês, allemão ou inglês, português, — conforme a frequencia; — ou sobre a explanação de um facto de alcance social importante, — geographico ou do quadro da historia antiga, medieval ou moderna, ou da historia patria, segundo a secção geographico-historica frequentada pelo examinando, — ou sobre a explanação de um texto de um tratado classico de philosophia, se o examinando cursou a secção em que entra esta disciplina. O argumento dura, pelo menos, meia hora. Os pontos são tirados á sorte no momento do exame.

3.° Em uma lição, para alumnos de instrucção secundaria, sobre um ponto tirado á sorte com tres horas de anticipação e pertencente ao programma lyceal correlativo á secção que o examinando frequentou. A lição dura meia hora.

4.° Em uma dissertação sobre um ponto de didactica do ensino secundario, á escolha do examinando.

ROUMANIE.

Extraits de *L'Enseignement public en Roumanie, publication du Ministère de l'Instruction publique et des Cultes* (Bucarest, 1900, pp. 135, 283-284).

I

LE RÉGIME ANTÉRIEUR À 1898.

Pour la *préparation et le recrutement du corps enseignant*, la loi de 1864 prévoyait la création de deux Écoles normales, l'une à Bucarest et l'autre à Iassy, avec des cours de deux ans, pour former des professeurs de lycées et de facultés, et munis chacun de deux sections : l'une littéraire et l'autre scientifique.

Le personnel chargé de la conduite de ces écoles était composé du directeur de la section scientifique, du doyen de la Faculté des sciences, qui l'administrait sous l'autorité du Ministre, du directeur de la section littéraire, du doyen de la Faculté des lettres, de maîtres de conférences, des professeurs de la Faculté respective, de maîtres répétiteurs, de professeurs de lycée et de surveillants.

Les élèves étaient internes, au nombre de trente et plus, reçus par concours et entretenus par l'État (nourriture, vêtements, chauffage, éclairage, livres et matériel d'études).

Pour être reçus au concours, ils devaient prouver : avoir été autorisés par leurs parents (dans le cas où ils étaient mineurs) à se destiner à la carrière de l'enseignement pendant dix ans, avoir passé l'examen général du lycée et posséder des aptitudes morales pour le professorat.

Les branches enseignées étaient : la littérature en général, les sciences mathématiques et naturelles, la théorie de l'enseignement ou la philosophie considérée comme méthode d'examen des procédés de l'esprit humain dans les lettres et dans les sciences, et, finalement, la pratique des meilleurs procédés de l'enseignement et de la discipline scolaires.

Les études de première année devaient être une revision approfondie des matières du lycée. Pendant la deuxième année, les matières devaient être développées de façon à ce que les élèves se perfectionnassent dans les connaissances de tout genre. Durant ces deux années les élèves étaient obligés de suivre les cours de la Faculté respective. Enfin, pendant la troisième année, l'élève était considéré comme futur professeur, et l'on spécialisait alors ses études selon l'enseignement auquel il se destinait.

Pendant cette dernière année les élèves pouvaient suppléer les professeurs dans les classes gymnasiales.

II

LOI SUR L'ENSEIGNEMENT SECONDAIRE ET SUPÉRIEUR (1898).

Chap. II, sect. 5 : *Recrutement du corps enseignant secondaire.*

Art. 23. Pour être nommé professeur à un gymnase ou à un lycée..., il faut... avoir suivi : un cours de pédagogie dans une Université, ainsi que toutes les conférences et les travaux pratiques d'un séminaire de pédagogie.

Art. 24..... En outre, les candidats se destinant à quelque spécialité que ce soit devront subir un examen de pédagogie oral et *ex tempore*. Cet examen a pour but d'établir jusqu'à quel point le candidat est familiarisé avec les problèmes pédagogiques les plus importants, ainsi que la façon dont il s'oriente dans la littérature pédagogique.

Les épreuves pratiques de pédagogie auront pour objet les matières des études secondaires.

Elles auront lieu devant les élèves d'une classe secondaire, à la suite d'une préparation de vingt-quatre heures.

Chap. V, sect. 5 : *Des Instituts annexes de l'Université.*

Art. 91. Un séminaire pédagogique, destiné à former le personnel des professeurs de l'enseignement secondaire, sera créé auprès de chaque Université.

Les travaux, dans ce séminaire, seront théoriques et pratiques. Au point de vue théorique, le séminaire pédagogique a pour but de familiariser les candidats avec les discussions et la littérature pédagogiques. Au point de vue pratique, les élèves des séminaires feront la pratique de l'enseignement dans une école secondaire de garçons, qui sera annexée au séminaire comme école d'application.

Les travaux de ce séminaire seront dirigés par un maître de conférences, nommé par le Ministre parmi les professeurs de pédagogie de l'Université, ou parmi les professeurs ou les agrégés universitaires qui auront démontré leur compétence dans les questions de pédagogie théorique et pratique. Le maître de conférences sera assisté, dans ses travaux, par plusieurs répétiteurs qui seront pris parmi les agrégés des Facultés de philosophie, des lettres et des sciences, soit parmi les professeurs secondaires qui auront fait preuve d'une compétence spéciale en matière pédagogique.

L'école d'application du séminaire pédagogique aura un directeur qui pourra être, soit le maître de conférences de pédagogie, soit un des répétiteurs du séminaire; dans ce dernier cas, le répétiteur travaillera sous la conduite du maître de conférences.

Les étudiants des Facultés de philosophie, des lettres et des sciences, qui se destinent à la carrière de l'enseignement, sont obligés de suivre régulièrement les travaux théoriques et pratiques du séminaire pédagogique, conformément à l'article 23 de la présente loi.

RUSSIE.

LES INSTITUTS HISTORICO - PHILOLOGIQUES DE SAINT-PÉTERSBOURG ET DE NIEJIN [1].

I

Communiqué par un professeur de l'Université de Saint-Pétersbourg.

Il existe en Russie deux Instituts historico-philologiques, l'un à Saint-Pétersbourg et l'autre à Niejin (gouvernement de Tchernigov), fondés en 1867 et en 1875 pour préparer des maîtres de l'enseignement secondaire dans les spécialités suivantes : russe, langues classiques, histoire et géographie. Chacun d'eux est un internat prévu pour cent jeunes gens, mais le chiffre réel est moindre, quoique les étudiants y soient logés, nourris et vêtus aux frais de l'État. A défaut de « gymnasiastes » (anciens élèves des gymnases publics) — qui n'entrent pas volontiers dans ces monastères laïques, — on y reçoit depuis quelque temps beaucoup d'anciens élèves des séminaires ecclésiastiques.

Pour être admis dans les Instituts, il faut avoir, si l'on est gymnasiaste, un bon certificat de maturité. Les anciens élèves des séminaires subissent un examen. — Il est certain, du reste, que les élèves des Instituts ne sont aucunement considérés comme une aristocratie intellectuelle par rapport aux simples étudiants d'Université.

Les Instituts sont des établissements tout à fait indépendants des Universités, quoique, à Saint-Pétersbourg, quelques professeurs d'Université fassent aussi des cours à l'Institut. — Les Instituts ne confèrent pas de grades, mais leurs élèves sont admis à postuler les grades universitaires de « maître » et de « docteur » dans les mêmes conditions que les étudiants d'Université.

L'Institut de Saint-Pétersbourg dispose d'un gymnase où ses élèves, pendant la seconde partie de leur scolarité (c'est-à-dire en 3e et en 4e années), sont autorisés à assister aux leçons et font eux-mêmes des leçons sous la direction des professeurs en exercice.

Les élèves des Instituts contractent l'engagement de servir comme professeurs de gymnase pendant six ans. En 1894, sur 500 jeunes gens qui avaient passé par l'Institut de Saint-Péterbourg, 450 étaient devenus professeurs de gymnase (pour le latin et le grec principalement).

[1] Il est intéressant de comparer les deux communications suivantes, qui nous ont été envoyées en réponse au même questionnaire.

On peut devenir professeur de gymnase sans avoir passé par les Instituts. Mais, pendant les ministères du comte Tolstoï et de quelques-uns de ses successeurs, on a systématiquement préféré les anciens élèves des Instituts à ceux des Universités : ils étaient (ou passaient pour être) plus « classiques » et surtout plus dociles. En général, ils ont une moins forte éducation scientifique, surtout dans les domaines de l'histoire et de la philologie russe.

Plusieurs sont d'avis que les Instituts font double emploi avec les Facultés des lettres et devraient être supprimés. Le double emploi deviendrait évident si le projet de réforme élaboré pendant le ministère Bogoliepov était adopté. D'après ce projet, tous les étudiants d'Université qui se destinent à la carrière de l'enseignement secondaire seraient obligés de suivre pendant deux années, après avoir terminé leurs études scientifiques, des cours de pédagogie (psychologie, histoire de l'éducation, méthodologie, etc.) et de se livrer à des exercices pratiques d'enseignement sous les auspices de maîtres expérimentés.

II

Communiqué par un professeur à l'Institut historico-philologique du prince Bezborodko, à Niejin.

Le lycée juridique de Niéjin a été transformé, il y a vingt-sept ans, en Institut historico-philologique pour procurer aux gymnases de l'Empire les maîtres d'histoire et de langues classiques requis par l'introduction du système classique à cette époque. L'Institut de Niejin peut recevoir 100 étudiants au maximum. Ils sont reçus sur examen d'attestats de maturité présentés par les élèves sortant des gymnases classiques et sur examens écrits et oraux subis par les élèves sortant des petits séminaires ecclésiastiques.

Les étudiants reçus, ordinairement de 80 à 90, sont logés, nourris, vêtus, blanchis, pourvus du matériel d'étude, durant les quatre ans que dure leur cours. Les frais d'entretien constituent pour chacun d'eux une dette à payer par acomptes annuels, défalqués de leurs appointements.

Le corps enseignant comprend un directeur, un inspecteur chargé en particulier de la partie matérielle, cinq professeurs ordinaires, sept à huit professeurs extraordinaires ou agrégés, deux lecteurs de langues modernes, trois surveillants d'étude. L'Institut parallèle de Saint-Pétersbourg a la même organisation. Les deux Instituts ont la valeur d'une Faculté des lettres. Toutefois on n'y délivre pas le diplôme de docteur. A ces Instituts sont annexés un gymnase, où les étudiants de 4e année donnent leurs leçons d'épreuve. Les maîtres qui en sortent doivent être légalement préférés à ceux qui sortent des Universités.

Les changements éventuels dans l'enseignement secondaire, en particulier la réduction des heures de latin et l'élimination du grec, comme

PROGRAMME DES ÉTUDES.

JOURS.	HEURES.	1re ANNÉE.	2e ANNÉE.	3e ANNÉE.			4e ANNÉE.		
				CLASSIQUES.	SLAVISANTS.	HISTORIENS.	CLASSIQUES.	SLAVISANTS.	HISTORIENS.
LUNDI	9-10	Français.	"	Martial.	"	"	Martial.	"	"
	10-11	Auteurs latins.	Hist. philologie.	Idem.	"	Histoire moderne.	Idem.	"	Histoire moderne.
	11-12	Idem.	Auteurs grecs.	Histoire de la philologie.			Histoire de la pédagogie.		
	12-1	Langue slave.	Idem.	Histoire romaine.	Aristote et Thucydide.		Hist. littér. russe.	"	"
	1-2	Idem.	"	Idem.	"	"	Idem.	"	"
MARDI	9-10	"	Cicéron et Horace.	Antiquités rom.	Sémin. littér. russe.	"	Antiquités russes.	"	"
	10-11	Auteurs grecs.	Idem.	Idem.	Idem.	Histoire moderne.	Idem.	"	Histoire moderne.
	11-12	Logique.	Histoire russe.	Littérat. grecque.	"	Idem.	"	"	Idem.
	12-1	Auteurs grecs.	Allemand.		Théologie.		Histoire de la pédagogie.		
	1-2	Idem.	"	"	"	"	"	"	"
MERCREDI	9-10	Histoire russe.	Auteurs grecs.	"	Sénèque.		"	Sénèque.	
	10-11	Littérature russe.	Idem.	Exerc. gram. grecq.	Idem.		"	Idem.	
	11-12	Allemand.	Psychologie.	Hist. littér. grecq.	"	Histoire moderne.	Exerc. gram. grecq.	"	"
	12-1	Histoire russe.	Histoire romaine.	Idem.	Théories littéraires	Histoire russe.	Hist. littér. grecq.	Théories littér.	Histoire moderne.
	1-2	"	Idem.	"	Idem.	Idem.	Idem.	Idem.	Géographie.
JEUDI	9-10	Auteurs grecs.	Français.	"	C. spéc. littér. russe.	"	"	C. spéc. littér. russe.	"
	10-11	Idem.	Auteurs latins.	Lyriques grecs.	Idem.	Sém. d'hist. grecq.	Lyriques latins.	Idem.	"
	11-12	Logique.	Idem.	Littérat. romaine.	"	Idem.	Lyriques grecs.	"	"
	12-1	Histoire grecque.	Histoire russe.		Pédagogie.		Pédagogie.		Histoire russe.
	1-2	Idem.	"		Idem.		Idem.		"
VENDREDI	9-10	"	Hist. langue russe.	"	"	"	"	"	"
	10-11	Auteurs latins.	Idem.	Histoire de la philosophie.			Philosophie.	Dialectes slaves.	"
	11-12	Idem.	Hist. philologie.	Hist. philosophie.	Dialectes slaves.	Hist. philosophie.	Hist. littér. grecq.	Idem.	Sémin. d'hist. russe.
	12-1	Auteurs grecs.	Auteurs latins.	Hist. littér. grecq.	Idem.	Géographie.	Idem.	"	Idem.
	1-2	Allemand.	Histoire romaine.	Idem.	"	Idem.	"	"	"
SAMEDI	9-10	Français.	"	"	Aristote et Thucydide.		Séminaire grec.	"	"
	10-11	Auteurs latins.	Français.	Séminaire grec.	Dialectes slaves.	Séminaire grec.	Idem.	Aristote et Thucydide.	
	11-12	Idem.	Psychologie.	Idem.	"	Idem.	"	Dialectes slaves.	Historiogr. russe.
	12-1	Histoire russe.	Hist. littér. russe.		Théologie.		Théologie.	Sém. de litt. slave.	"
	1-2	"	Idem.	"	"	"	"	"	"

branche obligatoire, dans presque tous les gymnases, vont amener de grands changements dans le programme didactique des deux Instituts; mais ces changements ne sont encore qu'à l'état de projet. Si l'on instaurait des cours pédagogiques annexés aux Universités, comme il en est question, les deux Instituts seraient tout simplement supprimés. Cette suppression est le vœu maintes fois réitéré par les hobereaux de l'Ukraine, qui voudraient remplacer l'Institut de Niejin par une école d'agriculture. Mais il paraît que ce vœu ne sera pas exaucé de sitôt et que les deux Instituts modifiés continueront d'exister. Ci-contre le programme des études qui ne change guère d'une année à l'autre.

SERBIE.

Communication de M. Michel Gavrilovitch (Belgrade).

A la Faculté des lettres et des sciences de Belgrade, il y a en tout onze façons différentes dont les élèves peuvent combiner les matières enseignées. *Chaque groupe sans exception comporte l'inscription aux cours de logique, psychologie, histoire de la philosophie et pédagogie.* Mais on ne passe pas d'examen sur ces matières. Les élèves sont simplement tenus de prouver par leurs livrets d'inscription, munis de la signature du titulaire de la chaire, qu'ils ont régulièrement fréquenté les cours.

Pour les maîtres de l'enseignement secondaire, il existe en Serbie un examen spécial (*profesorski ispit*). Sont qualifiés pour se présenter à cet examen les sujets serbes ayant le diplôme d'étude (*diplomski ispit*) de la Faculté des lettres ou des sciences de Belgrade, ou un diplôme équivalent d'une Faculté étrangère (licence, doctorat, diplôme d'étude, etc.). Outre ce diplôme le candidat doit présenter le certificat d'un proviseur de lycée serbe attestant qu'il a passé deux années comme «pripravnik». Les *pripravniks* sont des jeunes gens qui, ayant achevé régulièrement leurs études près d'une Faculté, sont attachés à un lycée avec un traitement de 960 à 1,200 francs; généralement ils remplacent les professeurs malades ou en congé, veillent à l'ordre intérieur ou sont chargés d'une partie de l'administration. Il y en a qui font des cours réguliers. Aux candidats qui se présentent pour les langues vivantes, on compte comme une année du pripravnikat une année de séjour passée à l'étranger pour l'étude pratique de la langue en question.

L'examen de professeur se compose de deux parties : une partie générale et une partie spéciale.

La première partie comporte une épreuve orale et dure au moins deux heures. Le candidat doit prouver : 1° la connaissance de la grammaire serbe, de l'histoire et de la littérature serbes; 2° *la connaissance des principes de la pédagogie générale, de la logique et la connaissance de la méthodique des matières sur lesquelles il veut passer son examen de professeur;* 3° qu'il peut se servir bien et facilement de la langue française ou allemande; 4° *la connaissance de l'administration scolaire, des lois et des règlements de l'enseignement secondaire.*

C'est seulement si le candidat est jugé admissible que l'on passe à la partie spéciale.

Celle-ci comporte, entre autres choses, pour toutes les spécialités : une conférence faite devant les élèves d'un lycée. La commission donne le sujet d'avance. La conférence doit être entièrement rédigée par écrit.

SUÈDE.

LA PRÉPARATION PROFESSIONNELLE DES PROFESSEURS DE L'ENSEIGNEMENT SECONDAIRE EN SUÈDE.

Communication de M. L. Maury, lecteur à l'Université d'Upsal.

On s'est beaucoup occupé, en ces dernières années, de la question de la préparation pédagogique des professeurs de l'enseignement secondaire en Suède, mais surtout dans les sphères officielles. Aucune réforme n'a été opérée (sauf la modification du «lärareprof» signalée plus bas). On s'accorde d'ailleurs à reconnaître que le système actuel donne d'assez bons résultats et qu'on ne saurait le modifier dans ses traits essentiels tant que l'organisation administrative de l'enseignement secondaire suédois demeurera ce qu'elle est [1].

I. Organisation actuelle.

La préparation pédagogique des professeurs de l'enseignement secondaire est assurée et contrôlée au moyen de deux examens et d'un stage : 1° examen spécial de psychologie et logique ; 2° stage d'un an (profår) ; 3° examen de professeur (facultatif depuis 1900).

1° *Examen spécial de psychologie et logique* (Särskildt pröfning i anthropologi och logik). Créé par décret royal en date du 14 octobre 1892, se passe à l'Université, exclusivement oral, imposé à tous les futurs professeurs de l'enseignement secondaire qui n'ont pas la philosophie parmi les matières de leurs examens.

2° *Stage d'un an* (deux semestres) [Profår, année d'épreuve]. Créé en 1865, définitivement organisé par le décret royal du 16 juin 1875, rendu obligatoire en 1878. S'accomplit dans un des cinq lycées désignés à cet effet (Upsal, Lund, trois à Stockholm) [2].

[1] Une Commission royale étudie depuis plusieurs années une réforme de l'enseignement secondaire; on ne sait encore si de ses délibérations (tenues secrètes) sortira une refonte totale de l'enseignement secondaire (séparation de l'Église et de l'enseignement secondaire réclamée par les libéraux), ou seulement une revision des programmes.

[2] Voici les dispositions essentielles du décret royal du 16 juin 1875 (*Svensk Författnings-Samling*, 1875, n° 41) :

5. Le «profår» (année d'épreuve, stage) embrasse deux semestres consécutifs et comprend deux cours simultanés, un cours pratique et un cours théorique.

6. Le directeur du cours théorique est désigné par le chef du Département

Aux termes de ce décret, le stage comprend deux « cours » simultanés, un cours pratique et un cours théorique. En réalité, le cours pratique est le plus important, et le stagiaire est associé à l'enseignement du lycée pendant dix à quinze heures par semaine en moyenne (*six* heures au maximum de participation active à la direction des classes, mais cette prescription demeure lettre-morte). Un tableau dressé au début de chaque semestre indique au stagiaire en quelles classes il doit :

1° Écouter la classe (dans quelques lycées, notamment à Lund, les stagiaires doivent prendre des notes, et leurs observations donnent lieu à de petites discussions avec le professeur après la classe);

ecclésiastique (Département des cultes et de l'instruction). Le recteur (proviseur) du lycée est directeur du cours pratique; si le chef du Département constate un empêchement, il peut désigner un autre professeur comme directeur du cours pratique.

7. Le cours pratique entraîne deux sortes d'obligations: assister à des classes de degrés divers dans le lycée, enseigner à titre d'exercice et à titre d'épreuve.

Au commencement de chaque semestre le directeur, après avoir pris en juste considération les désirs exprimés par les candidats, dresse un plan pour l'organisation du cours pratique. Dans l'élaboration de ce plan, le directeur est assisté, pour le détail, par les professeurs du lycée. A la fin de chaque semestre le directeur adresse au Département ecclésiastique un rapport rendant compte de l'organisation et de la marche du service du «profår», indiquant dans quelle mesure les différents professeurs ont été occupés à l'instruction des candidats, et contenant un état des propositions d'honoraires dus à ces professeurs.

8. Les exercices d'enseignement commencent par des leçons des professeurs en fonction auxquelles assiste le candidat. La durée des exercices d'enseignement pour chaque matière et chaque classe est fixée par le directeur du cours pratique.

Aux réunions qui doivent avoir lieu pour la préparation et la critique des exercices d'enseignement, la détermination de la méthode propre à chaque ordre d'enseignement et la critique des leçons d'épreuve assistent, sous la présidence du directeur du cours pratique, les professeurs en fonction qui ont une part dans la direction des exercices. Les candidats sont tenus d'assister à toutes les réunions dans lesquelles on traite des matières pour lesquelles ils font leur stage.

Les leçons d'exercice et d'épreuve comprennent aussi les indications relatives aux travaux écrits en langue suédoise, leur correction et leur revision et, en général, tous les exercices écrits que comportent les matières d'enseignement du candidat.

Les leçons d'exercice et d'épreuve ne peuvent, pour chaque candidat, dépasser une durée maxima de six heures par semaine.

9. Le directeur du cours théorique fait au moins deux conférences par semaine sur les parties les plus importantes de la science pédagogique et son histoire, en insistant particulièrement sur le développement de l'instruction publique en Suède; une de ces conférences peut, après essai du directeur, être remplacée par une discussion sur des questions pédagogiques.

Chaque candidat devra remettre au directeur du cours théorique, avant la

2° Enseigner soi-même à titre d'exercice (d'abord en présence du professeur de la classe, ensuite, et souvent pendant une ou deux semaines consécutives, seuls);

3° Enseigner à titre d'épreuve devant les professeurs chargés de les noter.

Ces trois sortes d'exercices et d'épreuves sont inégalement répartis sur toute la durée du stage selon les lycées. Un vœu tendant à rejeter toutes les leçons d'épreuve à la fin du stage a été assez généralement combattu. On s'accorde d'ailleurs à reconnaître que les stagiaires doivent être notés d'après l'ensemble de leurs exercices, et non d'après les leçons d'épreuve seulement.

Le stage est avant tout une année d'apprentissage *sous la direction amicale* de professeurs expérimentés. Le stagiaire est conseillé, critiqué, noté par :

1° Le professeur de la classe (Klasslärare);

2° Les directeurs spéciaux (Hufvudlärare) désignés parmi les professeurs du lycée pour chaque matière d'enseignement, et qui suivent les stagiaires dans leurs exercices et épreuves se rapportant à cette matière ;

3° Le directeur du cours pratique, qui assiste aux divers exercices autant que le lui permettent ses autres fonctions et à toutes les leçons d'épreuve.

Après une période de tâtonnements, une tradition s'est formée dans chaque lycée.

fin de la première moitié du second semestre du stage, en deux exemplaires, un ou deux mémoires sur des questions faciles de pédagogie ou de méthodologie. Le sujet de ces travaux est choisi par le candidat de concert avec les directeurs et les professeurs. Pour la discussion préliminaire du sujet et la critique des mémoires, des réunions spéciales ont lieu sous la direction du directeur du cours théorique.

10. Le cours théorique s'achève par un examen dans lequel le directeur s'assure des connaissances acquises par les candidats en pédagogie théorique et en histoire de la pédagogie.

Les recteurs et professeurs en fonctions peuvent, s'ils le désirent, assister aux conférences et discussions du cours théorique, ainsi qu'à l'examen final.

11. Les candidats-professeurs sont tenus de se conformer aux instructions que les recteurs et présidents en fonction adopteront en conformité avec les prescriptions du règlement.

12. Un certificat de stage, comprenant une attestation spéciale pour chaque cours et conforme au formulaire fixé, est délivré par les deux présidents conjointement.

Le certificat du cours pratique concerne l'application, l'aptitude à l'enseignement et les capacités de professeur; il est dressé par le directeur de ce cours de concert avec les professeurs qui ont pris part aux exercices du candidat.

Le certificat du cours théorique est dressé par le directeur seul.

Les professeurs chargés de guider les stagiaires ont dû préciser leur méthode d'enseignement et donner des formules claires dans les nombreuses réunions auxquelles donne lieu le «profår». Ils s'intéressent généralement à leur tâche (qui est rétribuée) et ne nient point le bénéfice qu'ils en retirent eux-mêmes au point de vue professionnel. La plupart des étudiants et des stagiaires ne considèrent pas le «profår» comme une épreuve redoutable: année assez dure, disent-ils, à cause de la multiplicité des exercices, mais intéressante à bien des égards et extrêmement utile. (Le stage ne donne lieu d'ailleurs à aucune rétribution ou indemnité aux stagiaires.)

Le cours pratique absorbe presque toute l'activité des stagiaires ; ils ont généralement peu de temps à consacrer aux travaux du cours théorique. Les deux conférences hebdomadaires du cours théorique sont faites à Upsal à l'Université par un docent qui traite, pendant le premier semestre, de la pédagogie pure, et, pendant le second, de l'histoire de la pédagogie.

3° *Examen de professeur* (Lärareprof ou Undervisningprof, examen d'enseignement). Une des institutions les plus discutées de l'organisation administrative des lycées, organisation très ancienne, très peu modifiée depuis le temps où l'enseignement tout entier était aux mains de l'Église nationale, et encore aujourd'hui caractérisée par deux traits principaux : 1° part considérable accordée au clergé dans tous les actes d'administration; 2° décentralisation.

Les professeurs des lycées sont nommés dans chaque diocèse par le chapitre diocésain (ou chapitre cathédral, «Domkapitel»), sauf à Stockholm, dont les lycées ont une direction particulière (Le chapitre diocésain se compose de l'évêque, président [2 voix], le pasteur de la cathédrale, et en général cinq ou six professeurs du lycée de la ville épiscopale ; à Upsal, l'archevêque, le pasteur de la cathédrale, les professeurs de théologie). Lorsqu'une chaire de professeur de lycée est déclarée vacante, un avis est publié par le chapitre diocésain dans les journaux, faisant connaître : 1° les matières d'enseignement de la chaire(il existe dix-sept groupements de deux matières obligatoires pour les professeurs des classes supérieures, ou «lecteurs», une troisième matière étant laissée au choix du candidat ; trente-trois groupements de trois matières pour les professeurs des classes inférieures, ou «adjoints», une ou plusieurs autres matières pouvant, selon le cas, leur être imposées) [Règlement des lycées, § 52, modifié le 31 décembre 1900]; 2° les dates d'inscription en vue de «l'examen de professeur».

Cet examen est donc une sorte de concours ; les candidats qui se présentent doivent être munis des titres universitaires exigés par la loi («kandidat» pour les places d'«adjoint», «docteur» pour les places de «lecteur») et du certificat de «profår», mais il n'est pas indispensable que leurs examens et épreuves antérieurs aient porté sur plus d'une des matières d'enseignement de la chaire.

L'épreuve du concours qui a lieu dans la ville épiscopale est *publique* et comprend :

1° Correction d'un devoir écrit remis par les élèves d'une classe du lycée deux jours à l'avance;

2° Classe faite à ces élèves en présence du « Domkapitel »; interrogation des élèves, compte rendu du devoir corrigé, leçon sur un sujet pris dans le programme de la classe et désigné vingt-quatre heures à l'avance (Décret du 22 mars 1895. — Règlement des lycées, § 57).

Un décret du 31 décembre 1900 a rendu le « lärareprof » facultatif, il autorise en outre les candidats qui préfèrent le subir à assister à quelques exercices dans la classe où doit avoir lieu l'épreuve, et même à y enseigner préalablement pendant une ou plusieurs heures, s'ils le désirent.

II. Historique. — Projets de réformes.

Le divorce de l'Église et du corps enseignant est réclamé par les libéraux, une grande partie des professeurs de l'enseignement supérieur, et même souhaité par quelques rares pasteurs avancés. En particulier, reproches adressés au « Domkapitel » : il oblige des professeurs parfois libres-penseurs à s'occuper de questions d'ordre religieux et d'intérêt ecclésiastique; surtout il impose aux professeurs, en la personne des ecclésiastiques, des collaborateurs et des juges parfois intolérants, très souvent incompétents. L'« examen de professeur » entraîne des pertes de temps et d'argent considérables ; les chaires demeurent généralement vacantes plusieurs mois ; certains candidats parcourent la Suède inutilement (le rapport du 30 avril 1898 cite le cas d'un professeur qui a subi quatorze fois le concours en des villes différentes; il n'est pas rare de rencontrer des professeurs qui ont comparu par devant cinq ou six chapitres diocésains). L'examen lui-même est peu utile : caractère anormal, artificiel, de l'épreuve ; le candidat ne connaît pas assez les élèves (même s'il profite des autorisations accordées en 1900), pour que le chapitre puisse se rendre compte de ses qualités pédagogiques.

Tous ces inconvénients ont été signalés depuis longtemps ; d'ailleurs le « lärareprof » s'est profondément modifié au XIXe siècle : après avoir comporté une partie théorique et pour ainsi dire scientifique, et une partie pratique, il n'est plus, depuis 1878, qu'une épreuve destinée à montrer les qualités proprement pédagogiques du candidat.

La « Commission des lycées » de 1882 demanda qu'on le rendît facultatif. Celle de 1891 proposa de déposséder les chapitres diocésains du droit de procéder au « lärareprof », et de transmettre ce droit à une commission centrale siégeant à Stockholm; le projet présenté par le Gouvernement royal fut repoussé par le Riksdag (1894); mais en même temps le Riksdag demandait qu'on étudiât la réoganisation ou la suppression du lärareprof. En 1897, le Riksdag, revenant sur la question, déclarait que le lärareprof devrait être aboli ou transformé, et réclamait formellement une étude des voies et moyens; le Gouvernement constitua à cet effet une Commission (1897-1898); celle-ci publia un rapport (30 avril 1898), où l'on trouve de nombreux renseignements et l'historique de la question, concluant à :

1° Quelques réformes de détail en vue de perfectionner le profår et de donner une plus grande importance au certificat de stage;

2° La création d'une sorte de second stage ou période préliminaire d'enseignement de deux années dans un lycée et donnant lieu à

3° Un rapport sur les qualités professionnelles du stagiaire dressé par l'autorité épiscopale ;

4° Rapport écrit dressé par le «recteur» (proviseur) du lycée où une chaire a été déclarée vacante, concernant les mérites des divers candidats.

Ces réformes admises, la Commission considérait la suppression du lärareprof comme possible et désirable.

Le travail de la Commission fut soumis aux Facultés des Universités, aux chapitres diocésains, professeurs des lycées, etc. ; le résultat de cette enquête a été publié (1 vol., Stockholm, 1899).

Le 31 décembre 1900, décret précité rendant le lärareprof facultatif. Le lärareprof facultatif paraît pouvoir rendre encore quelques services :

1° Aux candidats qui, ayant enseigné dans les lycées à titre de professeurs «extraordinaires», veulent faire constater leurs progrès postérieurs au profår ;

2° Aux candidats qui veulent faire constater leur aptitude à enseigner des matières sur lesquelles ils n'ont jamais été examinés.

La situation nouvelle créée par le décret du 31 décembre 1900 a été étudiée dans le rapport de M. Sprinchorn, «recteur» du lycée de Lund (daté : Lund, 15 avril 1901). Ce rapport lui-même a été soumis aux professeurs des 5 lycées de stage et leurs avis ont été publiés (1 broch. in-4°, Stockholm, 1901). Enfin, un congrès des présidents des cours pratiques et théoriques des cinq lycées de stage a été réuni à Stockholm en août 1901 ; la première partie du compte rendu de ses délibérations vient d'être publiée dans la *Pedagogisk Tidskrift* (mars 1902).

Tel est actuellement l'état de la question.

La plupart des vœux émis dans les documents officiels ci-dessus énumérés ne paraissent pas d'un intérêt très général ; la plupart se rapportent à des mesures de détail ou ne présentent qu'un intérêt purement administratif.

Le «profår» est l'institution la plus utile du système actuel ; les mesures proposées pour le perfectionner sont contradictoires et paraissent inopportunes; il s'agit surtout de menus faits d'organisation intérieure : chaque lycée tient à ses traditions et proteste d'avance contre tout règlement imposant l'uniformité. M. Sprinchorn rappelle que les lycées ont pour premier devoir d'assurer l'enseignement à leurs élèves ; la préparation des stagiaires ne vient qu'en second lieu ; professeurs et «recteurs» doivent avoir quelque liberté pour mener de front, au mieux des intérêts locaux, deux tâches parfois difficilement conciliables.

Quelques vœux concernant le cours théorique sont plus intéressants ; c'est la partie faible du profår ; le « docent » chargé de ces cours à Upsal se plaint de l'insuffisance de la préparation théorique. Il souhaite la création d'une chaire de pédagogie à l'Université ; les futurs maîtres seraient astreints à suivre quelques cours pendant la durée de leurs études et soumis à une épreuve spéciale avant de quitter l'Université. On a parlé à diverses reprises de la création de cette chaire, et le « Département ecclésiastique » est censé étudier la question, mais aucune agitation n'a été faite autour de cette idée, et les professeurs de l'Université ne paraissent pas s'y intéresser beaucoup.

Quelques professeurs souhaitent aussi que l'on étudie à l'Université les méthodes particulières propres à l'enseignement de chaque science, mais ce sont des vœux isolés et qui n'ont donné lieu, jusqu'à présent, à aucun mouvement d'opinion [1].

[1] Bibliographie. — [Twentyman, *Higher training in Sweden*, dans *Education*, 26 déc. 1896]. — K. W. Hagberg, *Om undervisningsprofven* [Sur l'examen d'enseignement] (Stockholm, 1899). — E. W-tz [Wermecrantz], *Undervisningsprof...* (dans la *Pedagogisk Tidskrift*, oct. 1898). — C. Norelius, *Tillsättningen af e. o. lärare vid de allmänna läroverken* [De la nomination des professeurs extraordinaires des lycées], *ibid.*, mars 1902.

M. Larsson, professeur à Lund, envoyé en Allemagne pour y étudier les institutions similaires, n'a pas encore publié son rapport ; on y trouvera sans doute une comparaison détaillée des systèmes allemand et suédois.

SUISSE.

I

Communication de M. Fr. Zollinger, secrétaire de la Direktion des Erziehungswesens des Kantons Zürich.

Was nun die Ausbildung der Mittelschullehrer nach der Seite ihrer Befähigung zur praktischen Unterrichtserteilung betrifft, so stehen wir gerade jetzt in der Prüfung dieser Frage. Die beteiligten Hochschulkreise und die Mittelschullehrerkollegien sind da verschiedener Ansicht; während die letztern verlangen, dass die künftigen Kandidaten im Lehramt dieser Stufe bei tüchtigen Praktikern hospitieren und von diesen auch zur Unterrichterteilung beigezogen werden, findet die philosophische Fakultät I. Sektion, es sollten die Seminarübungen während der Studienzeit und eventuelle Probelektionen, welche von den Professoren selbst gehalten werden, genügen; die philosophische Fakultät II. Sektion ist sogar der Ansicht, dass es sich für die Hochschule neben der wissenschaftlichen Ausrüstung in materieller Hinsicht nur noch darum handeln könne, an der Art der Darbietung des Wissensstoffes die Methode des Unterrichtsfaches zu zeigen.

I. Extrait du *Protokoll des Erziehungsrates des Kantons Zürich* (31 juillet 1901).

A

Unterm 27. April l. J. hat der Erziehungsrat beschlossen, es seien die Lehrerkonvente der zürcherischen Mittelschulen zu beauftragen, ihre Gutachten über die Frage abzugeben :

«Sind an der Hochschule besondere Veranstaltungen zu treffen zum Zwecke der Einführung der Kandidaten für das höhere Lehramt in die Praxis des Mittelschulunterrichts und eventuell welche?»

Daraufhin sind nachfolgende Vorschläge eingegangen :

I. Von den Lehrerkonventen der Kantonsschule, des Lehrerseminars Küssnacht und der höhern Töchterschule der Stadt Zürich :

1. Eine pädagogisch-methodische Vorbereitung der Kandidaten für das höhere Lehramt ist ein Bedürfnis.
2. Die pädagogisch-methodischen Studien sind in der Regel teils vor, teils nach dem wissenschaftlichen Examen zu betreiben,

und zwar die theoretischen Disziplinen an der Hochschule, die praktische Einführung an einer Mittelschule.

3. Zu diesem Zwecke sind an der Hochschule Vorlesungen über Psychologie (2 Semesterstunden) und allgemeine Pädagogik und Methodik der Mittelschule (2 Stunden während 3 Semestern) zu halten.

4. In diesen Fächern ist kein Examen abzulegen, der Ausweis, die betreffenden Vorlesungen besucht zu haben, soll genügen.

Minderheitsantrag : Der Konvent der Kantonsschule hat mit 13 gegen 12 Stimmen beschlossen, nur zu sagen : In diesen Fächern ist kein Examen abzulegen.

5. Um zur Diplomprüfung zugelassen zu werden, muss der Kandidat sich mindestens über sieben Universitätssemester ausweisen können.

Minderheitsantrag : Der Konvent der Kantonsschule beschloss zu sagen : . . acht Semester. . .

6. Die Einführung der Kandidaten in die eigentliche Praxis soll in der Regel nach dem wissenschaftlichen Examen stattfinden. Es sind zu diesem Zwecke, wenn immer Kandidaten für das Diplomexamen sich hiefür anmelden, für die einzelnen Fächer bezw. Fächergruppen geeignete Mittelschullehrer, die sich hiezu bereit erklären, mit Lehraufträgen zu betrauen, und es sind ihnen die betreffenden Kandidaten zur Einführung in die Lehrtätigkeit zuzuweisen.

7. Aufgabe dieser Kursleiter ist es, den Kandidaten die Methodik ihres Faches in bündiger Form darzulegen und sie planmässig zum eigenen Unterrichten anzuleiten, indem sie sie veranlassen, die methodische Fachliteratur zu studiren, zu hospitiren, Lehrgänge schriftlich auszuarbeiten, Übungslektionen zu halten und Aufgaben, die mehrere Unterrichtsstunden ausfüllen, durchzuführen u. drgl.; eventuell kann diesen Kandidaten Ersatzunterricht unter Aufsicht der Kursleiter übertragen werden.

8. Diese Einführung soll ein Semester dauern.

9. Die Oberleitung über die praktischen Übungen fällt dem Rektor der betreffenden Anstalt zu.

Die Kursleiter sind entweder für ihre Tätigkeit in ihrer Unterrichtsverpflichtung zu entlasten oder besonders zu entschädigen.

Die mit Ersatzunterricht beauftragten Kandidaten sind angemessen zu entschädigen.

10. Die Diplomprüfung für das höhere Lehramt zerfällt in einen wissenschaftlichen und einen praktischen Teil. Das praktische Examen wird an der Anstalt abgenommen, an welcher der Kandidat seine Lehrversuche gemacht hat, und besteht aus

wenigstens drei Probelektionen, welche die Fächer des Kandidaten und die verschiedenen Altersstufen der Mittelschule zu berücksichtigen haben.

Kandidaten, welche das Primar- oder Sekundarlehrerexamen bestanden haben, können nach Gutfinden des Erziehungsrates von der pädagogisch-methodischen Prüfung teilweise entlastet werden.

11. Die praktische Prüfung wird von einer besondern Prüfungskommission geleitet, welcher der Rektor der betreffenden Anstalt und der ausführende Lehrer von Amtes wegen angehören.

II. Vom Lehrerkonvente der Kantonsschule Zürich gegenüber den vorstehenden Thesen 10—11 :

10. und 11. sind zu streichen. (Der Beschluss wurde mit 13 gegen 10 Stimmen gefasst.)

III. Vom Lehrerkonvente des Gymnasiums und der Industrieschule in Winterthur :

1. Der Konvent sieht in der praktisch-beruflichen Ausbildung der Lehrer der Mittelschulstufe an der Universität eine notwendige Ergänzung der wissenschaftlichen Ausbildung.
2. Es soll dieser Zweck dadurch erreicht werden, dass man für je eine bestimmte Fächergruppe entweder Hochschullehrern oder Mittelschullehrern Lehraufträge gibt.
3. Es soll von den Kandidaten, welche sich der Diplomprüfung unterziehen wollen, ein Ausweis über den Besuch dieser Uebungen gefordert werden.
4. Es soll mit der Prüfung eine Probelektion verbunden sein, welche an Stelle des bisherigen Vortrages zu treten hat.

B

Die beiden Sektionen der philosophischen Fakultät äussern sich auf die Einladung des Erziehungsrates vom 31. Juli 1901 hin über die Vorschläge der Lehrerkonvente der Zürcherischen Mittelschulen betreffend die pädagogisch-methodische Ausbildung der Mittelschullehrer im wesentlichen in folgender Weise :

a. Die I. Sektion kommt laut Gutachten vom 29. Oktober 1901 zu nachfolgenden Schlüssen :

1. Von der Erteilung weiterer als der schon vorhandenen Lehraufträge für Pädagogik, insbesondere von solchen für Methodik in sämtlichen Fächern oder in grössern Fächergruppen ist abzusehen.
2. Die in den Studienplänen bereits empfohlenen Vorlesungen über Psychologie und allgemeine Pädagogik sind weder als obligatorisch noch als Prüfungsfächer zu erklären.

3. Die Leiter der verschiedenen Seminarien der philosophischen Fakultät I. Sektion sollen von Zeit zu Zeit, so oft vorgerücktere Diplomkandidaten vorhanden sind, praktische Kurse zur Einführung in den Gymnasialunterricht abhalten, deren Besuch für die Diplomkandidaten obligatorisch ist.

Eine Minderheit der Fakultät stimmt den von den Mittelschulkonventen eingereichten Vorschlägen bei und befürwortet die Errichtung einer Professur für pädagogische Methodik, deren Inhaber auch in Logik und Psychologie bewandert sein müsste, um Vorlesungen über die psychologische und logische Grundlage der Pädagogik halten zu können.

b. Die II. Sektion hält in ihrem Gutachten vom 5. November 1901 an ihrem bereits unterm 1. Juli 1900 und 9. März 1901 einberichteten Standpunkte fest. Sie ist der Meinung, dass in dem vorjährigen wissenschaftlichen Studium nicht ein von Methodik losgelöstes Wissen vermittelt werde, sondern dass jede Wissenschaft in ihrem Inhalte auch ihre Methode enthalte. Wenn die Fakultät nicht im Stande sei, die Methoden ihrer Wissenschaften zum Ausdrucke zu bringen, dann nütze auch eine nachträglich beigebrachte Schablone nicht. Auch hinsichtlich der praktischen Ausführbarkeit der Vorschläge hat die Fakultät Bedenken. Sollten die Behörden jedoch als Vorbedingung zur Zulassung Diplomirter zur Lehrtätigkeit den Ausweis über praktisch-berufliche Ausbildung verlangen, so spricht die Fakultät den Wunsch aus, dass dieser Wählbarkeitsausweis nicht als ein integrirender Bestandteil des Diploms erklärt werde, sondern die Ausgabe des Diploms als wissenschaftlicher Fähigkeitsausweis belassen bleibe und die Erteilung von Ausweisen über praktische methodisch-pädagogische Befähigung denjenigen Organen zugeteilt werde, welchen der betreffende Unterricht zugewiesen worden ist. Endlich spricht die Fakultät den Wunsch aus, eine allfällige methodisch-praktische Ausbildung möchte zeitlich so verlegt werden, dass die wissenschaftliche Ausbildung dadurch nicht gestört wird, also in der Zeit nach dem Fachstudium.

II. Extrait du *Protokoll des Erziehungsrates des Kantons Zürich* (25 mars 1902).

Der Erziehungsrat spricht sich ebenfalls dahin aus, dass die Ausbildung der Mittelschullehrer neben den wissenschaftlichen Disziplinen auch in methodisch-praktischer Hinsicht zu geschehen habe. Obwohl nicht zu bestreiten ist, dass die Art und Weise, wie die Mehrzahl der Konvente der zürcherischen Mittelschulen die Frage zu lösen vorschlägt, alle Beachtung verdient, und zweifelsohne den weitgehendsten Forderungen entsprechen dürfte, stellt sich die Behörde doch auf den Standpunkt, den der Lehrerkonvent der höhern Schulen in Winterthur einnimmt und von dem auch weder die Prüfungskommission noch die philosophische Fakultät I. Sektion grundsätzlich abweicht. Dagegen sollen statt der zwei Probelektionen, welche die Diplomprüfungskommission verlangt, deren drei vom Kandidaten verlangt werden und zwar in zwei Fächern und auf zwei verschiedenen Schulstufen. In Anbetracht davon, dass die Kandidaten später im Lehramte auch Schüler zu unterrichten haben, welche noch im volksschulpflichtigen Alter stehen, so ist es notwendig, dass sie mit der entwickelnden Lehrmethode und mit den Regeln einer korrekten Fragestellung vertraut gemacht werden, und dass ihnen am Examen auch Gelegenheit geboten wird, in einer an einer untern Klasse einer Mittelschule abzuhaltenden Probelektion zu zeigen, dass sie das Wesen der dieser Altersstufe der Schüler entsprechenden Methode erfasst haben und mit den Schülern zu verkehren verstehen.

Der Erziehungsrat beschliesst :

Das Reglement betreffend die Diplomprüfung für das höhere Lehramt in den philologisch-historischen Fächern wird in der aus den Beratungen hervorgegangenen Fassung festgesetzt; dasselbe tritt auf Beginn des Sommersemesters 1902 in Kraft.

II

Communication de M. Fr. Guex, professeur de pédagogie à l'Université de Lausanne [1].

FACULTÉ DES LETTRES. — CERTIFICAT D'APTITUDES PÉDAGOGIQUES ; COMMISSION DE PÉDAGOGIE. — *Membres.* — Dès le 4 décembre 1901, la Commission de pédagogie, composée de MM. Guex, Meylan et Millioud, a siégé à plusieurs reprises.

Base des discussions. — Elle s'est basée, dans ses discussions, sur l'article 72 de la loi sur l'enseignement secondaire, qui prévoit la préparation pratique des candidats, et sur l'article 49 du règlement pour les établissements secondaires, prévoyant un règlement spécial pour la préparation professionnelle.

Faits prouvant la nécessité de cette préparation. — La Commission a retenu des faits de deux ordres, montrant qu'il y a nécessité à pourvoir à la préparation professionnelle des candidats : les uns nous sont fournis par les résultats des derniers concours dans le canton; je préfère ne pas insister. Les autres nous montrent que le besoin de cette préparation

[1] Document annexé à une lettre de M. Fr. Guex, 4 juin 1902, ainsi conçue : « J'ai la conviction que la trop fameuse crise de l'enseignement secondaire ne trouvera sa véritable solution que du jour où l'on prendra les mesures nécessaires pour préparer à l'enseignement secondaire les licenciés de nos diverses Facultés. Ils savent tout, hormis leur métier, qu'on ne leur a jamais appris et dont on ne leur parle jamais. Vous verrez pourtant, par l'imprimé ci-joint, que nous avons l'intention d'organiser dans le canton de Vaud, à Lausanne, cette préparation professionnelle. Nous avons eu cet hiver de nombreuses séances et j'ai tout lieu de croire qu'enfin nos propositions vont aboutir. . . . »

est senti partout. On institue des diplômes pédagogiques; on en propose à Neufchâtel; on en a créé un tout récemment à Lyon. En France on se préoccupe beaucoup de rendre obligatoire pour l'enseignement secondaire la préparation pédagogique; en Allemagne, la question est tranchée : il y a le stage obligatoire d'un an, sans parler du fameux institut d'Iena; en Angleterre, il n'y a rien. La Faculté de Lausanne a un intérêt majeur à ne pas se désintéresser des questions pédagogiques dans lesquelles notre pays a sa réputation toute faite et pourrait se faire aisément une clientèle nombreuse et sérieuse à peu de frais. Là, il y aurait pour notre Faculté un véritable avenir dans un moment où, de toute part, l'attention se porte sur ces questions et où les Facultés qui n'ont pas, parmi les Facultés similaires, une sorte de raison d'être particulière et comme une spécialité sont menacées de dépérir. Il est superflu de montrer combien, au point de vue de la clientèle étrangère, la section d'enseignement moderne et la section pédagogique se soutiendraient l'une l'autre.

Division de la tâche. Deux degrés. — Mais ce dont la Commission s'est préoccupée d'abord, c'est de formuler un programme de pédagogie à l'usage de tous nos nationaux et d'élaborer un règlement d'examen qui donne satisfaction aux exigences formelles de la loi.

C'est pourquoi elle a prévu un programme à deux degrés, dont le premier, destiné à nos candidats, serait immédiatement réalisable, et dont le second, hautement désirable, exigerait l'accession de forces nouvelles, peu nombreuses, mais que nous n'avons pas, ou du moins pas toutes, en perspective, et que nous ne pourrions guère demander à l'État en ce moment.

Premier degré. État actuel. — Les cours de pédagogie actuellement faits à la Faculté sont compris dans un cycle de trois semestres. Ils portent sur : 1° la psychologie appliquée à l'éducation; 2° la didactique générale, et 3° l'histoire des doctrines de l'éducation.

Adjonctions proposées. — La Commission estime qu'il suffirait d'ajouter à ce programme un cours de didactique spéciale, sur lequel nous reviendrons, et des exercices pratiques.

Didactique spéciale. — Le cours nouveau, celui de didactique spéciale, porterait sur la manière d'enseigner les diverses disciplines du programme de l'instruction secondaire. Il y a, en effet, des procédés et des méthodes qui tiennent à la nature particulière d'une discipline. Selon une idée fort heureuse émise par M. le professeur Maurer, la Commission a pensé qu'il serait original, intéressant et fort utile de créer un cours où chaque professeur traiterait à son tour de la méthode d'enseignement de sa branche. Qui le ferait mieux que lui? Chacun n'y sacrifierait qu'une ou deux heures chaque année en tout, et ces conférences-cours pourraient bien obtenir la faveur du public.

Exercices pratiques. — 1° Didactique générale. — Les exercices pratiques seraient de deux sortes. Les leçons de didactique générale seraient appliquées dans une école primaire, que la commune mettrait probablement — sans trop de peine — à notre disposition, à la Cité même.

Il y aurait pendant un semestre, à raison d'une heure par semaine, leçon des candidats suivie de la critique générale et de la discussion. Le professeur de pédagogie dirigerait cet exercice. C'est ainsi que procède Rein à Iena, et que l'on procède en Allemagne et en Amérique, à New-York, à Chicago, à Philadelphie. Nous indiquerons oralement les raisons pour lesquelles on tient partout à faire ces exercices dans une *école primaire ;*

2° *Didactique spéciale.* — Reste l'application des leçons de didactique spéciale, c'est-à-dire des leçons des différents professeurs de la Faculté. Elle se ferait par des exercices pratiques, au collège pour les langues classiques, à l'école pour les sciences naturelles et les sciences exactes, elle pourrait avoir lieu à l'École normale pour l'histoire suisse, l'instruction civique, etc.

La Commission ne propose pas une répartition définitive pour laquelle il faut une entente avec MM. les Directeurs de ces établissements, sans oublier l'importance de la personne du maître qui surveille cet exercice dans sa classe.

Durée des cours. — Cela ferait en tout trois semestres de pédagogie, qui pourraient être disposés de telle façon que le troisième semestre *tombe après les épreuves de licence.* Dans ce troisième semestre figureraient le cours de didactique spéciale et les exercices pratiques. Le candidat n'aurait pas plus de pédagogie qu'il n'en a aujourd'hui pendant sa préparation à la licence. Pour obtenir le certificat d'aptitudes pédagogiques, il n'aurait qu'un troisième semestre à faire. Et ce semestre lui procurerait les avantages suivants :

Sanctions. — 1° Les licenciés de la Faculté des lettres qui auraient passé l'examen pédagogique se verraient dispensés de subir de nouvelles épreuves pour la nomination à une place vacante;

2° Au cours de leurs études, les candidats à la licence ou les licenciés qui voudraient exercer dans le canton dans l'enseignement public auraient la faculté de s'inscrire auprès du Département (sans préjudice des délais et congés qu'ils demanderaient), et seraient appelés à suivre les cours théoriques et les exercices pratiques. Ils seraient à la disposition du Département pour les remplacements des maîtres malades ou en congé. En ce cas, ils seraient payés.

Obligation. — Cet examen n'est pas obligatoire pour les candidats à la licence. Il est demandé au Département de l'exiger de ses futurs fonctionnaires.

Examen. — L'examen comporterait :

1° et 2° *Une* épreuve écrite et *une* épreuve orale de pédagogie théorique;

3° Une leçon portant sur la branche principale;

4° Une autre leçon dont le sujet est pris dans le plan d'études des établissements secondaires et se rapporte à l'une des branches de l'examen de licence du candidat.

Commission d'examen. — La commission d'examen est formée du professeur de pédagogie, de deux des professeurs qui ont participé à l'enseignement (ces professeurs étant à la nomination du directeur de la section de pédagogie), et de deux experts à la nomination de l'État.

Finances. — Les candidats inscrits auprès du Département sont dispensés de la Finance. Pour les autres, la Commission s'en rapporte aux décisions de la Faculté.

Les experts sont indemnisés par l'État, qui n'aurait plus à en envoyer dans les établissements communaux.

Annexe de la section pédagogique. — Le Musée scolaire, ouvert le mercredi et le samedi après-midi, sert d'annexe à la section pédagogique. Il contient une bibliothèque pédagogique spéciale.

Degré supérieur. — En vue d'une extension désirable et profitable à la Faculté, la Commission a esquissé le plan d'une section pédagogique plus complète que celle dont il a été fait mention ci-dessus. Elle a déterminé les matières d'un enseignement pédagogique d'une utilité générale, pour l'enseignement privé, pour les directeurs d'établissements d'éducation des divers degrés et dans divers pays, et même pour les parents préoccupés de l'éducation de leurs enfants, comme pour les inspecteurs scolaires et les maîtres qui désirent se perfectionner dans l'étude des questions pédagogiques.

Matières du programme. — 1° Étude des principales écoles éducatives actuelles (Herbart, Spencer, etc.).

Caractéristique des écoles où l'un ou l'autre système est appliqué;

2° Principes de l'enseignement éducatif;

3° Psychologie infantile avec travaux de laboratoire (nous avons déjà demandé un local, éventuellement);

4° Législation et organisation scolaires dans les principaux pays civilisés. (Degrés, raccordements, enseignement privé, coéducation des sexes, etc.);

5° Hygiène de l'enfance (scolaire, alimentation, vêtement, éducation physique, exercice et jeu, etc.);

6° Analyse des auteurs nouveaux et actualités pédagogiques (classiques et réaux; réforme de l'enseignement secondaire, etc.);

7° Pédagogie des anormaux;

8° Éducation morale;

9° Œuvres post-scolaires et complémentaires de l'école (bibliothèques, sociétés d'instruction populaire, de patronage, lectures et conférences à la caserne, cours professionnels, extension universitaire, etc.; cf. Édouard Petit);

10° Conférences pour parents.

Diplôme. — Cette section conduirait à un *diplôme d'études supérieures pédagogiques* comme Lyon vient d'en instituer un.

Examens. — Les examens comprennent deux épreuves écrites et quatre épreuves orales :

Écrits. — 1° Une composition sur l'histoire des doctrines de l'éducation, y compris les écoles actuelles (cours du premier degré et n° 1 du second degré);

2° Une composition sur la psychologie appliquée et sur la psychologie de l'enfance.

Oraux. — 1° Didactique générale et spéciale;

2° Hygiène;

3° Organisation scolaire;

4° Une épreuve sur une branche à option prise dans le programme qui précède.

Finances. — *Cours.* — Les conditions ordinaires de l'Université.

Examens. — Diplôme d'études supérieures pédagogiques : 300 francs.

La Commission se réfère au règlement de la Faculté.

Le Rapporteur de la Commission,

M. Millioud.

TABLE DES MATIÈRES.

APPENDICE.

www.ingramcontent.com/pod-product-compliance
Ingram Content Group UK Ltd.
Pitfield, Milton Keynes, MK11 3LW, UK
UKHW021057230726
13926UKWH00004B/1906